项目支持：2018 年江西省文化艺术科学规划项目：新媒体视域下江西红色文化传播研究 (YG2018166)

| 光明社科文库 |

文化旅游理论与实践研究

沈中印◎著

光明日报出版社

图书在版编目（CIP）数据

文化旅游理论与实践研究 / 沈中印著 . -- 北京：
光明日报出版社，2019.12
ISBN 978 - 7 - 5194 - 4581 - 2

Ⅰ.①文… Ⅱ.①沈… Ⅲ.①旅游文化—研究 Ⅳ.
①F590 - 05

中国版本图书馆 CIP 数据核字（2019）第 298102 号

文化旅游理论与实践研究

WENHUA LYUYOU LILUN YU SHIJIAN YANJIU

著　　者：沈中印

责任编辑：郭思齐　　　　　　　责任校对：周春梅
封面设计：中联学林　　　　　　责任印制：曹　净

出版发行：光明日报出版社

地　　址：北京市西城区永安路 106 号，100050

电　　话：010-63139890（咨询），010-63131930（邮购）

传　　真：010 - 63131930

网　　址：http://book.gmw.cn

E - mail：guosiqi@ gmw.cn

法律顾问：北京德恒律师事务所龚柳方律师

印　　刷：三河市华东印刷有限公司

装　　订：三河市华东印刷有限公司

本书如有破损、缺页、装订错误，请与本社联系调换，电话：010-63131930

开　　本：170mm×240mm

字　　数：220 千字　　　　　　印　　张：15

版　　次：2020 年 1 月第 1 版　　印　　次：2020 年 1 月第 1 次印刷

书　　号：ISBN 978 - 7 - 5194 - 4581 - 2

定　　价：93.00 元

前　言

　　文化是旅游的灵魂，关于文化旅游研究早已有之，但也许没有被业界予以足够重视，以致文化的缺失使得很多地方的旅游业没有持续发展的能力。实质上，文化是旅游价值的核心体现，旅游具有了文化，也就是旅游文化，也即有了旅游的灵魂价值。所以，有灵魂价值的景区景点是最具有吸引力，最受消费者喜欢，最能持续发展的。从长远发展的角度来说，文化是旅游保持基业长青的根本，是旅游长盛不衰、永葆青春活力的关键。文化兴旅，旅游兴文，旅游搭台，文化唱戏，两者相辅相成，相助相长。

　　文化旅游从一开始就是文化和旅游结合的产物，到后来文化与旅游的融合逐渐登上历史的舞台，成为旅游发展的主角，一时间文化旅游风生水起，如火如荼，范围越来越大，涉及行业越来越多。一直到现在，文化产业与旅游产业的融合已经成了旅游经济和社会发展的主流。文化与旅游各两部门也组成了文化旅游部（局），统筹协调文化旅游事业发展。

　　从战略层面看，政府、企业和消费者，是文化旅游保持健康发展的三驾马车；从运营操作层面看，企业、产品、营销、消费者，组成了文化旅游发展的四轮驱动。所以，无论是战略层面还是运营操作层面，都离不开旅游利益相关者这个核心关键词。政府和企业的责任是文化旅游发展成败的关键，而消费者的需求是其方向和准星。

　　目前的旅游学术研究主要集中在理论层面，实践性则更多强调旅游的发展规划和策划及开发设计，对实操尤其是跟踪落地却很稀缺。文化旅游是更有深度和更具高品位的旅游形式，其显性特征最难实现，实战性的文化旅游策划则尤显可贵，这些对于旅游业的发展可以说任重道远。

在研究讨论文化旅游时，总是聚焦于一些热点词汇，诸如文化旅游、旅游文化、旅游审美、旅游美学、文旅融合、文化创意、文化体验、旅游体验、体验旅游、文化旅游者等，甚至是服务的真实瞬间这样的细节，在理论层面已经很丰富，也很成熟，但从实践上看，还不尽完美。尤其是旅游服务链上的各环节的打造和设计，细节上做得不够，这就使得整个旅游过程没什么特别难忘的印象，很多只达到了悦耳悦目，少有悦心悦意，更不用说悦志悦神的旅游审美境界。理论的富足和实践的不足，促使学界和业界更多关注实践操作，开发出喜闻乐见又令游客难忘的文化旅游产品是当务之急，而旅游项目策划则是核心，项目落地是根本。

目　录
CONTENTS

第一章

研究综述与设计

第一节　研究背景与研究方法

一、研究背景

随着文化部门和旅游部门合并成为文化旅游部（局），文化旅游与旅游文化一时成为焦点和热点。梳理发现，世界旅游日主题是从 1980 年开始提出的，第一年就提出了"旅游业的贡献：文化遗产的保护与不同文化之间的理解"这一世界旅游日主题，从开始就奠定了旅游业的"文化"基调，中国旅游主题更是大部分与文化相关，尤其是 2019 年的旅游主题"文旅融合，美好生活"，更是把文化与旅游的融合提到相当的高度，文化旅游与旅游文化在各地风起云涌，无论是旅游界，还是旅游相关产业，甚至波及众多的行业和部门。对于各地旅游业发展来说，文化旅游发展是彰显地方文化的重要方式，发展文化与旅游正是契合这种高层次消费的重要课题，旅游消费者对整个旅游过程中的文化体验和审美情趣的需求越来越高，对文化与知识等精神层次的渴求越来越浓厚。在这种社会大背景下，文化旅游正日益受到旅游消费者的青睐以及旅游经营者和管理部门的重视，文化旅游一时成为旅游界以及相关产业关注的焦点和热点。"就产业性质而言，旅游业是一项文化性的经济产业。"① 据统计，20 世纪 70 年代，美国、西欧国家的文化旅游创汇的比重就达到了 10% 左右，并且每年都有明显的增长②。在我国，文化旅游受到了越来越多旅游者的欢迎，文化旅游的消费日益高涨。

我国在文化旅游发展上其实做了大量的活动，"2005 红色旅游年"、"2011 中华文化游"（读万卷书行万里路）、"2019 文旅融合，美好生活"等，这些文化旅游类的主题及活动大大丰富了我国的文化旅游消费市场。我国也涌现出大量的文化旅游的经典作品，如桂林阳朔西街和印象刘三姐等，都已取得了显著成绩。

2019 年，国务院办公厅出台了一系列的政策和措施，如手机移动的便民，博物馆文化旅游等的改造，建立一批国家级文化旅游消费试点城市和示范城市，打造一批文化创意商店、特色书店、小剧场等多种业态的文化消费集聚地，丰富文化旅游产品。这些政策和措施对促进文化与旅游等相关产业的相互融合，发展新一代沉浸式体验型文化和旅游消费内容提供了支持。文化旅游将成为国家在政治、经济与文化上发展的重要内容，是旅游发展的重要组成部分，能有力促进当地旅游业的持续、健康、快速、稳定、有序发展。

文化是旅游的灵魂与生命力，没有文化的旅游就没有灵魂与生命力，也不会长久。中外旅游发达地如大理、丽江、桂林、阳朔、巴黎、纽约、伦敦等都有很深的文化底蕴，从深度和广度上促进文化旅游的相互融合，实现文化旅游业的良性互动与共赢。

无论从国家政策，还是地方发展，或者是旅游消费市场，都显现出了文化旅游的大趋势，所以，发展文化旅游势在必行，并且要成为地方经济发展的重头戏。

从市场的角度看，消费者对文化旅游的需求与日俱增，并且表现出对文化旅游的青睐和钟爱，这说明旅游者的旅游品位越来越高，对旅游产品越来

---

① 郭一新. 假日生意经—旅游休闲篇 [M]. 广州：广东经济出版社，2000：138.
② 张国洪. 中国文化旅游 [M]. 天津：南开大学出版社，2001：8—28.

越挑剔。所以，旅游发展必须开发丰富多样的文化旅游产品来满足日益增长的市场需求。

综上所述，无论是从国家层面，还是从地方或市场层面的背景来看，文化旅游都已经是未来社会发展的一股清流，势不可当。

二、研究方法

（一）跨学科研究方法

研究文化旅游，不仅仅是研究旅游学科的理论和知识，也不仅仅是研究文化学科的理论和知识。对文化旅游的研究需要跨学科的综合分析，涉及旅游学、文化学、经济学、管理学、历史学和民族学等相关学科的理论知识。通过运用多学科交叉分析，对文化旅游进行学科综合分析，努力做到整体、系统、客观。

（二）理论结合实际

注重把旅游文化学、旅游经济学、产业经济学和旅游规划学等相关理论知识与实践地的文化旅游的实际结合，通过理论分析与实地调研，把二者结合起来，互助互长。

（三）案例研究法

通过对调研地的实地考察，在了解旅游地实际情况的基础上，研究旅游地的开发、发展与对策建议，并结合调研地的真实状况和研究对象存在的问题进行具体分析与论证。

第二节 国内外文化旅游研究综述

一、国外文化旅游研究综述

国外对文化旅游的研究比较深入，主要研究旅游经济、旅游消费者或游客、文化旅游产品、地方经济、遗产地等方面。内容涉及遗产地旅游、遗产旅游、旅游可持续发展、旅游经济和社区发展等，遗产旅游主要以博物馆居多。此后，旅游经济成为研究的主角登上学术的舞台。

欧美等发达国家对文化旅游的研究最多，美洲地区的美国和加拿大在19世纪中叶开始出现了大量文化旅游的研究，主要以游客或旅游者以及旅游区经济为研究内容。欧洲地区则主要集中在法国、英国和意大利等国家，研究内容涉及对遗产地、艺术、城市和乡村的文化旅游的研究。大洋洲地区的澳大利亚和新西兰等国家大多研究的是民族文化旅游。

（一）对经济的研究

文化旅游对经济产生了巨大影响，所以从文化旅游角度对经济的影响研究成果非常多，也是国外学者们重点研究的内容，并且国外学者们除了对国外的旅游地进行研究外，也对中国旅游地特别是民族旅游兴趣颇大，例如蒂莫西·奥克斯（Timothy S. Oakes，1992）就对中国西南边缘地区的民族旅游进行了调查研究与分析，研究认为中国的文化旅游发展受到本国文化政治的巨大影响。

国外的学者们对文化旅游地的经济影响研究硕果累累，丹尼尔（Daniel，1996）认为民族地区真实的具有体验性的地域文化，对消费和社会的影响和作用很大。蒂莫西（Timothy，1997）研究了印度尼西亚亚卡塔（Yogyakarta）购物街的文化旅游市场，结果发现购物街的合法经营与非法经营没什么区别，这就给合法经营带来了损害，非法经营的暴利行为使游客购物的旅游体验非常不好，同时也削弱了合法经营者对游客的体验度，并影响了经营者与本地居民的关系。

西蒙斯（Simons，2000）研究了澳大利亚法律对文化旅游和旅游文化的影响。欧迪姆（Ondimu，2002）研究了肯尼亚文化旅游方略，探讨了文化遗产的文化旅游问题。查哈布拉（Chhabra，2003）研究了文化遗产原真性的重要性。凯夫（Cave，2003）探讨了文化旅游开发和文化旅游吸引物。罗伯塔（Roberta，2003）研究了加拿大特色城镇的文化旅游。麦克唐纳（MacDonald，2003）研究了加拿大的乡村文化旅游。麦克切尔（McKerCher，2004）研究了香港大众的文化旅游，分析了五个属性和三大要素，结果发现游客最喜欢的文化旅游地的关键是多功能的文化旅游。武氏洪幸（VuThiHongHanh，2006）以胡志明和曼谷等城市作为研究对象，探讨旅游地产和旅游交通对城市的文化遗产有很多不利的影响。洛恩·弗兰克（Loan Franc，2007）认为文化和旅游与其他相关部门、相关产业等相互联系，对文化旅游的发展作用很大，休闲时间的日益增长和旅游消费者兴趣的不断变化，促进了当地文化旅游与经济的发展。马斯廷（Mastin）等（2008）调查研究了很多的官方旅游网站，研究表明霍夫斯泰德文化维度理论对公共关系的制定影响很大，并体现出了诸多策略的有效性。康斯坦第诺斯（Konstantinos，2009）以男性游客为研究对象，得出影响文化旅游体验的重要因素包括环境、文化、生活、教育和精神等，同时这些因素也是吸引游客的重要因素。

布迪厄（Bourdieu，2010）研究认为经济收入和文化层次影响了文化旅游产品的消费，中上等阶层在文化旅游中最喜欢不同的旅游体验。杨（Yang，2011）研究了多民族文化的特性，民俗文化旅游发展受到文化原真性的巨大影响。苏（Su）等（2011）的研究结果发现，韩剧和其拍摄地的形象对中国台湾的观众影响很大。卡西亚（Cuccia）等（2011），阿尔伯蒂（Alberti）等（2012）对文化旅游产业进行了研究，研究包括文化旅游的生产与消费、文化旅游产业集群、旅游地社区的参与性、旅游供给与需求的季节性、对文化的保护性、旅游营销策略等诸多问题。博格丹·辛尼萨（Bogdan Sinisa）等（2017）研究发现学者们对文化旅游的数据统计非常缺乏，还没有统计、检测和分析文化旅游者的消费和数量的研究。道格拉斯·努南（Douglas S. Noonan）等（2017）研究发现，游客的文化消费观念在不断改变，越来越难界定文化旅游涉及哪些研究内容，通过实证分析也许是方法和方向，但文化旅游消费的内容还是难以界定。

（二）对遗产旅游的研究

西尔伯贝格（Silberberg，1995）认为文化旅游为遗产地和博物馆等带来了巨大商机和经济效益，但必须配套相关政策并结合具体的能吸引旅游者和进行旅游营销，并与当地社区进行合作等的实践，这些都要辅以利益相关者的教育和保护好当地的遗产作为保障。塔夫茨（Tufts，1999）研究了蒙特利尔博物馆的文化旅游开发，由于博物馆具有教育和文化的双重功能，所以对城镇和文化旅游的发展起到重要作用，但是由于当地财政、技术、劳动力和互联网的劣势，需要通过精确分析游客需求，并根据分析结果进行文化旅游开发，才能保证博物馆的重建。

卡蕾（Kaley，2004）研究了加拿大首都渥太华的文化旅游发展，分析发现其核心文化旅游资源是音乐遗产。邦坦（Bunten，2008）探讨了文化旅游业与文化遗产管理二者的关系，发现二者具有相关性。萨拉查（Salazar，2012）认为当地导游和地方合作组织对本地文化旅游发展具有很大影响。

（三）对游客或者旅游者的研究

对游客和社区居民的研究，主要集中在对社区参与、文化旅游资源及开发、游客行为和旅游者类型等方面。

赖辛格（Reisinger，1994）分析了文化旅游体验问题，发现不同的文化旅游者，由于文化层次不同，兴趣也有差异，所以出现了不同的体验旅游行为，而文化旅游的基础则是产生不同行为的原因。特德（Ted，1995）界定了文化旅游者的概念，认为文化旅游者是那些被独特的文化或者很高的文化乐趣所吸引的旅游者，通过分析差异化的文化吸引，提出文化旅游者类型。赫伯特（Herbert，1996）以法国三个小镇为研究对象，发现成熟的游客包括大众旅游者和专项旅游者都被遗产地的遗迹、遗址和名人所吸引，旅游发展的重要因素取决于游客感知和游客期望。

格雷格（Greg，2002）分析了文化旅游景区景点的游客行为，得出了旅游者的特质、旅游者的旅游目的与景点景区的特色三者之间的关系。贝斯克尼迪（Besculides，2002）调研了美国卡罗拉多州居民的文化旅游感知，发现文化旅游给当地的西班牙居民和非西班牙居民都带来了很大的经济利益，所以当地居民都非常热衷于保护和管理社区文化旅游氛围。凯夫（Cave，2007）分析了外来移民与本地居民的文化旅游感知，发现了诸多差异。

范莱文（VanLeeuwen）等（2010）对文化旅游者进行研究，发现了其不同的信息偏好，并提出相应的对策。享特（Hunter，2011）研究了台湾鲁凯人的文化旅游，探讨了文化旅游者的文化认同问题。弗里亚斯（Frias）等

（2012）调查了欧洲几个国家的文化旅游者，分析了游客感知与文化之间的相关性，发现游客通过网络对旅游地的形象感知被国家的文化调节等行为深深影响。桑切斯里韦罗（Sanchez-Rivero）等（2012）分析认为，旅游者对城镇旅游地的形象感知是有差异的，无论是文化旅游者还是非文化旅游者，都存在不同差异。马康纳（MacCannell，2012）研究认为，只有那些文化需求比较明显或者对文化有偏好的旅游者，才能被认为是文化旅游者。

综上所述，国外的学者们很深入地研究了文化旅游，并且把文化旅游的研究作为热点进行广泛研究，这些研究尤其集中在欧美等发达国家，逐渐过渡到对文化旅游的深化和细化研究，并且成果丰硕。此外，研究者们对社会学和文化学以及文化产业方面的文化旅游研究有密切的关联性。国外学者们的研究内容涉及的范围非常大，但主要集中在旅游地经济发展、遗产地旅游、文化旅游者、文化旅游产品和社区发展以及利益相关者等方面。

二、国内文化旅游研究综述

国内学者们比较青睐于研究文化旅游，尤其在民族、遗产和传统文化方面。民族文化研究，以西南三省云南、贵州、四川和少数民族地区集中的旅游发达地广西、湖北等地最为集中；遗产文化旅游主要聚集在中原地区，以河南、陕西等地为主；佛、道两家是传统文化旅游的主要研究对象。主要研究少数民族民俗文化旅游开发、旅游目的地文化旅游资源的开发利用、文化旅游特色产品和城市文化旅游产品以及文化旅游专项，涉及面广，研究的内容比较散，少有系统性的文化旅游专著。

（一）民族文化

国内学者对民族文化旅游的研究情有独钟，主要集中在少数民族地区，尤其以案例研究居多。张玉江（1998）认为旅游资源、经济增长理论和旅游经济的功能是发展文化经济的优势，应成为少数民族地区文化与旅游经济发展的关键。郭颖（2001）以云南丽江的泸沽湖为例，分析了当地摩梭人的文化旅游资源，提出了如何保护与开发摩梭文化旅游资源以及文化旅游开发模式。郭颖（2002）又以泸沽湖为例研究了少数民族文化旅游产品，从人类学的视角探讨了少数民族地区如何保留、分离和传承文化旅游资源，提出文化旅游保护思路和划分功能区、社区参与的开发建设方案。

罗永常（2003）认为传统民族文化的粗俗化和衰亡、失落的民族文化认同感、崩溃的传统社会结构、价值观变化以及不利的旅游扶贫是我国民族村寨旅游发展的主要问题，提出民族村寨的旅游发展应该进行高水平规划和管理、树立正确的旅游可持续发展观、提高文化旅游的品位并且要发动全民参与等发展对策。罗永常（2004）对贵州东南部的民族村寨进行了实证研究，提出了多种文化旅游发展方法，这对于民族村寨文化旅游的发展意义重大。张河清（2005）通过分析湖南、贵州和广西的侗族的民族文化特色和共性，提出了建立湖南、贵州、广西三省（区）"侗文化旅游圈"的发展构想。罗永常（2006）在确立民族村寨旅游开发基本理念和目标的基础上，认为民族村寨的文化旅游可进行多元化发展，并提出了相应的建议和策略。庞英姿（2007）以云南为例，研究了民族文化旅游的开发策略。

光映炯等（2010）以西双版纳泼水节为例，探讨了文化旅游节庆的活动问题。廖乐焕（2012）认为，文化旅游发展过程中，民族经济不仅受单个民族文化的制约，而且受国家统一文化即国民文化的制约，所以，民族文化旅游资源的开发利用对民族经济有很大的促进作用。邓欣悦（2015）认为民族文化旅游与民族文化双向互动，但是又具有各自的特点，都必须首先自我发展，才能实现良性互动。马遥（2016）分析了西安市回民街的困境与对策，在"一带一路"背景下寻求发展的新出路。何莽等（2017）分析了四川兴文苗族的旅游扶贫问题，结果发现文化旅游有多方面的利益相关者。

（二）旅游经济

国内学者对文化旅游经济的研究非常多，无论从宏观研究还是微观研究，都是研究的热点和焦点，从 20 世纪 90 年代初，就有提及。卢文伟（1992）在其文章中率先提出发展文化旅游，建立文化旅游区设想，其后陆续有文化旅游方面的研究出现。吴忠军（1998）对民俗旅游的概念和民俗旅游的意识形态问题进行了探讨。谢凝高（2000）认为索道对遗产有很大的破坏作用，特别是对生态环境破坏极大。刘玉等（2000）认为发展文化旅游要突出文化内涵、本质与知识性。章怡芳（2003）研究了文化旅游资源和文化资源，并对二者的概念等方面进行对比分析。王亚力（2003）在挖掘长城文化内涵和诠释三大文化景观区间成因联系的基础上，提出了以长城文化为旅游主题，以中国南方长城之旅为旅游形象，以南方长城和民族文化分合为景观整合的线索，打造万里长城文化旅游精品的思路和措施。牟松（2003）阐述了文化旅游与旅游者需求之间的双向互动关系。

金准等（2004）以文化可持续力研究为基础提出了修正的旅游评价方法。杨丽霞（2004）等通过对有关中国文化遗产保护利用研究文献的统计分析，从国外经验借鉴基础性研究、城市发展和文化遗产保护研究、旅游发展和文化遗产保护研究等7个方面对中国文化遗产保护利用研究进行了综述，并对研究中存在的问题等进行了分析。刘滨谊等（2004）以国内外影视旅游发展兴衰为依据，总结概括了影视旅游的发展阶段及特点，并分析了中国影视旅游发展的现状及存在的问题，提出相应的规划对策。秦学（2004）认为宁波发展文化旅游有很大潜力，并提出了相应的发展对策。李肇荣（2004）和林学钦（2006）认为挖掘旅游景区景点等的文化能够吸引更多的游客。

东人达（2005）探讨了非物质文化遗产旅游的开发保护问题。徐菊凤（2005）和罗明义（2009）深度分析了文化旅游的内涵和外延。沈虹和冯学刚（2006）以上海苏州河为例，研究了都市文化型河流的文化旅游开发模式。陈燕和喻学才（2006）以南京为例，从保护和发展的角度分析了非物质文化遗产的文化旅游相关问题。郭一丹（2007）实证分析了洛带客家古镇的文化旅游发展对当地居民的影响。迟丽华（2007）运用组织学理论研究了文化旅游发展模式。陈福义（2007）研究认为文化是城市发展的灵魂，城市旅游可持续发展必须以文化为灵魂，才能展现其生命力。张春霞（2010）探讨了边疆的文化旅游发展与安全的关系。李萌（2011）认为文化创意是文化旅游的一种方向。黄震方等（2011）认为发展文化旅游有多种驱动力。沈苏彦等（2011）分析了文化旅游者的旅游意愿。梁家琴等（2012）和苏勤等（2012）研究了文化旅游的地域文化认同等。王世龙等（2015）研究了文化旅游的和谐问题。周教源（2016）研究了文化旅游的问题，并提出相应的对策。

（三）文化旅游产品

文化旅游产品是国内学者们研究的热点，从 20 世纪 90 年代初开始涉及，此后以案例研究居多。朱砚秋（1991）认为文化旅游是依托山水城景等自然景观与文化相结合的产物。张跃西等（1996）提出了竹文化旅游、汉字修学旅游等构想，并对其进行了市场定位，提出了有关宣传促销和产品开发策略。吴必虎（2001）对文化旅游进行了多种分类。徐菊凤（2005）则认为文化旅游产品开发的首要问题是创新，目的是满足游客需求，从而产生最大的经济价值。陈玛莉（2008）结合三星堆遗址展开了关于大遗址文化旅游的开发研究。吴必虎（2010）指出，文化项目规划设计是文化旅游产品开发的核心，后者则是区域文化旅游产业发展的关键。史涛（2012）研究了饮食文化旅游产品。王富德等（2012）分析了文化旅游产品开发的新思维。戴志伟（2013）研究了文旅产业融合问题。杨伟等（2015）认为文化旅游应该是文化与旅游资源的融合。李华（2015）认为文化旅游产品是一种空间过程，是一系列的文化表征。

（四）文化旅游资源

对于文化旅游资源的研究，国内学者从 20 世纪 80 年代就已经有了涉及，此后也研究得颇多。徐慧（1987）认为文化旅游资源包括自然和人文两部分。王衍用（1995）研究了"三孔"文化旅游资源和文化旅游线路。王好（2003）分析了绍兴文化旅游资源和形象定位。赵振斌等（2006）认为文化旅游离不开区域联合开发，因为文化在区域间是交融的。张春丽（2006）研究了地域文化旅游资源和开发问题。杨艳等（2006）以南京为例，研究了民俗文化旅游开发问题。李山石等（2012）研究了北京市文化旅游方面的音乐旅游资源，探讨了其分布规律。李湘豫等（2012）研究分析了文化旅游资源的空间分布问题。许春晓等（2017）用数理统计方法研究了大湘西的文化旅游资源。管玉梅等（2017）定量评价了海南胥家文化旅游资源，并提出相关建议。

（五）文化旅游产业

马勇等（2012）研究了文化旅游产业竞争力，并建立了评价模型。胡浩等（2012）探讨了文化旅游产业的诸多问题。姚瑶（2015）在《吉林省文化旅游产业发展研究》一文中分析驱动因素，并进行排位。张正兵等（2015）研究了产业融合视角下的文化旅游产业，对相关概念和相关观点展开讨论与解读。陈云萍（2015）以文化与科技为切入点，研究了文化旅游发展的新方向。赵世钊等（2016）以贵州省安顺市为例，从产业供应链方面对区域文化旅游产业进行解析，构建供应链机制。鲍晓宁等（2016）以产业融合为背景，对文化旅游产业发展的问题进行了研究。徐娟秀等（2016）以甘肃为例，研究了文化旅游产业融合与思路。李忠斌等（2016）探讨了18个省区的文化旅游产业效率。杨春宇（2016）以全国（不包括港澳台地区）31个省市为例，研究了文化产业与旅游产业的创新、发展路径和相互作用。胡钰等（2018）研究了文化旅游产业问题和发展方向以及政府的角色。

三、国内外文化旅游研究述评

文化旅游已经作为一种产品，而被众多的学者们研究和探讨，国外文化旅游有非常悠久的历史，学者们已经从研究单纯的遗产文化旅游和博物馆旅游等延伸到研究复杂和专项的乡村文化旅游、社区文化旅游、康体文化旅游、影视文化旅游、葡萄酒文化旅游等大领域，甚至更细化到对文化旅游的小类别研究。国内学者们对文化旅游的研究起步较晚但发展较快，虽然文化旅游在实践上早已登上历史舞台，但是国内学者对文化旅游的研究比较滞后，研究方法主要是描述性的研究，后来渐渐进行实证研究，但量化研究较少。研究领域与国外有一定差异，国内学者重视文化旅游产业和传统文化旅游研究。从国内研究内容看，包括都市文化旅游、乡村文化旅游、历史文化旅游、民俗文化旅游、宗教文化旅游、文化旅游资源、文化旅游产品、文化旅游产业、文化旅游市场、文化旅游形象策划等多个方面。

总的说来，由于国内外文化旅游发展的不同，学界、业界和政界对文化旅游的重视和关注度的不同，国外和国内学者们根据本国国情对文化旅游研究的侧重点也不同，对文化旅游的研究维度、研究方法和研究内容都有所不同，但国内外的学者们对文化旅游的研究都越来越深入和细化，研究内容越来越丰富，方法也逐渐增多。

第二章

相关概念与理论基础

第一节 相关概念

一、文化旅游

（一）文化旅游概念

美国人类学家史密斯（Smith，1977）认为文化旅游是一种地方民俗旅游，"文化旅游指的是人类记忆中一种在消失的生活方式的'图景'或'地方特色'，是这种生活方式的残余"。史密斯已经对文化旅游有所涉及，并且进行了分析与解释。但"文化旅游"的概念目前推算最早是美国著名旅游学者麦金托什（McIntosh，1985）提出的，即在文化旅游中学习到的历史和故事，认识到那时候的思想，从中学到很多，整个认知观都有所不同。

世界旅游组织（VNWTO）（1985）提出了文化旅游的广义和狭义定义，广义定义认为"文化旅游是人们希望了解彼此生活和思想而发生的旅游活动"，狭义定义认为文化旅游是"人们基于文化产生的旅游活动，包含了学术研究、参观历史遗迹、艺术演出、宗教朝圣、民俗文化、节事文化等旅游活动"。文化旅游本质上是出于文化动机而产生的人的旅游活动。VNWTO 总结的狭义定义，认定人们的移动是源于文化的流动。

赖辛格（1994）提出"文化旅游是感受文化的旅游活动，包括观赏历史遗迹，音乐文学等方面艺术、当地节日庆典活动、生活地人民习俗等"。他认为"文化旅游是指那些对体验文化经历有特殊兴趣的游客发生的旅游行为，文化旅游除了一般的遗产旅游，还包括艺术、信仰、习俗等，例如民族宗教活动、风味小吃的品尝以及地方音乐戏剧舞蹈等，同时，自然历史的旅游，以及农业旅游等都在文化旅游之列"，且这一观念是对文化旅游活动本身好奇和感兴趣的人民而言的。贾米森（Jamieson，1994）认为"文化旅游应该包括以下的内容：手工艺、语言、艺术和音乐、建筑、对旅游目的地的感悟、古迹、节庆活动、遗产资源、技术、宗教、教育等"。《国际文化旅游宪章》（1999）界定文化旅游是一种文化地理环境下的旅游活动。M. K. Snli（2009）界定文化旅游为对异地文化的需求，并由此产生了旅游动机。

国内学者们给出的概念则是从旅游者、旅游学、旅游经营商、市场等方面进行定义。徐崇云（1984）提出"旅游实际上是社会文化发展的一种产物"。郭丽华（1999）认为文化旅游是一种有创意的旅游活动。于凤（2000）研究了文化旅游的概念，认为文化旅游等同于民俗旅游。蒙吉军等（2001）从市场角度阐释，将之定义为一种旅游产品，如历史文化旅游、民俗文化旅游等。刘宏燕（2005）针对文化旅游的不同类别提出旅游者需要的旅游产品开发对策。吴光玲（2006）分析了文化旅游理论，并提出其未来方向。李甿（2008）从旅游产品、旅游意识、旅游特色和文化现象四个方面讨论了对应的文化旅游类型。任冠文（2009）将文化旅游定义为一种旅游活动，认为文化旅游是为获得自身满足而进行的旅游活动。

贾鸿雁（2013）认为文化旅游是一种特色鲜明的、拥有大众市场的活动，文化旅游逐渐成长为旅游的主要支撑力量。马先标等（2015）将"文化"与"旅游"对接，将"文化结构"和"旅游要素"叠加，对关于文化旅游的定义进行梳理。陈兴旺（2016）认为旅游不仅是游客对自然景色的观光，更是在游览过程中的精神和文化享受，旅游是形式，文化是内核，这才是文化旅游。陈兴旺（2016）认为文化旅游中，旅游只是形式，文化则是内核。世界旅游组织对文化旅游的现行解释为"人们想了解彼此的生活和思想时所发生的旅行"。文化旅游的概念目前有四派之说：

一是文化旅游"产品"说，持这种观点的学者认为文化旅游是旅游经营者向旅游者提供的一种产品，并以文化旅游为媒介，以满足旅游者对目的地文化的向往和学习的需求，代表人物有蒙吉军、崔凤军。

二是文化旅游"活动"说，这种学说认为文化旅游是满足旅游者了解当地文化的需要而进行的活动，持这一观点的有李江敏、李志飞等。

三是文化旅游"概念"说，代表人物郭丽华，她认为文化旅游不是一种体验而是一种抽象的概念，从经营者角度来说是一种创意，对旅游者角度来说是一种旅游的方法、一种意识。

四是文化旅游"体验"说，即文化旅游是通过某些具体的载体或表达方式，提供机会让游客鉴赏、体验和感受旅游地地方文化的深厚内涵，从而丰富其旅游体验的活动。

结合国内外学者的看法，文化旅游的内涵可以解释为旅游地以文化旅游资源为基础，包括地脉和文脉以及历史文化和现代文化，为旅游者提供各种类型的文化旅游产品，让旅游者深入参与体验地域文化，从而提升旅游者对文化的感受，从文化和精神上获得享受的一种活动。

本质上来说，文化旅游在某种意义上是放飞心灵，旅行的意义是在旅行中找到真正的自己，发现真正的自己和自己内心真正想要的东西。旅行不仅仅是身体的旅行，更是心灵的修行，在旅行中找到心灵需要的东西。文化旅游的学习性、分享性与体验性等是深入心灵最重要的旅游形式，能让旅行者得到心灵感悟和发现，达到悦耳悦目、悦心悦意和悦志悦神三个审美层次的心灵境界。

（二）文化旅游特征

文化旅游作为旅游的一个类型，它是文化和旅游相结合的产物，既有一般文化的属性，又有旅游行业的共性。而作为独立的一个类型，它还有自己独有的特征。

1. 双向互动性

在旅游的过程中，旅游者与东道社会双方的文化相互影响，而不是单方面影响。一般来说，强势文化往往对弱势文化产生更大的影响。

2. 二重性

作为文化旅游的一个组成要素，文化本身的内涵极为丰富，因此也赋予了文化旅游丰富的内涵。文化旅游的内涵具有二重性。

文化旅游是文化求异与文化认同的统一。文化旅游是旅游者对旅游目的地文化奇、异、美的追求，对探索和体验异质异域文化的渴望。文化旅游是在不同文化的冲突中产生的，文化差异是旅游活动形成和发展的基本条件之一。但是，如果文化差异太大，主客间将无法交流认同，旅游目的地的吸引力也会大大减弱。所以，文化旅游也是一种文化认同的过程，没有文化认同，旅游就失去了意义。

3. 民族独特性

民族独特性是指文化旅游主体具有民族特色，不同的民族其主体的旅游文化观念和行为模式是不同的。以审美观念的差异为例，旅游主体分属不同的民族，不同的民族处在各自的文化生态环境之中，因此旅游主体的审美风格和审美标准便具有独特的民族差异性。比如色彩，中国旅游者视红色为喜庆之色；日本旅游者视绿色为不祥之色；巴西游客视棕色为凶丧之色；比利时旅游者最忌蓝色；土耳其游客认为花鱼属凶兆等。主体审美意识的民族独特性集中表现在对人文景观的欣赏上，审美观念的民族性差异，也常使旅游主体对旅游目的地的民俗风情产生强烈的好奇，在巨大的反差中体验到异质文化的独特魅力。

4. 艺术性

文化旅游是旅游活动的最高境界，艺术创意则是文化旅游的最高境界，可以说文化旅游是一项品位极高的艺术活动和创意性的文化活动。

5. 地域性

每一种文化都有其特定的生长土壤，一种文化的萌生、发展也是如此，离不开一定的地域环境依托，如井冈山的红色旅游、庐山的避暑度假、哈尔滨的冰雕、云南的葫芦丝等都是受其特定的自然环境而产生的。

6. 传承性

文化旅游是根植于地方文化的一种旅游活动，尤其是地方传统文化，所以发展文化旅游对于传承地方发挥了重要的作用。例如少数民族文化的传承得益于文化旅游的开发，红色文化的传承得益于红色旅游的开发等。

7. 知识密集性

旅游者进行一次文化旅游活动，必定在整个文化旅游过程中，能体验和参与并了解和学习到当地的历史、地理、文化、民俗、饮食、建筑、交通、景观、特色文化商品等知识，能全面提高自己的文化知识和文化修养，能在一定的时间内最大限度地掌握更多的文化知识。

二、文化体验

文化是指一个民族在与自然的长期交往活动中所积累和积淀下来的物质的和精神的各种事物的总和。体验是人类将自己的切身经历、实践，通过在情感和悟性思维引导下的身心活动去实现感悟世界与人生的一种过程与方式。此理解中有这样几层含义：体验发源于人类自身的亲身经历的事件，并在心理层面上将自己与感悟的对象融合为一而产生；体验是一种在情感和悟性思维引领下，通过身心整合的过程去实现的；体验所追求与获得的是对世界与人生状态、情趣、意义、价值等的感悟①。

由此可知，文化体验是指人们通过自身的经历，对人类改造社会所积淀下来的物质文明和精神文明的遗产的理解、感悟，并实现对传统文化的学习、整合和传承，并且从中感受传统文化的内涵及其历史意义。

三、旅游体验与真实瞬间

旅游的本质是追求经历和体验。旅游体验是旅游产品的核心，从根本上说，旅游体验的目标则是对"快乐""愉悦"的追求。旅游体验是一个复杂的过程，由于旅游者的个性各不相同，旅游对象丰富多彩，旅游需求又多种多样，因此，旅游体验几乎无所不包。徜徉于山水之间，自称是回归自然；

---

① 李云锋."认知"与"体验"：世界及人生的两种把握方式［J］. 云南师范大学学报（哲学社会科学版），2004（5）：105—109.

置身于文物古迹之中，则自称是体验历史；往返于都市与乡村之间，又自称是领悟生活①。

对于旅游体验内涵，目前学术界有多种界定。Ryan 综合众多学者的观点将旅游体验概括为："旅游体验是一种多功能的休闲活动，对于个体来说包括娱乐或学习或两者兼而有之。"② 而国内较早对旅游体验做出定义的是谢彦君，他在《基础旅游学》一书中指出，"旅游体验是旅游个体通过与外部世界取得联系从而改变其心理水平并调整其心理结构的过程。这个过程是旅游者心理与旅游对象相互作用的结果，是旅游者以追求旅游愉悦为目标的综合性体验。"③ 邹统钎在 2004 年出版的《旅游景区开发与管理》一书中指出，"旅游体验是：'旅游者对旅游目的地的事物或事件的直接观察或参与过程以及形成的感受。'"④ 窦清（2003）把旅游体验分成了九类：情感体验、文化体验、生存体验、民族风情体验、学习体验、生活体验、自然体验、梦想实现体验和娱乐体验⑤。

旅游体验分为表层体验（物我相忘，身心和谐）、中度体验（心灵的超越与升华）、深度体验（停留与感官的刺激与肉欲的追求）三个层次。旅游者完成一次旅游体验，诸如游览自然风景、红色文化旅游、特种文化旅游、乡村文化旅游，或者是探寻城市生活旅游等，只要他们从中体验到了愉悦，那么这次的旅游体验就是完美的。

旅游是游客为了追求一种个性化的、即时的、愉悦的心理体验而进行的活动。旅游的本质是一种体验活动，是旅游者离开居住地去异地旅行时所获得的一种丰富的经历和感受，它既包括旅游者在旅游中通过运用原有知识对客观事物进行分析和观察所获得的心灵共鸣及愉悦的感觉，也包括他们通过直接参与活动而得到的畅爽感，同时旅游者在旅行中通过接触陌生事物而进

---

① 陈才. 旅游学理论前沿 ［M］. 长春：吉林人民出版社，2002：115.
② Li Y. Geographical consciousness and tourism experience ［J］. Annals of Tourism Research, 2000, 27 (4)：863 – 883.
③ 谢彦君. 基础旅游学 ［M］. 北京：中国旅游出版社，2004：80—96.
④ 邹统钎. 旅游景区开发与管理 ［M］. 北京：清华大学出版社，2004：102—115.
⑤ 窦清. 论旅游体验 ［D］. 南宁：广西大学，2003：23—26.

行学习的过程也是一种体验①。

本质上，旅游体验是一种综合体验，是给人带来难以忘怀、值得回忆的一种主观感受，是精神上的特殊感受。这种体验从行程开始即从旅游服务开始就产生了，主要包括"食、宿、行、游、购、娱"六大要素在内的综合感受，也是旅游主体和客体相互联系的旅游活动过程。

旅游体验包括旅游活动过程的无数个"体验瞬间"，这个"体验瞬间"是由无数个琐碎的画面和场景组成，也就是旅游消费者与旅游服务者接触的无数个"瞬间"，而这无数个体验瞬间就构成了整个旅游过程。

"真实瞬间"是旅游消费者与服务接触时能让消费者难以忘记、值得回忆的美好"碎片"，小到一言一行，大到一件事，甚至能让消费者感动的美好表现，所以，"真实瞬间"是能激起消费者购买欲望，提高满意度和忠诚度的重要法宝。

所以，旅游过程就是一个旅游体验的过程，旅游体验贯穿整个旅游行程之中，而"真实瞬间"是价值含量最高的旅游体验。在旅游产品开发设计与旅游服务营销中制造"真实瞬间"是旅游服务业成功的关键所在。

四、体验旅游

（一）体验旅游的概念

旅游的本质是在有别于自己所习惯的文化和环境中的差异化体验。体验旅游从实质上凸显了旅游的本质②。美国著名旅游专家托马斯·戴维逊提出，"旅游是一种经历或过程，不是一种产品"；邹统钎认为，"旅游就是一种'经历'，是旅游者通过对旅游目的地的事物或事件的直接观察或参与而形成的感受与体验"③。

---

① 谢彦君. 基础旅游学［M］. 北京：中国旅游出版社，2004：203—272.
② 肖飞. 武胜县秀观湖旅游区体验旅游产品开发研究［D］. 成都：理工大学，2008：6.
③ 宋喜林. 基于长期关系视角的体验旅游设计［J］. 商业经济，2008（8）：115—117.

宋咏梅（2007）认为体验旅游是异地文化的感受、探索和体验①。可以从旅游供给者和旅游者两个角度来理解它的内涵。从旅游供给者的角度而言，体验旅游是以旅游服务为舞台，以旅游吸引物、旅游设施和旅游商品为道具，以旅游者为中心，为旅游者创造一系列难忘经历的活动。从旅游者的角度而言，体验旅游是旅游者在旅游供给者营造的环境和氛围中，获取一系列舒畅和愉悦的新鲜感受，并在内心深处留下深深"烙印"的经历。这个经历可以为旅游者的生命注入新活力，为其生活添加新色彩，为其观察开辟新角度，为其认知增加新内容。孙淑英（2007）认为体验旅游更多的是一种生活方式的体验，一种旅游心情的分享，更强调游客对文化的、生活的、历史的体验，强调参与性与融入性②。

体验旅游的核心是认知与心灵的经历和重塑③。因此体验过程不会因为旅游者旅游行为的结束而终结，旅游的结束会使旅游者开始心灵的重塑，体验旅游能使旅游者推开一个通往新世界的门。

（二）体验旅游的特点

宋咏梅（2007）认为同传统的观光旅游、休闲旅游比较，体验旅游表现出以下方面的特点。

从内容来看，体验旅游以量身定制的个性化产品和服务取代了传统的标准化产品和一般化服务。体验旅游是一种旅游者追求心灵刺激、感受与解读异域风情和文化、重新建构自我的过程与结果。因为不同的人有不同的性格、不同的阅历、不同的知识结构、不同的价值观、不同的旅游目的，而且在体验旅游中旅游者不再是被动的产品或服务的接受者，而是主动参与了体验的创造和实现过程。所以他们对体验的感受层次、对异地文化的解读境界、重塑与强化自我的程度，往往是因人而异、因时而异和因地而异的。体验旅游要以消费者的异质需求为出发点，根据顾客的不同偏好，提供能彰显其个性化形象的产品和服务。当今最流行的自助旅游、自驾车旅游、峡谷漂

---

① 宋咏梅. 关于体验旅游的特点与设计原则 [J]. 特区经济, 2007 (1): 177—179.

② 孙淑英. 体验旅游的特征及开发策略 [J]. 商业研究, 2007 (10): 171—173.

③ 公学国. 体验旅游产品的开发与经营研究 [D]. 济南: 山东大学, 2006: 35—37.

流、温泉疗养、出国留学式的修学游和研学旅游等都是个性化特征非常明显的体验旅游。

从效用来看，体验旅游主要是满足消费者的社会交往、求知审美、自我实现等更高层次的需要。体验旅游以消费者的心理特征、生活方式、生活态度和行为模式为基础，设计紧扣人们精神需求的产品，使产品及服务能引起消费者的联想和共鸣，让顾客在消费过程中体验某种情感、体验自我尊重和自我完善。

从提供目标来看，体验旅游重点不仅在于向旅游者提供什么样的消费"结果"，更在于让其获得什么样的消费"过程"。体验旅游的一个显著特征就是参与性，旅游者通过身体和精神两种途径直接参与景区的旅游活动，即通过各种途径获取旅游吸引物的信息，增强游客对旅游吸引物的理解和感知，从中获得知识和美感的精神参与，以及旅游者亲身参与到景区的活动中，在活动中让感观获得快感、心灵获得震撼与深化的身体参与，从而达到"畅"的境界。体验旅游的目标是借助物品和服务向消费者提供快乐，提供值得回忆的感受。

从设计和组织过程来看，体验旅游尤为突出消费者的参与性和供需双方的互动性。传统旅游从产品的设计到旅游项目的组织开展，自始至终都是旅游供给者的"独角戏"，即整个旅游活动中只有旅游企业及其员工是唯一的"编剧""导演"兼"主角"，旅游者只是被动接受其"指导"和"表演"的听众、观众或不起眼的"配角"。体验旅游中供给者和消费者双方通力合作，共同"编写"能让消费者产生"情感共振"的"剧本"，共同"导演"并合作完成精彩的"演出"，从而使消费者获得更大的满足感和成就感。

从主题的展示来看，体验旅游更加注重可感知性与可理解性。传统旅游产品主题的体现与传达主要依靠对旅游者听觉器官和视觉器官的刺激，不能很好地将产品内涵外化，使旅游者无法深刻体会其价值，从而印象淡漠。体验旅游综合利用声、光、电、味及实物，从建筑、音乐、舞蹈、解说系统、艺术作品、设施、活动项目、旅游纪念品、工作人员服饰、氛围、服务程序等各个方面，全方位刺激旅游者的感觉器官和心灵，使其充分感知和理解产品所要传达的主题与内涵，从而留下难忘的经历。

第二节　理论基础

一、体验经济理论

阿尔文·托夫勒（1985）提出了体验经济的框架，体验经济理论由此产生，并且在各行各业迅速发展起来。文化旅游产品开发也引入了体验经济理论与方法，也加强游客参与性，让游客真正理解享受和体验文化旅游。大多文化旅游产品在游客心理和身体上的满足感是即时的，不能带给游客深刻意义，所以没有重游性。而文化旅游产品的体验性是通过游客切身经历，深入旅游情景让游客体验旅游过程，更难以忘怀，更有教育意义，令人回味，因此体验经济的相关理论可以适用于文化旅游发展中。

二、文旅融合理论

（一）文化产业

阿道尔诺和霍克海默合著的《启蒙辩证法》（1947）一书率先使用了文化产业这一概念。文化产业是一种特殊的文化形态和经济形态，主要是为满足人们对文化的需求，其主要内容是提供生产人们需要的精神产品。文化产业根据不同的分类标准可以有不同的分类，按照文化活动的重要性可分为文化服务和相关文化服务两个部分，根据部门管理需要和文化特点可分为九个类别，依据产业链和上下层可分为 24 个种类，等等。2012 年我国国家统计局实施《文化及相关产业分类》相关标准。总的来说，文化产业是建立在文化的内核上，依靠科技、人才、创意向大众提供文化服务的产品的集合。

（二）旅游产业

旅游产业在国家行业的分类标准中属于服务业的范畴，随着社会生活水平的不断提升，旅游产业收入在国民经济收入中占据越来越重要的地位，旅游也随之成了大众日常消费休闲的重要方式。

旅游产业是旅游过程中发生的各个环节的活动的总称,包含食、住、行、游、购、娱等方面。旅游活动的各个部分都是旅游产业的组成部分,旅游餐饮、旅游交通、酒店业、娱乐业、景区等都是旅游产业链条上的一环。旅游的发展也催生了一批旅游企业,包括在为游客提供旅游食宿行程安排的中间商旅行社,随着互联网发展应运而生的互联网旅游企业"携程""去哪儿"网,以及分享旅游体验、制作旅行感悟、收获游记的"马蜂窝"等,都属于旅游产业的范畴。

(三)文化产业与旅游产业的关系

文化产业和旅游产业的发展有很多交叉和重叠的部分,旅游为促进文化产业的发展、融合、商品化、产业化提供了重要的通道,旅游也通过文化发展充实了其内在价值,提升了旅游目的地的吸引力。

所以说,"没有旅游,文化就是孤立的;没有文化,旅游就是空洞的。"在这个意义上,文化可以通过旅游提升自身的知名度,旅游通过文化可以增加旅游的内涵,还可以通过会展、动漫、主题公园、演艺等对旅游起到宣传作用,增强旅游目的地的吸引力。

(四)文化产业与旅游产业融合的必然性

随着旅游行业的不断发展,旅游产业由于机制体制落后、缺乏核心旅游吸引力、旅游产品单一等各种问题面临着转型升级。文化由于文化附加值较低、文化消费需求并未得到满足、缺乏持续的创新能力等问题需要推进文化发展方式转变。文化产业和旅游产业均处于发展的瓶颈期,急需一个转型升级的机会,在这个意义上,旅游产业和文化产业的边界逐渐模糊,慢慢融合形成"文化旅游产业"和"旅游文化产业",在具备自身特点的同时也包含了文化或旅游产业中的融合部分,以有利于两个产业的可持续发展。

(五)文化产业与旅游产业融合的外在驱动力

在现今的形势下从中央到地方都十分重视文化与旅游之间的融合发展,为促进文化产业和旅游产业的融合,政府出台了相关文件推动文旅融合的发展。2009年8月,文化部与国家旅游局共同制定的《关于促进文化与旅游结合发展的指导意见》，建议文化产业和旅游产业加强融合，有利于扩大我国文化的影响力，促进文化走出去。国务院 2009 年 12 月颁布的《关于加快发展旅游业的意见》也提到了将文化产业与旅游产业相融合的内容。2014 年 2月，国务院又出台了《推进文化创意和设计服务与相关产业融合发展的若干意见》。2018 年十一届全国人大一次会议提出将文化部与旅游局重新组建成文化旅游部，这是文化与旅游产业融合的一大创举，使得文旅融合在政府层面上真正得以实现。从 2009 年开始，政府出台多项政策促进文旅融合发展，中央和地方政府的支持为文旅融合的发展提供了制度支持和规划保障。文化产业和旅游产业的融合关系以文化资源为基础，依赖于旅游产业的地理空间和市场。两者的融合对于双方来说都具有重要的意义，并且是利大于弊的，文化和旅游产业的融合使得文化和旅游产业的内涵逐渐丰富，有利于文化旅游产业的转型升级，实现一加一大于二的效果。

（六）促进文化产业与旅游产业融合的基础条件

文化与旅游具有天然的耦合性，正是由于这种耦合性才构成了文化产业和旅游产业融合的基础，有利于文化产业和旅游产业扩大其产业发展边界，同时也能更好地服务于文化产业和旅游产业的消费者的需求。文化资源和旅游资源具有相通的部分，这是两者融合的基础，文化资源和旅游资源的边界并不那么清晰，两者可以共用共通即在保护文化资源的同时融合发展旅游资源利于两者互利共赢。科学技术的发展是文化产业和旅游产业融合的技术支撑，在"互联网＋"的大形势下，文旅融合的发展也离不开科学技术的支撑，博物馆的实时讲解 App，"携程""去哪儿"网等一大批线上旅游企业的出现都为提升文化旅游服务做出了重要的贡献。

第三章

旅游吸引物与文化旅游产品

第一节　文化旅游吸引物的观点

一、吸引物是旅游动机的源泉

无论是城市旅游还是乡村旅游，旅游吸引物是人们到这里产生旅游的动机之一，也是吸引旅游者最重要的因素，文化旅游的吸引则是鲜明和持久的。从本质上来说，文化旅游产品就是旅游的吸引物，而旅游吸引物最重要的表现为文化旅游产品。

城市旅游的购物一向是人们认为的主要吸引物，但城市文化却是一个城市的灵魂，其中城市文化旅游是彰显城市文化的关键和提高城市品位的表现，是增强城市活力和吸引力的路径之一。可以将博物馆、民俗馆、纪念馆、古迹遗址、图书馆等各类馆各类园等建设成文化旅游点，使其成为文化旅游重要的载体，成为城市文化旅游的吸引物，并为旅游者提供吸引物的文化旅游产品。首先把各地博物馆建设起来，开发文化旅游产品、项目及活动等，让游客甚至市民充分参与进来，为地域文化建立展现文化的平台。其次，各类文化旅游园区也应该成为文化旅游的重要表现，比如九江市柴桑区的中华贤母园，是名震中华的母爱文化与教育文化最重要的文化旅游体现，城市休闲公园加母爱展览馆吸引了众多游人，尤其是孩子和母亲前往学习休闲、学习、接受教育等，此类文化旅游园区已经成为城市文化旅游的吸引物。

二、"乡土性"的文化吸引物

乡村旅游的吸引物则表现为古村古镇古道、乡村风俗、观光休闲、田野采摘等。

"乡村性"是乡村旅游发展的本质属性，乡村旅游要体现出"乡村性""乡土性""自然性""休闲性""参与性""体验性"的"乡""悠闲""放松"等关键词和特征，乡村观光休闲、乡村原生态美食、乡村有机无污染农业、追寻乡愁记忆、乡村农业采摘、乡村安静的环境等在引领乡村旅游的发展方向。

（一）赏花经济

赏花一直是游人喜爱的旅游方式，成片花开的时候，人流如潮。例如，婺源油菜花、井冈山杜鹃花、九江庐山花海等，还有各地的主题花卉园，这些成规模种植花卉的地方，成了人们争相竞逐的旅游地。荷花、桃花、百合花等都是人们的最爱。

（二）美食经济

真正的美食在民间，健康自然的美食在乡村，美食经济也是各地争相发展的方向，例如，陕西袁家村是关中民俗文化的集聚地，袁家村以关中美食为核心吸引游客，发展火爆。民以食为天，以追逐美食为目的的旅游是未来发展的重头戏。

（三）有机经济

随着人们对健康的关注，乡村的有机产品越来越受到人们的喜爱，品尝、购买有机稻米、有机蔬菜、有机水果等有机产品，也是人们到乡村旅游的目的之一。

（四）采摘经济

乡村旅游的一大特点是参与性，采摘是游人喜爱的参与体验方式，尤其是采摘橘子、葡萄、杨梅、草莓等，同时，采摘蔬菜也越来越受到人们的欢迎。自己采摘，自己做着吃，参与性更高。

（五）乡愁体验

乡愁是一种抹不去的记忆，随着中国的城市化的发展，乡愁越来越能激发人们的情致，乡愁体验更是唤起游人的记忆，乡愁已经成为旅游的一大吸引物。

乡愁体验案例1：浙江外桐坞村

在满山茶树的外桐坞村，有一家叫白描的民宿。这是一个艺术民宿，拥有"小而美"的特质以及浓厚的文化气息。民宿的主人叫庞代君，是位"80后"景观规划设计师。

这间民宿里，有200平方米的艺术品展厅，汇集了当代艺术家的雕塑、油画以及各类收藏作品。庞代君说，白描的起步客源较为小众，多来自文化圈，为此会定期举办艺术品展卖会、艺术家个人展、高校学生创作展卖会，以及各类活动及交流发布会。乡宿，切中的正是乡愁文化。

乡愁体验案例2：乡愁乡宿项目

杭州乡宿投资管理有限公司总经理吴孟君说，乡宿的项目选址有三个硬性标准——必须是活的村庄，游客能与原住民亲密接触；是当地宗族文化的聚集地，最好有被视为家族纽带的宗祠；拥有一定体量的村落，最好有10—20幢乡宿。他说："我们考查了很多地方，但对于原住民迁离的村落，我们一概拒绝，因为我们需要的是保留着原文化、原住民、原艺术、原生态、原建筑的地方。"

在项目的设计建设上，吴孟君表示，会尊重当地建筑文化、尊重当地村民的生活方式。"我们希望开创中国品质民宿连锁先河。"吴孟君说，"既然是连锁项目，乡宿会统一品牌、统一布局规划、统一选址及装修改建标准、统一构建顶层文化主题、统一运营管理。"

乡村旅游，要的是安静的环境，区别于城市的喧嚣，乡村的自然性和原生性是安静的基础。城市的喧嚣与压力、紧张、快节奏，让人们喘不过气来，总想放松一下，缓解压力。乡村正好提供了这样一个地方，安静、悠闲、放松、自然。

三、中外文化旅游吸引物案例

（一）波尔多圣埃米隆（法国）

法国波尔多圣埃米隆的葡萄酒乡村旅游产业，主要从葡萄酒文化产业链条上构建，包括葡萄酒酿造的前前后后，从胚芽、种植、技术、采摘、科普、葡萄酒的加工酿造工艺，再到售卖、酒文化培训和住宿体验等，游客可在此游览观光、购物体验，进行葡萄酒品鉴和甄选购买及人际交友等。波尔多的圣埃米隆产业园区集聚了顶级酒庄70多家，里面最高端的乡村酒店比五星级酒店还要昂贵，有的价格高达8000元每天。葡萄按摩是葡萄酒庄园里的一个特色项目，采用最新鲜的刚采摘的葡萄给游客按摩，深受游客喜爱。这里已经形成了一个红酒文化园区，世界各地的游客来这里大多喜欢体验和享受这里的红酒文化。这里有包括圣埃米隆葡萄酒的酒神节等多项品牌文化，无论是葡萄酒标的图案，还是葡萄酒的制造，抑或是扮演"007"的演员们最喜爱的葡萄酒庄，全部运用品牌化营销进行宣传和市场渗透，以此提升葡萄酒庄园的价值。游客可以参观游览，也可以参与葡萄庄园的健身、骑马、骑自行车等活动。还有宗教文化的体验活动，游客可以换上教士的服装扮演教士到教堂里参与宗教活动，亲身参与体验一下这里的宗教文化。这里的葡萄酒乡村旅游文化已经变成了当地一种休闲度假的文化旅游方式。波尔多是以"葡萄酒文化"为主题的乡村文化旅游模式，做精做细一个葡萄酒文化主题，延伸葡萄酒文化产业链，打造了一个"葡萄酒文化"乡村文化旅游综合体。

（二）孔苏埃格拉小镇（西班牙）

西班牙中部的孔苏埃格拉小镇虽然默默无闻，但从文化上来说，却见其骑士文化和骑士精神，这个小镇的十一座大风车展示了一道独特的风景。西班牙大文豪塞万提斯就是在这个风车景观的孔苏埃格拉小镇获得了创作《堂·吉诃德》的灵感，并将这些大风车塑造成了主人公幻想中的怪物。这些散落在起伏山丘上的大风车，威严而壮观，神秘而庄严，展现着骑士的精神和理想。孔苏埃格拉小镇以骑士文化和大风车景观为吸引物，吸引了无数游客前往观光游览，体验骑士文化胜地。

(三）乐居家园的"慢生活"（中国）

乡村旅游的文化性体现在以"慢"为养生的文化理念，开发乡村慢生活体验项目，建设"慢生活"体验基地。慢生活，"慢"养生，"曼妙"生活。过乡村生活，打造乡村生活场景，体验乡村慢生活。把乐居家园建设成乡村慢生活体验基地，以自助农庄为特色和亮点，打造乡村生活场景，开发乡村慢生活体验项目。游客可以自己在自助农庄采摘做饭的原材料、做农家饭、饭后沿着漫步基地散步，体验整个乡村悠闲生活的过程。

1. 核心旅游产品

★自助菜园。选村里的菜园、果园、田地，把菜园和田地分块标号，大小不一，由农家经营管理，按照度假与休闲的状况承包给游客使用，自己栽种、拔草、管理、摘菜等，自己做菜吃，或者不承包供游客自行摘菜，让游客有一种家的感觉。可以种应季蔬菜，也可以种大棚菜。

★荷花池休闲观光与垂钓。选一户农家前面的荒地（家门前有水廊的），将荒地改造成荷花池，荷花池内建设弯曲的水廊和休憩小亭，养些垂钓的鱼供客人垂钓体验，或将山谷中蓄水比较深的水库作为鱼塘来养鱼，供游客垂钓使用。

★自助儿童鱼虾池。山野的小溪，定期或不定期撒些小鱼小虾，供孩子们抓鱼抓虾，戏水玩耍。

★自助抓鸡捡蛋。由客人指定自己想要的鸡，主人带领客人抓鸡、捡蛋。

★自助野山茶。带客人到山里找野山茶，客人自己采摘，自己回来炒茶、泡茶等，体验茶文化。

★自助帐篷营地。建设帐篷宿营地，安营扎寨，观夜景，享受农庄的静谧与安逸，也可以设计篝火晚会、游戏等。

2. 辅助旅游产品

★自助农庄慢生活体验文化长廊。选择小溪上或者小溪边，每隔一定距离建设一个独立的水上竹亭或溪边竹亭，所有竹亭全部为四面开敞的八角亭或六角亭，或者长条状廊道，不封闭。共计6个区，每个区大小为15—50平方米不等，功能分别为休闲小吃区20平方米、休闲茶餐厅区20平方米、琴棋书画区30平方米、休闲书店 15 平方米、心理疏导区 15 平方米、畅聊休闲区 15 平方米等。

★道家养生书画苑。选一户农家，作为游客悟道的高雅场所。

★农庄森林浴场。选一片森林，以具有良好保健功能的植物为主构建森林浴场区，将乔木、灌木、草本相结合，构建复合群落。区内设置曲折步道，林中设木质或仿木小亭数座，供游客森林浴使用。

3. 支持系统

★慢生活生态停车场与交通支持建设引导。选一块地，建设生态停车场。所有的汽车都不准进入村庄以及靠近小溪。农庄内提供自行车、三轮车等慢交通工具，时速限定为慢速。两村之间全部步行或骑自行车，对于老人，可以有木质或竹制老年推车和三轮车，理念为"慢慢慢"。

★慢生活交流平台。成立慢生活俱乐部，建设慢生活网。开展网络营销，组织游客到自助农庄进行慢生活体验活动。

4. 配套产品

慢运动体验场。把慢运动引入养生理念，把乐居家园打造为慢运动体验的养生基地。

★太极拳、瑜伽训练场。室内：将农家改造成瑜伽和太极训练馆（30—50 平方米）。室外：选取乡间、野外山林、溪流作为瑜伽和太极体验场（100平方米以上），旁边建设休闲长凳。由村里喜爱太极和瑜伽的村民或者常住客作为教练做指导，将其打造成为慢运动养生的特色项目。

★农庄漫步基地路线图。开发生态的山间徒步道、田野徒步道、森林徒步道、乡间徒步道等，连接起来成漫步路线。

第二节　文化旅游产品开发理论

一、文化旅游产品

文化旅游产品是一种以文化为核心内容的旅游产品，也是一个旅游过程。高俊（2007）认为文化旅游产品是旅游者感受旅游地的文化进而增加知识和增长智慧的一种过程性的旅游产品。崔杰（2008）把文化旅游产品界定为既有主文化吸引力又有配套的文化旅游活动等体验性旅游产品。实际上，文化旅游产品概念简单地说是旅游者在旅游地的游览、学习和体验文化的一种过程，一般是旅游者体验异地文化的一种过程。

二、文化创意旅游产品

旅游产业和文化创意产业相结合而衍生出来的旅游产品即为文化创意旅游产品。所以说，文化创意旅游产品是旅游产品的一种，但跟其他传统的旅游产品不同的是，它在基础的文化旅游产品之上，加入了更多的创意成分。傅晓（2007）认为文化创意旅游产品是指旅游六要素里的各种各样的创意吸引物，这包括创意和吸引两层含义。王会（2009）认为文化创意旅游产品首先要具有文化特征且又要以创意为魂，它是物质和精神的产品总和。实际上，文化旅游创意产品是以文脉和地脉为创意源泉的一种旅游产品。

三、体验旅游产品

（一）体验旅游产品的内涵

体验旅游产品是以具有独特性体验的景观为基础，以游客的独特体验为目标，运用体验化的手段设计策划出的产品，它的核心是独特体验。体验旅游是随着旅游者旅游程度的增加、旅游经验的丰富而演变产生的，是在旅游者更高一级的心理需求的推动下应运而生的。

体验旅游产品必须满足以下条件：

1. 个性化

标准化的旅游产品单一乏味，已经满足不了旅游者多样化的需求。旅游者更青睐能参与、能体验，并且独具特色的文化旅游产品。因此体验旅游产品应当具有独特性和体验性，能为游客提供某种独特的旅游体验。

2. 创新性

任何旅游产品都会衰老，维持独特性或新鲜感的根本是项目持续创新。

西方国家对主题公园衰老问题的对策是每三年进行一次产品更新，而节庆表演节目则每年有30%的更新率。我国的主题公园也是如此，文化活动更新换代也较快，例如深圳华侨城的锦绣中华、世界之窗、欢乐谷等主题公园。

3. 参与性

旅游的最佳境界是达到人景合一，人物合一，人在景中，景中有人。只有这样，游客才能真正融入文化活动中。体验的前提是参与，如果没有参与则得不到真正的体验，参与使得旅游者在体验旅游中得到更深的感悟和思考。

（二）体验旅游产品的特点

体验旅游产品与传统旅游产品的不同，表现在旅游者自身、旅游技术、旅游生产、旅游企业的管理和旅游者自身的管理以及外部条件。体验旅游产品与传统旅游产品相比较呈现出以下特点（见表3-1）。

表3-1 传统旅游产品与体验旅游产品比较

	传统旅游产品	体验旅游产品
旅游者	没有经验；在群体中没有安全感	变得成熟；希望与众不同
技术	不友好；仅限于使用者；独立	互动性；所有的参与者是相容的、整合的
生产	价格是竞争的砝码；规模经济；纵向、横向一体化	创新是竞争的砝码；规模经济、范围经济；对角一体化
管理	员工是生产的成本；使生产能力最大化；生产什么就销售什么	员工是质量的关键因素；收益管理；倾听顾客的需要
外部条件	政府管制；经济增长；缺乏控制的增长	取消政府管制；重组；限制增长

从表3-1可以看出，体验旅游产品在旅游者的消费方式和层次方面，在旅游消费的技术层面上，在生产方式和经营理念上，在管理模式和着眼点上，在产品开发和产品发展的外部条件上，比传统旅游产品都有较大的进步。

（三）体验旅游产品的意义与作用

1. 体验旅游产品是最能满足旅游者需求的旅游产品

旅游产品经历了一个从观光型旅游产品阶段到参与型旅游产品阶段再到体验型旅游产品阶段转变的过程，每一次的转变都是对旅游者需求提升的一种适应。目前旅游产品已进入体验旅游产品阶段，现在的旅游者已不再满足于走马观花式的观光旅游，或浮光掠影式的参与型旅游，而是需要深度体验的旅游产品。

2. 体验旅游产品是能够顺应社会发展的需要旅游产品

社会不断在进步，所有事物都在随着社会的发展更新换代，旅游产品也不例外。而体验旅游产品正是这个时期社会发展的产物，只有体验旅游产品的个性化及创新发展才能满足现今社会人们最高层次的消费需求。

3. 体验旅游产品是能够为旅游企业带来较大经济利益的旅游产品

具体表现为，体验旅游产品能给旅游企业带来更多的客源；体验旅游产品能延长旅游者在旅游目的的停留时间，从而提升旅游目的的各旅游经营者的收入；体验旅游的个性化服务项目能激发旅游者的消费兴趣，提高旅游者在目的地的消费；体验旅游产品中的高消费的旅游产品，其本身就可以为旅游经营者带来可观的经济效益。

4. 体验旅游产品能有效缓解社会、经济与环境的矛盾

体验旅游产品的开发能够较好地缓解旅游业在发展过程中所带来的社会、经济与环境之间的矛盾，能够促进旅游业实现更健康、更有序、稳定、持续地发展，这是传统的观光旅游和传统度假产品所不能比拟的。

（四）体验旅游产品的开发模式

体验旅游产品在旅游业中还是个新生事物，人们对到底应该如何做才能开发出真正的体验旅游产品来，还处于一种探索或摸索阶段。公学国（2006）把体验旅游产品的开发模式分为以下几种：

1. 观赏式开发

这是最基本的一种体验旅游产品开发模式。一般来说，这种开发模式的开发思路是这样的：利用或创造一种具有浓厚文化氛围的人文旅游资源，对

其加以组合或改造。带领旅游者在景点内游览观赏，旅游者可以在游览观赏的同时，了解这些资源的历史文化背景，并从中获得知识，开拓自己的视野，并且在观赏时沉浸其中，受到历史或文化的熏陶。

2. 游戏式开发

游戏是体验旅游产品开发最常用的一种模式。开发者设计或发掘出一些具有浓郁民族风情或地方风情的游戏，这些游戏可以较为真实地展现旅游地的地方生活习俗或民族习俗。旅游者通过参加这些游戏，可以获得对这些民族或地方风情最直观的认识，真正地让旅游者做到"乐在其中"。例如，内蒙古风情游中，旅游者在大草原上骑马，就是这种体验旅游产品的一种直接体现。

3. 主题式开发

这是体验旅游产品中的一种深度体验产品。尽管旅游的本质需求超越了具体产品和服务，但旅游活动仍然是旅游者参与和接触各种具体产品和服务的过程。要使各种不同的旅游产品和服务给游客留下难忘的记忆，必须在各产品和服务间建立一定的关系，这种关系就是体验主题。

4. 模仿式开发

这是体验旅游产品中的另一种深度体验产品。开发者设计几种场景，比如采茶、制陶等，旅游者在旅游过程中亲身参与到这种活动中来，和旅游目的地的居民同吃、同住、同劳动，亲身感受旅游目的地的各种真实的生活状况。

四、文化旅游产品开发的关键

（一）文化旅游产品开发要做到"文化"性

开发文化旅游产品，必须重视"文化"性，无论是文化旅游景区景点还是文化旅游线路，或者单一的文化旅游项目和活动，甚至文化旅游餐饮等，都要体现文化性。文化性是文化旅游的根本属性，例如寻根游线路、民俗文化村、文化街区、农家乐、渔家乐等。

文化旅游产品开发切记不要"挂羊头卖狗肉"，文化旅游产品开发也不要偏离了文化旅游的本质属性。文化旅游产品本质上是把文化景区景点等具有文化的各要素串联起来组成的旅游产品，其本质是文化性，缺少了文化性，或者打着文化的幌子，"挂羊头卖狗肉"而组织文化游，是一种违背产品属性本身，变性脱离文化旅游的做法，要坚决杜绝。例如，目前教育部提倡的中小学研学游，其中研学就是要在旅游中学习各类文化，让孩子们在旅游中更好地掌握各类文化知识，它改变了单一的课堂理论教学模式，做到了寓教于游、寓教于乐。又如，有个民俗旅游产品，本身属于文化旅游产品，但是民俗旅游只占几分钟，其他全是游玩海盗船、蹦蹦车等现代儿童娱乐，民俗博物馆是免费的，费用只产生在娱乐中，对外宣称是中小学民俗研学游。这就是"挂羊头卖狗肉"，此类文化旅游产品还是有不少的，这严重偏离了文化游本身的属性。

（二）文化旅游产品开发要考虑整体性

所谓整体性就是文化旅游整体产品，实际上包括基本的食住行游购娱，这六要素都要体现"学"，每个环节都要设计文化性的内容。例如，景德镇瓷都旅游，设计要点为，食要体现本地旅游历史文化的特色菜肴，并且用本地具有文化的瓷器作为器皿，住也要有瓷器点缀甚至瓷器民宿，内部各类交通工具也要设计瓷器文化，游要用陶瓷文化串联起来，购物当然也是陶瓷旅游商品，娱乐也是体现陶瓷文化娱乐的编剧。

（三）文化旅游产品开发要配套文化讲座专题

就是要在出发前花费一定时间学习，听专家讲当地文化和旅游线路上的文化节点。例如，井冈山红色旅游已经红遍全国，可以说全国各地都有到井冈山进行红色旅游的，红色旅游不仅仅要学习红色文化，还要进行爱国主义的文化熏陶，做到情景交融。井冈山红色旅游有专门配套的红色讲座，讲座者是红色旅游专家，基本是固定的。所以各地文化旅游发展也要配套文化讲座，一方面让游客对当地文化有个初步了解，另一方面让游客有的放矢，学习到异国他乡的不同文化。其实，从另一个角度来说，对旅游地也起到宣传作用。可见，文化讲座对游客和旅游地起到双向互动的作用。

（四）文化旅游产品开发对导游讲解的要求

祖国山水美不美，全靠导游一张嘴，说的正是导游在整个旅游过程中的重要作用。实际上，文化旅游对导游的要求非常高，导游不仅要能讲，更重要的是会讲，例如，应培养宗教导游，甚至专门的佛教导游，培养书院导游，甚至专门的白鹿洞书院导游，以及科普导游、地质导游等。

五、文化旅游产品开发的原则

（一）全面性原则

一个完整的旅游包括吃、住、行、游、购、娱六个要素，所有的衍生内容都脱离不了这六大要素。所以，文化旅游产品开发涉及吃、住、行、游、购、娱这六个要素的旅游服务供应链，并遵从地方本土化设计。

（二）主题鲜明原则

每种旅游产品都有其相对应的目标市场，在对产品进行开发设计时，应准确地定位目标市场，根据目标顾客的需求和期望制定相应主题的旅游产品。例如，针对有宗教信仰的游客设计以宗教文化体验为主题的旅游；帮助陶瓷爱好者开展一次深层次的陶瓷文化体验游；对赣文化爱好者设计一条赣文化体验深度游线路，整合赣文化旅游产品中的典型代表，满足游客对赣文化的全面了解的需求。

（三）参与性原则

参与性是文化旅游的重要特征之一，文化旅游产品开发必须设计让游客参与的环节，增加游客体验性、亲切感和满足感，并加深印象，让游客与当地文化融合在一起，达到物我两忘的效果。大的方面可以举办节庆活动和主题活动，小的可以细化到游客的一言一行、一举一动都可参与和体验。在整个旅游产品开发的过程中，要利用身体参与的项目，使整个体验旅游更直观形象、生动具体，让游客对景物的体验更加深刻。

文化旅游产品开发的参与性应融入旅游的整个过程，让游客在整个旅游的过程中都参与体验文化旅游的各个环节。

（四）形象性原则

在开发文化旅游产品时，应树立文化旅游独特的形象。应加大宣传力度，如可以通过新闻媒体、文艺创作、建立网站、组织相关学术研究等宣传文化旅游。

六、文化旅游线路产品开发

(一) 文化旅游线路分类

根据不同的分类准则，可以将文化旅游线路区分为多种不同的类型：

按照文化旅游线路的距离大小，分为短程文化旅游线和中程文化旅游线以及远程文化旅游线；

按照文化旅游线路旅游时间长短，分为一日文化旅游线路、二日文化旅游线路、三日文化旅游线路和多日文化旅游线路；

按照文化旅游线路的特点，分为一般观赏文化旅游线及专题文化旅游线；

按照文化旅游线路对游客吸引力的范围大小，分为国际文化旅游路线、国家级文化旅游线路、区内文化旅游线路；

按照文化旅游线路的空间布置形态，分为双向往返式文化旅游线路、单一通道式文化旅游线路、环形通道式文化旅游线路、单枢纽式文化旅游线路、多枢纽式文化旅游线路和网络式文化旅游线路。

(二) 文化旅游线路的生命周期

一个好的旅游产品是吸引旅游者来到一个旅游地旅游的关键因素，旅游地没有好的旅游产品，其他基础设施再好也是枉然，一个好的旅游产品只有在优质的旅游线路的支撑下才能长久发展，但是旅行社倘若想要开发优质的旅游线路则需要承担更多的市场风险，需要进行高成本的调研、设计、投入、宣传等，这些因素使得旅行社进行优质线路设计显得得不偿失，所以现状是很多旅行社抄袭现有的知名游线路或者开发一般的旅游线路，但是从市场学的角度来看，我们要的是持续的发展，而不是只重视眼前利益，因此旅游线路的设计就显得尤为重要。

在 20 世纪 80 年代初，生命周期理论被用到旅游领域，旅游产品生命周期理论开始出现。旅游地的生命周期会经历几个阶段：探索阶段、参与阶段、发展阶段、稳定阶段、停滞阶段、衰落或复苏阶段。

分析旅游产品的生命周期，就是分析旅游地的旅游线路的生命周期，旅游地走向衰败的问题就是旅游线路未被市场所接受的结果，所以旅游线路也有生命周期，要适时地调整和更新文化旅游线路，甚至开发新的文化旅游线路。

（三）旅游线路设计的原则

1. 以需求为中心的市场原则

旅游线路设计的关键要素之一是要适应市场的要求，必须最大限度地达到旅游者的要求。旅游者的需要主要包括：去往未曾到过的地方增加见闻并且拥有精彩的旅程；从日常紧张的生活中得到短暂的放松，提高乐趣；有效地利用时间而又不用太劳累；有效地利用预算节约成本；购买便宜而又新奇的商品。

2. 旅游线路特色性原则

特色是旅游线路生命力的关键。一条具有特色的旅游线路，能长久吸引旅游者，也是旅游线路可持续发展的有力保证。

3. 景点结构合理原则

旅游线路有时候就像一首歌曲，有高潮、有过渡的阶段，在线路上的景点结构必须结构合理，才能使这首歌曲动听，才能吸引人。

4. 旅游交通合理原则

交通的选择应当以迅速、舒服、保险、便捷为基本标准，与旅行的主题融合，尽量减少候车的时间。一次完整的旅行活动，其中空间移动可分三个阶段：从常住地去往旅游地、在旅游地各景点旅行游览、从旅游地返回常住地。

5. 旅游产品创新原则

游客在游览过别的景点后，肯定会对一些现有的旅游产品有所记忆，如果旅游产品不进行创新，将很难满足其追求新奇的心理，结果导致旅游产品吸引力下降，经济效益也下降，这对旅游的发展是相当不利的。

6. 行程安排灵活原则

旅游线路的设计，应该保持其灵活性，在景点的安排上应该紧凑适宜，不宜太多，也不宜太少，在面对突发事件的情况下，也能灵活地解决。

（四）旅游线路设计要素

1. 目的地的类型

一个目的地的类型是旅游者去往该地旅游的首要因素，所以在设计旅游线路时要对目的地的类型分析透彻，将目的地的类型简单地呈现给旅游者，便于他们选择。

2. 目的地的级别

旅游者在去旅游时，对于目的地的级别有一定的要求，级别不同，所提供可游玩的旅游产品也有区别，在设计时将目的地的级别考虑进去，对于区分不同要求的旅游者，有很重要的帮助。

3. 目的地的数量

根据旅游者游览时间的长短，在设计线路时，将目的地数量考虑在线路中是十分必要的，若在有限的时间内安排过多的旅游景点，发挥不了旅游景点的真正作用，对于旅游者来说反而是一种负担。

4. 目的地的相似性与差异性

在设计线路时，目的地的相似性和差异性要把握好，合理分配，不能一味地追求千篇一律的文化旅游路线，同质化是最危险的。

5. 顺序科学

顺序包括两个方面的意义：空间顺序及时间顺序。绝大部分的线路是以空间顺序为引导的。以空间顺序的安排方式有利于节约成本。

6. 点间距离适中

旅游景点之间的距离在设计线路时，应该被考虑进去，如果景点之间的距离太远，路途占据旅游太多的时间，会消耗旅游者大量的精力，导致景点的吸引力大大降低。

第三节　文化旅游产品开发实践

一、白鹿洞书院文化旅游产品开发

（一）白鹿洞书院文化旅游产品现状

1. 文化旅游产品单一

现今旅游文化产品各式各样，各地景区创新产品频频上市，然而白鹿洞书院这么多年以来，仍以文化观光为主，像一些遗产古物陈列、雕塑的观赏等。显然，这种古老的旅游参观已不能吸引社会大众的眼球。我们都知道在这个生活节奏越来越快的世界里，人们的心境越来越浮躁，能欣赏那种纯文化东西的人已经不多了，我们应结合大众的喜爱，将白鹿洞书院这么好的文化资源充分利用起来，做一些多元化的旅游产品，最终走向国际化。

2. 文化旅游产品开发力度不足

白鹿洞书院的文化旅游资源优越富有，很具纪念保护价值。其中的许多文物古迹、古建筑保存得尚完整，极具考古研究、古建筑教学研究等价值。然而白鹿洞书院的文化旅游产品开发程度较低，许多优越的文化旅游资源都没有很好地被利用，基本上处于静置状态。做规划的行家都知道，有资源在，只要你想得到，就会有各种花式产品。更何况，很多时候旅游产品也可以通过一个个小小的故事赋予它生命力，令它朝气蓬勃，生机无限。毋庸置疑，我们的规划开发对景区的建设作用是相当有利的，对白鹿洞书院加大开发力度是十分必要的。

3. 没有发挥文化旅游产品潜在资源优势

开封当地有一种特产，人称"黑豆腐"。那种豆腐香辣滑嫩，外黑内白，很受大众喜爱。卖主请大家来帮忙给这黑豆腐取一个好听大气的名字，最好可以在整个开封市场一炮打响。有位老师傅品尝着黑豆腐，也觉得黑豆腐这名确实有点屈才，它应该拥有一个更响亮的名字。老师傅观看了黑豆腐的整个制作过程，也品尝完各式美味的黑豆腐，一瞬间，脑子灵光一闪，想到开封最有名的人——包拯包青天，他的特点就是黑，但是为人正大光明，深得民心。这不正符合黑豆腐的特性吗？而且包拯是开封家喻户晓的大人物，所以便将黑豆腐取名"包拯豆腐"。从此，这种豆腐便在开封一举成名，更畅销了。说到这个故事，笔者便想到白鹿洞书院，白鹿洞书院其实有许多可以利用的资源，然而并没有得到很好的利用，许多潜在的资源处于荒置的状态。就像故事中利用开封名人包拯的大名一样，相信只要充分利用资源，白鹿洞书院的旅游文化发展会更上一层楼。

4. 文化旅游商品品牌效应弱

白鹿洞书院文化旅游商品大多是一些庐山的奇木怪石形成的手工制作品，如一些木雕石雕、手工编织品、植物标本书签及古书集等。然而这些文化旅游商品在庐山上也屡见不鲜，显然那些来九江必来庐山的游客对此也就毫无兴趣了。白鹿洞书院古有"天下书院之首"的美称，然而在现今社会，它显然早已名落孙山，开始处于衰败境地。给白鹿洞书院商品赋予品牌意识，打造白鹿洞书院的品牌性，会让各地游客对白鹿洞书院更具心理占有率，让没有来过的游客对它充满幻想及期待，让来过的游客思考何时还能再来。

（二）白鹿洞书院文化旅游产品存在问题

1. 旅游文化产品整体形象模糊，品牌意识淡

白鹿洞书院游客大多是仰慕庐山而来的附带游客，书院的文化旅游商品也大多带有庐山品牌之感。确实如此，纵观白鹿洞书院，你会发现这里书院气息很浓厚，然而整体形象给人即是书院感，和一些平常书院没什么差别，无非就是一些书院应该存在的东西。在这里没有书院对外的宣传口号，也没有书院独有的形象设计标识，品牌意识淡。许多来过的游客对白鹿洞书院的了解也仅仅是古代的一个书院，更别说那些没有来过的人，那些连白鹿洞书院名字都不知道的群体了。很明显，白鹿洞书院的旅游收入主要来源于门票收入，在这个多元化高科技的现代社会，就白鹿洞书院目前的状况，还仅靠门票收入相当于坐吃山空。对白鹿洞书院的文化内涵进行深度挖掘已然迫在

眉睫，开发创新旅游产品，设计互动型旅游活动，建立白鹿洞书院自己的品牌是打造白鹿洞书院旅游辉煌之旅的必经之路。

2. 缺乏对书院历史文化的动态展示活动

白鹿洞书院的历史文化资源丰富，景区内陈列的历史文化的物品琳琅满目，然而大多是静态摆放，很少有对书院历史文化的动态展示，或许这就是大多数游客难以理解书院历史文化的原因。说到这一点，笔者觉得完全可以效仿中华贤母园的成功经历。中华贤母园综合采用图文、蜡像、雕塑、三维电影、声光电、体验性项目等传统和现代结合的方式生动形象地展示了"四大贤母"的事迹，让游客很好地融入当时的各种生动的情景，感受母爱的伟大。同样地，白鹿洞书院也可以结合高科技采用动态展示方式，以创新的视角去诠释白鹿洞书院文化的精髓。

3. 缺乏传承书院教育功能的体验型产品

白鹿洞书院的传承教育功能性产品缺乏体验性，大多为枯燥的文字陈列，对一些文化进行简单的文字或人工讲解。在人类多元化的进程中，这样的做法很明显已不能满足大众的味口，久而久之，淘汰是必然趋势。为了弘扬和传承老一辈留给我们的优秀文化，增加游客对书院文化的兴趣，加深他们对白鹿洞书院的文化了解与认识，开展一些传承书院教育及弘扬书院文化的功能性体验极为重要。

4. 书院景观环境价值没有得到充分利用

通过实地调查，发现白鹿洞书院景观环境价值很高，有许多原生态的植物，包括一些稀缺的药材，山水田园风光也很美。然而它们没有得到很好的利用，而且这里没有定向的观景场所，整个景区景色没有明显的主题区分，基本为一个色调体系。构景、造景这一块没有做详尽的规划设计，整体效果平淡。

5. 书院旅游线路及功能分区不明确

白鹿洞书院缺少系统性功能主题的游览路线及分区，不同功能主题的旅游线路能给游客带来有针对性的体验，能让游客对整个游览过程的印象更加深刻。如若能给白鹿洞书院景区提供一个明确的主题定位，合理安排功能分区，把各个景点和具体的项目熔铸成一个有机的整体，并让其与周边景区实现合理互补，可能白鹿洞书院也就不是像大家所说的依托于庐山所存在的"半年经济"了。

6. 缺乏类型丰富、主题鲜明的衍生商品

首先，书院提供给游客的旅游纪念品大多是与其历史文化有关的书籍、画集及那些生长在周边的草药等，类型有些单一。而且白鹿洞书院的许多旅游纪念品在庐山甚至九江许多地方都是可见的，没有自己独特的主题，不能给游客带来新奇感，也就毫无吸引力了。白鹿洞书院名字来源于李渤及其身边神奇的白鹿，如若以白鹿为题材制作一种较为新颖的旅游纪念品也能给白鹿洞书院的衍生商品主题加分。

（三）白鹿洞书院文化旅游开发方向

1. 营造氛围的文化旅游产品

举办节庆活动，如纪念朱熹桂花节、陶渊明菊花节、白居易桃花节、周敦颐莲花节、九江美食节等；发起全国性的作文、演讲、绘画、书法、诗歌比赛和辩论赛等；拍摄以白鹿洞书院为主题的电影；建设白鹿洞书院网站，在各大网站论坛建立专门的国学论坛。通过各种措施营造白鹿洞书院教育圣地的氛围，展现白鹿洞博大深厚的文化风采。

2. 专项性的文化旅游产品

九江学院校长甘筱青在论文《传承书院文化，培养创新人才》中说："我们要把白鹿洞书院建设成为九江学院中国传统文化教育研究实习基地、师生人文精神和创新意识熏陶的教育基地；有组织地让广大学生到白鹿洞书院感受、领悟历史文明，在浓郁的中华优秀传统文化和书院自主学术创新的氛围中涵养气质，陶冶性情，以促使九江学院发挥在区域科技创新中的重要作用，为地方经济和社会发展培养更多的创新人才。"根据这样的启发，我们可以考虑把白鹿洞书院打造为培育当代大学生人文素质的一个基地，可以开发许多与此相关的产品如修学旅游、学生夏令营、特训班等，还可以举办国学研习营及九江当地名人如陶渊明、周敦颐、黄庭坚的专题学术研讨会。这一步骤，是要进一步打造、巩固白鹿洞书院国学圣地的社会地位。

3. 大众性的文化旅游产品

打造和白鹿洞书院密切相关的主题公园，这一层次的产品可以借鉴杭州宋城的开发思路与策划方法，白鹿洞书院可以打造"唐宋主题园"。

第一，吸引投资（可以直接吸引宋城集团投资开发），做好景区规划，开发打造唐宋主题园。其中唐宋主题园只是白鹿洞书院文化旅游产品的一个内容。

第二，唐宋主题园内，借鉴宋城"建筑为形、文化为魂"的思路和建设办法，景区从建筑形态到人员装束打扮，处处都要体现唐宋主题园的风韵。

第三，模仿《宋城千古情》，打造唐宋主题园舞台剧。题材上，可以以唐朝寒门子弟科考并最终中状元的故事为题材，安排考生考前"头悬梁、锥刺股"，"凿壁偷光"等的寒窗苦读，中状元后夸官"一日观尽长安花"的"光耀门楣"以及"洞房花烛夜"的喧闹为内容，借以向游客展示古代科举考试的过程和考生的酸甜苦辣，以及考中后的欢天喜地，喜结良缘。这个题材还可以根据白鹿洞的传说，穿插进神奇白鹿的故事。此外，也可以以李白入朝为官和被贬的故事为题材，展现一代诗仙的才情及不为权贵折腰的精神。如果论证合理，也可以以唐朝历史上著名的人物、事件为题材，如演绎李世民、武则天、唐玄宗等的故事。

第四，深入调查研究九江当地的历史和民俗，在上述两个阶段产品的基础上，进一步巩固挖掘开发可以让游客亲自参与并对其有高吸引力的旅游产品。如果内容与唐城主题不符，可以把这些产品安排在唐城景点之外。例如，可以继续升级前文所说的和四位名人有关的五大花节活动，即春季桃花节、夏季荷花节、夏秋季桂花节、秋季菊花节、冬季梅花节。在举办这些节日活动时还可以同时举办大型的美食节、啤酒节等，以飨游客。又如，可以让景区的演艺团体，每天在景区表演展示唐朝民众日常生活的节目或者结合九江现代当地的民俗节目，如黄梅戏、傩舞，在表演时还可以请游客做群众演员，让游客参与其中。

（四）白鹿洞书院文化旅游产品开发对策

1. 开发节庆文化旅游产品

在白鹿洞书院历史发展过程中，吸引了许多文人雅士在此留下他们各自的足迹。"采菊东篱下，悠然见南山"的陶渊明，"野火烧不尽，春风吹又生"的白居易，"出淤泥而不染，濯清涟而不妖"的周敦颐，宋朝著名教育学家理学家朱熹等，这些都可以是我们纪念的题材。结合在白鹿洞书院留下足迹的著名人物及随时节盛开的鲜花创办节庆纪念沙龙，这名义上是一系列节庆活动，实质是一个文人社交聚会的平台。

（1）纪念朱熹桂花节

举办知识竞答抽奖活动、桂花美食（桂花糕、桂花茶、桂花蜜等）、"朱子礼乐"会演，还举行"桂花香"书法摄影展、走进朱熹——"弘扬朱子文化传承朱子礼仪"成人礼等。

（2）陶渊明菊花节

开办陶渊明文化论坛、菊花诗会、菊花展、桃花源故地重游等。

（3）白居易桃花节

通过白居易诗歌研讨会、走花径、桃花美食大赛等形式纪念白居易。

（4）周敦颐莲花节

举办"莲之行"濂溪公园观光游、"莲之美"莲花旅游形象大使评选、"莲之王"种莲冠军擂台赛、"莲之风"濂溪民俗文化展示、"莲之魅"莲文化展览（含摄影、书画、邮品等展出）等活动。

（5）九江美食节

举办食神争霸赛、食品展示台、美食与养生宣传廊、"菜名菜谱猜猜猜"等活动；发起全国性的作文、演讲、绘画、书法、诗歌比赛和辩论赛等。

2. 开发智慧文化旅游产品

近年，兴起了智慧旅游潮。无论在旅游产品的设计还是线路设计上人们都追求智慧，的确智慧旅游给人们带来了许多方便。相比以往常规的旅游方式，智慧旅游不论是触觉还是视觉上都给了游客一个全新的体验。本书设计的智慧旅游产品，体验性、趣味性强，同时又独具书院特色，给予游客不一样的体验。

（1）网络媒体集

★拍摄以白鹿洞书院为主题的动漫，再现古文人读圣贤书考状元历程。

★网络宣传白鹿洞书院，营造书院圣地氛围。建立书院网站，为各大学者提供平台研究讨论国学，不仅能很好地亮出深厚博大的书院文化风采，还有可能造就出国学文化博鳌。

★举办网络大赛（助学捐款型）："印象白鹿洞"摄影、油画大赛、"白鹿洞书院游记"、"白鹿洞杯"一句话宣传征文大赛等。

（2）游戏长卷

★文人"偷菜"：承包书院附近的居民农田，在暖春时节组织策划游客，在不被居民抓住的情况下，"偷菜"成功即可免费获得新鲜蔬菜。游戏中当地居民及游客间的激烈互动，你追我逃，定会是现代人快节奏生活下放松心情释放压力的一剂良药。

★树下弈棋：傍花随柳，游客畅享其中，随机在某棵树下摆出一盘不解之对棋，游客只要成功破了这盘棋即可获得白鹿洞书院免费纪念品等。按棋局难易程度，可获得不同等次的纪念品。

★品茶详名：在茶苑组织一个小小的游戏，游客需要从若干杯茶中品出其茶名，答中的越多，奖励越多，第一名还可获"茶神"称号。

★诗词对赋：文人雅士诗词对赋，以文结友，共同切磋，培养兴趣。

3. 开发艺术创意文化旅游产品

在某种程度上，白鹿洞书院本身就是一个浑然天成的艺术品。它丰富的生态旅游资源，较完善的历史遗迹，以及周边和谐的山水田园风光都是赋予它艺术感的自然物。

（1）艺术茶苑

★茶苑弈棋：品茶静思闲话沏茶，品茶心语幽香韵味。在宋建筑古屋飘逸着浓浓茶香，云里雾里尽是庐山云雾的影儿。各方文人雅士爱茶好棋之人汇集于此，品茶闲谈，各路人士围棋象棋切磋对弈。

★赋歌赏曲：在这古色古香的氛围里，浓郁的茶香，琴箫瑟瑟，古典美女翩翩起舞，别有一番古韵古姿。尚记得白居易先生在浔阳江头夜闻琵琶行，在这里游客也可以观赏古戏曲、黄梅戏，体验可参与的傩舞表演。

★茶苑说书：在白鹿洞书院游客可以时刻体验唐朝风韵宋代遗风，这里还将充分开发古代说书功能。游客可以听到很多古代有名的民间故事及关于白鹿洞书院栩栩如生的传说,如李渤与白鹿的传说、朱熹讲学、孟姜女哭长城等。

(2) 穿越时空

★文化长廊:首先游客会经过一个悠长的木质文化长廊,这里的主体是"古风古韵",这儿有白鹿洞书院的历史渊源诉说、科举制的兴盛衰败史、书院古建筑的兴建与重修、白鹿洞书院揭示介绍等。

★音画诗墙:穿过文化长廊,直面游客的是一面"音画诗墙"(有声有色的动景诗墙)。"音画诗墙"的控制系统分两部分:一是手控部分,当你需要诗墙画面动起来,并开始音乐和朗诵时,可以通过遥控器控制;另一种是自动控制部分,当游客站到诗墙前停留十秒钟后,诗墙的画面就会自动动起来,接着声音随之响起,直至结束。

★佯装学子:穿戴好书院学子服饰,进入竹亭,有知识渊博的老先生正在为我们献学。我们时而同老夫子一起摇头晃脑诵读国学经典,时而专注听老先生讲述在白鹿洞书院的各种传说,时而侧耳倾听窗外叽叽喳喳的鸟儿歌唱,在古书院时空无尽徜徉。

★百家争鸣:各路才子聚集在书院后院的小山坡,高谈阔论。游客可以自选话题,各抒己见,相互切磋,兼容并蓄。

4. 开发教育文化旅游产品

白鹿洞书院历史文化悠久,对现代大学教育意义深重。白鹿洞书院学规中的"博学之,审问之,慎思之,明辨之,笃行之",也是现代大学教学中治学的主要依据,这里古亦有"天下书院之首"美称。利用白鹿洞书院深远的教育内涵,结合现代莘莘学子,以培养人才为目的,以书院文化为主线,创造出现今浮躁社会中,具有教育意义的、独出心裁的创意旅游产品。

(1) 江西各大高校与白鹿洞书院的紧密结合

★江西各大高校新生军训后,组织万人诵读白鹿洞书院揭示。

★各学院根据安排分批次轮流上白鹿洞书院进行实训(一天八课时的庐山国学学习),培训后写心得体会,各学院组织安排学生参加国学朗诵竞赛。

★修学旅游：江西各大高校学生在白鹿洞书院进行为期 3～5 天的修学游，身着古代书院院服，按古书院教学程序，学习四书五经、国学经典等。食古韵食堂，住古色古屋，行文化长廊，游千年鹿园，体验古代书生书院求学生活。

★才子写真，书院写生：目前，摄影界写真越来越流行，面对快节奏的生活，人们越来越偏爱以特色摄影来记录自己的生活状态。在白鹿洞书院这么一个优美的书院环境里，可以让人远离喧嚣，给人带来宁静。江西各大艺术学院可以安排相关专业学生来白鹿洞书院教学实习（艺术写生），让他们在写生和写真中交叉学习。

（2）与全国各大书院的紧密结合

★周年辩论赛：作为东道主，邀请湖南长沙岳麓书院、河南登封市嵩阳书院、河南商丘应天书院等古代著名书院的学子，来到白鹿洞书院进行一年一度的周年辩论赛，主题都是一些学术热点话题。同时邀请新闻媒体进行采访，在地方电视台现场直播等。

★蹴鞠大赛：古代各书院就有蹴鞠交友一说，可见他们不仅注重学问造诣上的提升，同时也很注重体能团队合作方面的训练。在此，我们可以重拾古代的娱乐项目——蹴鞠，在古代首席书院——白鹿洞书院进行蹴鞠大赛。不仅可以促进各大书院学子的友情，还能提升白鹿洞书院的人气，同时巩固白鹿洞书院在现代书院中的地位。

★书院文化论坛基地：在白鹿洞书院设立全国书院文化论坛基地，在这里开展书院会议、学术研究会议等，增加白鹿洞书院的知名度，重拾"天下书院之首"美誉。同时通过网络论坛，积极引领教育潮流，给予现代社会各类成员灵魂的指导。

5. 开发衍生品文化旅游产品

一个好的景区，其收入来源当然不仅仅局限于门票收入。发展衍生品收入也将是白鹿洞书院旅游经济来源的一个重要组成部分。本书所设计的白鹿洞书院纪念品富有文化创意灵魂，独特轻便时尚，浓缩了当地及书院文化，不失为现代游客所追寻的匠心独具的旅游纪念品。

（1）木雕石刻类

这里物华天宝、人杰地灵，游客自由挑选庐山怪石，由我们来自世界各地的艺术书法家题名。具体产品可以有：木梳、印章、玉石、人物雕刻等。

（2）文房四宝

来白鹿洞书院的游客大多是有学之士，对文房四宝颇有几分喜爱，白鹿洞书院凭借好山好水好风光的地理优势，集聚摄影、绘画爱好者创造各种精美图片，利用高科技运用到印刷术上，为慕名而来的游客带来独具白鹿洞书院文化特色的文房四宝。与此同时，这些书墨大家也可以通过此平台买卖较好的作品或收藏的书籍等。

（3）手工作坊

手工作坊外形是长排黄土小屋，有许多小隔间，供当地拥有不同手艺的居民承包。土屋前方有精品店，里边有各种当地居民编制的小首饰、草编、艺术剪纸、精美书签、自制多功能香包、老夫子表情包等。

（4）慢邮寄的旅游商铺

来到这里，不管游客是为了体验白鹿洞书院文化、享受自然、休闲娱乐还是访亲拜友，坐下来喝杯茶，聆听着动人的流水禅心，细细遐想十年后的自己是什么样子，或者游客想对十年后的自己或家人朋友说些什么，都可以在这里用我们的慢邮寄寄给未来的你我他。

（5）江湖献艺

一个个白面书生现场素描或彩绘书法展示出书院人物及游客自己的形象，并为其名字当即题诗一首。还可以现场教导游客习毛笔字，这样也可以促进文房四宝的销售。

（6）古人换装

这里其实是一个迷你的高科技玩偶吧，游客可在电子屏幕上自己挑选古人物，为其换上各种精美的古装，比如头饰、发型、衣物均可更改。之后系统会对游客的情商打分，得分高者可得白鹿洞书院专属纪念品一个。

二、赣文化体验文化旅游线路产品设计

（一）单一文化体验旅游产品线路

★书院文化体验游：白鹿洞书院→鹅湖书院→白鹭洲书院。

★宗教文化体验游：东林寺→西林寺→龙虎山→三清山。

★茶文化体验游：庐山→婺源。

★陶瓷文化体验游：景德镇陶瓷文化体验三日游。

★红色文化体验游：井冈山红色体验三日游。

（二）综合文化体验旅游产品线路

★书院、宗教文化体验游：东林寺→白鹿洞书院→三清山→鹅湖书院。

★茶、陶瓷文化体验游：婺源→景德镇。

★书院、茶文化体验游：庐山（云雾茶）→白鹿洞书院。

★宗教、茶文化体验游：庐山→东林寺→婺源。

★书院、陶瓷文化体验游：白鹿洞书院→景德镇。

★茶、书院、宗教文化体验游：庐山（云雾茶）→东林寺→白鹿洞书院→婺源→三清山→鹅湖书院。

★赣文化整体体验游：庐山→景德镇→婺源→龙虎山→井冈山。

三、文化创意旅游厕所设计

国家旅游局早在 2015 年就提出了厕所革命，在未来三年协调各地新建 3.3 万座旅游厕所，改扩建旅游厕所 2.4 万座。各地在建设旅游厕所的进程中，又提出厕所的建设必须体现地方文化，否则千篇一律，没有创意和新思维。基于此，本书列举两个文化创意厕所旅游的策划设计理念，来说明文化旅游厕所如何融入地方文化。

（一）陶渊明文化旅游景区的文化创意旅游厕所策划设计要点

策划思路：陶渊明文化。

文化创意：陶渊明喜欢弹的琴，叫无玄琴，没有琴弦，陶渊明竟然弹得如痴如醉，足见陶渊明的境界。他又爱饮酒，所以后人叫陶令酒。他还独爱

菊。根据这些文化，可以围绕"无玄琴、陶令酒、陶渊明独爱菊"来构想作为陶渊明文化旅游景区里文化旅游厕所的素材，可起名叫"悠然所"。

（二）袁隆平科普文化园的文化创意旅游厕所策划设计要点

策划思路：袁隆平文化。

文化创意：超级水稻，为中国乃至世界的粮食增产做出了卓越的贡献，在粮食紧缺的时代，养活了众多的人，解决了粮食这一国家的大问题。策划可以把水稻、水稻颗粒等作为袁隆平旅游景区的文化旅游厕所的素材，可起名叫"天下粮仓"。

第四章

市场营销

第一节　文化旅游者与分类

一、文化旅游者界定

对于文化旅游市场的基础研究，甚至是一般的研究，目前还是非常少的。当前旅游市场已经发生了极大的变化，旅游市场的变化归因于社会经济变化、旅游消费者的变化、旅游产品供应商的变化，以及政治制度、法律等的变化。与此同时，文化旅游市场也在相应地改变，这种变化是巨大的，尤其是国家对教育的重视，使得国民文化知识层次骤然提升，这大大改变了旅游者的动机和行为，人们对旅游的追求从最浅表的观光旅游到文化休闲、度假旅游，一直上升到对异域文化和知识的渴望。目前纯粹的旅游，更多的是求知型，其次才是娱乐，颠覆了旅游的先娱乐后求知的观点。尤其是自助游和自驾游的异军突起，文化旅游市场迅猛发展，对旅游产品的自由选择和旅游行程的随时变更，使得旅游行程更具有弹性和灵活性，文化旅游者更具有丰富性和复杂性。

实际上，我们在讨论什么才是文化旅游者的时候，容易陷入矛盾之中。从古至今，文化旅游者都是大量存在的。古代就有文人士大夫游山玩水吟诗作赋，或者隐逸田园作为隐士吟诗作赋，这些文人骚客就属于旅行家，也就是最初的文化旅游者。这些踏遍山山水水的古代文人士大夫，无论是何动机，或者因何而旅行，他们绝非为旅行而旅行，这些因为各种各样的原因而产生的旅行确实丰厚了、丰富了、丰盈了古代的旅游文化，其本身也构成了文化旅游者的一部分。古代皇帝朝觐本身是宗教文化旅游的重要部分，从内容上讲也是那个时代最重要的文化旅游形式之一，虽然从数量上说没有文人士大夫多，但引起的社会反响却是巨大的，他们也是特殊的文化旅游者。

一般而言，从旅游产品提供者和旅游消费者两个方面都可以讨论，事实上，这部分的讨论涉及旅游者的旅游动机和文化融入。

一方面，从旅游产品供给方来说，当旅游产品提供者提供的就是文化旅游产品时，可以说旅游者大部分属于文化旅游者，如文化旅游目的地、各类文化体验园、农耕文化园、博物馆、美术馆、民俗馆、纪念馆等，可以提供的文化旅游产品有井冈山红色旅游、红色摇篮瑞金、苏维埃纪念园、毛主席纪念馆、郑成功纪念馆、陈嘉庚纪念馆、民俗村、农耕体验园等。

另一方面，从旅游消费者来说，主要从旅游动机和文化融入度的角度来考察，文化融入度可理解为旅游者的文化体验程度或者文化融入旅游者的程度，可以分为纯粹的文化旅游者、非纯粹的文化旅游者及非文化旅游者三种类型。

第一，纯粹的文化旅游者指的是以文化为动机或者以文化为目的的旅游者，比如博物馆旅游、民俗馆旅游、民俗村旅游、文化园等文化旅游景区景点，甚至是旅游目的地如井冈山红色旅游等。第二，非纯粹的文化旅游者指的是旅游者开始不是以文化旅游为动机，但是，通过消费文化旅游产品，文化融入旅游者的心底，旅游者主动学习文化知识并参与文化活动等，此类也属于文化旅游者，可称为被动的文化旅游者，或者同化的文化旅游者，如阳朔休闲度假可能是主要的旅游产品，印象刘三姐实景演出和西街是阳朔最大的旅游看点。阳朔汇集了海内外甚至遍布世界各地的旅游者，更多的人是以休闲度假为动机和目的，但这些旅游者通过观看印象刘三姐实景演出，学习了壮族人民的生产生活历史，学习了大农耕文化的知识，有时能达到心灵的触动，甚至悦心悦意的高体验性，这部分明显是被动的文化旅游。阳朔西街本身就是阳朔的文化符号，了解学习西街的来历，西街的历史，等等，被阳朔的历史文化深深震撼。第三，非文化旅游者，此部分旅游者无论从旅游动机还是文化融入都是缺乏的，例如，井冈山红色旅游，极少部分旅游者可能会待在住处，或休闲，或玩游戏等，这部分就应被排除在文化旅游者之外。三峡旅游文化非常丰富，三峡游船旅游，但也有极少部分游客在游船上打几天牌，吃喝玩乐全在游船上，此类旅游者也明显不能归于文化旅游者行列。

此外，微旅游可以说在短时间内是非常流行的，这部分市场其实非常大，它指的是只用很短的时间消费极少的旅游产品。有很多属于文化微旅游者，他们就是针对文化旅游产品去的，有直接的文化动机，如博物馆一日游、民俗馆一日游等甚至半日游，这些人明显属于文化旅游者范畴。当然，文化微旅游市场也不乏非纯粹的文化旅游者，如一家人，有人主动提出，产生文化旅游动机，有人被动参与，如负责开车。

界定文化旅游者是个非常难的课题，但是从旅游动机和文化融入的角度可能比较清晰，那就是以文化为旅游动机的旅游者，或者旅游者的文化融入程度决定了文化旅游者的范畴。可能对文化旅游者还有更深入的讨论，希望更多的研究者关注文化旅游市场。

对文化旅游者的讨论异常复杂，不是主观认为自己是文化旅游者，而是以文化体验来衡量是否是文化旅游者，也就是旅游者在旅游中是否获得了文化体验，只有获得了文化旅游体验的旅游者才可以被认定是文化旅游者。换言之，文化旅游体验是文化旅游者的本质属性。例如，只观光不关注体验文化，或者只度假休闲不关注体验文化，只自娱自乐不参与旅游地的文化娱乐等都不是文化旅游者。又如，在旅游地的房间里看了几天书、打了几天麻将等旅游者都不是文化旅游者。而参与了民俗活动，体验了本土建筑文化等都可以被认为是文化旅游者的范畴。

综上所述，可以这么界定文化旅游者，就是那些在旅游中获得了一定程度文化体验的旅游者可以称为文化旅游者。

二、文化旅游者分类

通过对文化旅游者的分析，可以从旅游动机和文化融入度两个核心对文化旅游者进行分类。根据旅游动机的强弱和文化融入的程度高低，可以把文化旅游者分为五类：

★目的型文化旅游者：文化是旅游者的强动机，或者说是选择目的地的首要理由，这类文化旅游者主要以追逐文化为非常强的旅游动机，会主动学习和体验本地的文化，一般会得到深刻的文化旅游体验，文化融入度最高。如"拿着课本游本市"、诗词之旅、重走长征路、文化之旅等。

★观光休闲度假型文化旅游者：文化是此类旅游选择目的地的首要或者主要理由，但文化动机次于目的型文化旅游者，文化旅游体验不够深刻，主要在观光休闲中消费部分文化旅游产品，可能会被动学习和体验本地文化，文化融入旅游者的程度不够高。如丽江旅游、阳朔旅游、三峡旅游、庐山避暑度假。

★随机型文化旅游者：不是以文化为动机的旅游，而是以其他非文化为主要原因的旅游，但是在学习和体验文化后，能得到很深的文化旅游体验，会随机成为文化旅游者。如乡村休闲旅游中自主采摘、参与耕作、学习农作物知识等。

★随意型文化旅游者：字面意思为随意文化旅游，对文化的追逐表现为无所谓态度，此类文化旅游者的特征为文化是旅游消费者选择目的地的弱动机，文化融入程度一般，文化旅游体验一般，或者较浅。如大多数澳门游，庐山一日游。

★偶然型文化旅游者：不以文化为动机选择旅游目的地，但无意间偶然学习参与了文化活动，体验了本地文化，文化融入程度显得被动，或者不高，此类文化旅游者的文化旅游体验较浅。如香港游、农家乐。

从旅游动机和文化融入度两个核心对文化旅游者进行分类，显然五种类型有重叠，但对细分文化旅游市场有很大帮助，能指导文化旅游市场的发掘和拓展，以及为开发文化旅游产品指明方向。

三、典型案例

我们把红色文化旅游者作为文化旅游者的典型案例来进行解析。红色旅游是近十几年来突飞猛进的文化旅游市场，其本身具有的特性决定了旅游市场具有文化旅游者的市场属性。第一，红色旅游必须具有学习性，是一种红色实践性的学习，"红色游中学、学中红色游"，有着寓教于红色旅游的产品特性，以此进行爱国主义教育，修学旅游已经成为爱国主义教育的重要形式。我国向来就有"读万卷书，行万里路"的说法，红色旅游恰好可以将优良的文化传统发扬光大。第二，故事性。那些历史人物和历史故事，通过多种表现形式形成红色旅游产品，使得历史人物和事件更加鲜活，更加丰满。旅游者如身临其境，记忆深刻，甚至融入情感。比如井冈山红色旅游，往往让游人感动得落泪，真正做到了情景交融。第三，参与性。红色旅游项目应与时俱进，顺应旅游需要深刻体验的时代要求，重视旅游活动的参与体验性，比如重走长征路、红色儿童体验团等。此外，红色旅游具有爱国主义教育、红色文化知识教育和保护红色文化等作用，也说明这部分旅游者具有红色文化旅游者的属性。

第二节　现代市场营销战略

一、理论观点

实际上，我们在研究文化旅游市场细分时，也是从市场细分最基本的理论开始的，那究竟什么是市场细分？市场细分的目的是什么？"二战"后，产品市场开始由卖方转为买方，产生了新的市场形式，营销思想和营销战略也取得了新的发展，那就是企业无法服务于全部的市场和满足整个市场的需求，以消费者为中心的现代市场营销观念随之产生，于是企业不得不考虑服务于特定的市场，而不再服务于整个市场。企业规模过大会导致难以服务整个市场，于是企业根据消费者的欲望与需求把市场分成若干个具有共同特征的分市场或子市场，这部分消费群就是细分市场，企业由此把细分出来的消费者作为自己的目标消费群。所以市场细分（Market Segmentation）指的是根据某种标准将整个市场划分成若干个具有某种共同特征的消费者群，每个消费者群之间都存在明显的需求差别，这就为市场定位打下良好的基础，也可以说市场定位必须以市场细分为基础和前提。文化旅游市场作为旅游市场的一种类型，理所当然也可以进行市场细分，也可以进行市场定位。

二、基本理论诠释

（一）市场细分

1. 概念

市场细分是企业根据消费者需求的不同，把整个市场划分成不同的消费者群的过程。

2. 市场细分标准

通常是按照人口细分、地理细分、心理细分、行为细分、受益细分等细分标准把整个市场分成很多个细小的群体，然后在这些细小的群体里选择自己的市场。

（二）目标市场选择

1. 概念

在划分好细分市场之后，可以进入既定市场中的一个或多个细分市场。要估计每个细分市场的吸引力程度，并选择进入一个或多个细分市场。

2. 定位标准

★有一定的规模和发展潜力。

★细分市场有吸引力。

★符合企业目标和能力。

3. 定位战略

★无差异性目标市场策略。

★差异性目标市场策略。

★集中性目标市场策略。

（三）产品定位

1. 概念

产品定位即产品在消费者心目中的位置。产品在顾客心目中都有一定的位置。例如，人们比较认可的手机有诺基亚、摩托罗拉、三星等；认为可口可乐是最大的饮料生产商；格兰仕是中国最大的微波炉生产商；北京同仁医院是中国最著名的眼科医院；沃尔沃（Volvo）是"最安全的汽车"。

2. 定位方法

★心智定位：占领思想比占领市场更重要。

★价格定位：高价高品质，低价低品质。

★包装定位：让消费者一秒钟决定。

★渠道定位：IBM 渠道，成就了微软。

★功能定位：王老吉的功能定位。

★情感定位：追求快乐、逃离痛苦。

★产地定位：葡萄酒、钟表、陶瓷、丝绸、茶叶、中药。

★客户群定位：服务什么人决定你是什么人。

3. 市场定位原因

为什么要定位？是让消费者能辨别出产品和品牌的不同。基于市场的辨识不清，尤其是同类市场更加无法区隔，定位能更好地进行市场区隔，将自己的产品从众多相同或者相似产品中区分开来，这就是市场定位的本质原因。如果不定位，消费者对产品和品牌的辨识度不强，买谁的都可以。例如，农夫山泉的定位为"有点甜""大自然的搬运工"，百岁山的定位为"水中贵族"，王老吉的定位为"怕上火"。所以定位是决胜之道，竞争之道。"定位"理论的创始人是营销战略大师杰克·特劳特，他于 1969 年在《定位：同质化时代的竞争之道》中首次提出"定位"，开创了"胜出竞争"的营销之道。在竞争日益激烈的今天，它揭示了现代企业经营的本质（争夺顾客），为企业阐明了获胜的要诀（赢得心智之战）。

定位是差异化竞争战略最重要的理念之一，对于旅游业来说，定位必不可少，并且是旅游竞争的第一关键因素，很多旅游业的发展都进行了定位，如茶小镇、青蛙小镇、温泉小镇、医养小镇、手工艺小镇、金融小镇、互联网小镇、禅修小镇、摄影小镇等各种。婺源定位为"中国最美乡村"，成都城市定位为"休闲之都"，贵州省定位为"山地公园省"，宋城、三国城、横店影视城等主题定位都非常鲜明。

第三节　文化旅游市场营销实践研究

一、庐山佳华温泉文化主题酒店市场营销定位

（一）文化主题酒店

1. 基本概念

文化主题酒店是指根据酒店所处的地区特色和文化特色，选择某个特定的主题，体现出酒店的文化氛围。它将"主题"与"酒店"二者有机结合，将文化作为主题，将酒店作为载体，本质是顾客的体验感。它的主要特色是将主题赋予酒店，同时围绕这个主题对酒店进行构建设计。主题酒店的魅力在于它的独特性和差异性无法重现，通过提供个性化服务和营造主题文化氛围来吸引顾客。消费者可以感受到的服务不仅是直观的外形建筑，还有独特的服务体验，同时包括更高层次的文化品位，这些都已经超出了酒店原有的基本功能。

2. 基本特征

独特性、文化性和体验性是主题酒店的三大特征。独特性体现在能够很好地与其他酒店区别开来；文化性体现在将文化内涵融入酒店各处，从而形成竞争优势；体验性是通过为顾客提供独特体验的服务来提高顾客的忠诚度。

（1）独特性

独特性是主题酒店的王牌，它是区分主题酒店的指标。酒店使消费者体验到的内容不尽相同，但是突出的重点大致还是一样的。主题酒店在构建时，要将主题与运营模式之间的关系把握得当。在相似的运营模式和低成本的输出的前提下，能够利用独特的主题来吸引消费者，让他们主动地去了解酒店，探索酒店，去寻找酒店的魅力所在，这样就能提高他们对酒店的好感

度。一旦酒店产品能够形成鲜明的特点，并且足以与市场上其他的产品区分开来时，那么消费者就可以鉴别出其独特的形象。

（2）文化性

主题酒店又叫文化主题酒店，主题酒店和传统酒店的差异在于服务是否体现出文化性，主题酒店注重文化的体现，而传统酒店是表现服务文化的，所以主题酒店是可以和传统酒店区别开来的。消费者不选择经营更加完善的标准规范一体化的传统酒店，而去选择入住主题酒店，是因为他们希望可以享受到区别于传统酒店不一样的文化感受。主题酒店应该重视突出文化内涵，如果主题酒店既失去了灵魂，又失去了规范化这一优势，那么主题酒店将很容易失去市场竞争力，发展道路也将变得坎坷。因此，酒店产品应该依附于文化内涵之中，彰显出个性化服务，这样消费者才会满意并且忠实自己的选择。主题酒店的文化氛围需要从硬件和软件两个方面体现出来，这样才能更全面地形成自身的酒店文化。

（3）体验性

由于不断提升酒店产品的质量和层次，消费者已经厌倦了选择标准化、规范化的传统酒店，他们追求体验感强的酒店，希望能够在酒店留下深刻的记忆。酒店不仅是为消费者提供食宿的地方，还应该为他们带去强烈又特别的体验感。所以，管理者们应该致力于满足消费者的不同需求，构建设计出能够带给消费者特殊体验的酒店，让他们在住店期间感受到特殊的体验，离开以后也能对酒店做出高评价，增加回头率，使酒店利益最大化。

3. 分类

（1）根据文化类型分类

★自然风光类主题酒店：根据某种自然资源进行主题的设计，让顾客感受到真实性的体验。但是，自然风光、自然资源等原本并不属于主题，因此要采取措施将自然资源转变成酒店产品，再将酒店产品转变成文化主题，如此才能变成主题酒店自身可利用的主题。如以"水"为主题的深圳茵特拉根瀑布酒店、以长颈鹿为主题的肯尼亚长颈鹿主题酒店、以森林为主题的黑龙江哈尔滨敖麓谷雅酒店等。

★历史文化类主题酒店：在中国几千年历史发展的长河中，总会带有不同的时代印记，因此主题酒店可以选择历史上的某个时期作为主题背景，构造一个带有古代气息的环境，一旦消费者进入酒店，就能拥有一种穿越到古代的既视感，仿佛自己变成了古代人。如以古褒国历史文化为主题的陕西汉中的褒国大酒店、以天津历史文化为主题的天津山益里精品酒店、以松洲民俗文化为主题的四川松潘 0387 客栈。

★城市特色类主题酒店：通过模仿或者缩小历史文化名城的特色部分，达到重现风貌的目的。如以冰雪为主题的瑞士的 Ice Hotel、以丹麦艺术特色为主题的丹麦福克斯酒店及澳门的威尼斯人酒店。

★科幻信息类主题酒店：主题酒店以利用现代高科技手段为主，通常涉及海底、天文等领域。如美国亚特兰蒂斯的朱尔斯水下旅馆、瑞典太空酒店。

★体育类主题酒店：是指将体育作为设计理念贯穿整个酒店，主题可以是单项体育活动或者是综合性的体育主题。如以乒乓球运动为主题的济南的泉森信大酒店，它是国内第一家乒乓文化的主题酒店，中国乒乓球协会曾授予其"乒乓之家"的荣誉称号。

★名人文化类主题酒店：是指将大众熟知的政界或艺术界的名人事迹作为主题，酒店所在地通常是改造名人待过的地方，这样更能反映出名人当时所处的生活环境。如杭州西子宾馆，陈云在 1979 年及之后的二十年间每年都会来到这里休养身体，作家巴金也曾在此休养过很长一段时间，伟大的毛主席更是多次在此居住，可见许多名人很是喜欢此处。因此酒店便据此设立了有关名人的套房，同时这些名人最喜爱的陈设也被还原在主题房间里面，可以让顾客到名人曾经住过的房间体验。

（2）根据主题文化的根源分类

★以外来文化为主题的酒店：选择国外著名的并且有代表性的优秀文化，也能够体现国外特色风情的主题文化。如上海 The Drama 戏剧主题酒店，它是根据莎士比亚的戏剧 *Sleep no more* 为设计理念，酒店员工的另一个身份是演员，如果顾客想亲身体验戏剧的魅力，可以现场和工作人员演绎一出好戏。房间数量仅为 26 间，分别用莎士比亚的名剧命名，而且每一间客房的主题内容都不一样，要通过管家告知线索才能找到房间。

★以本土文化为主题的酒店：发现国内或地方的特色传统文化，并加以利用融入酒店设计元素中。如国内唯一一家森林主题酒店——敖麓谷雅，其名字的灵感来源于使鹿部落"敖鲁古雅"。在酒店中，随处可见鹿的身影，因为"鹿"是酒店的图腾代表。顾客在木质的房间里犹如亲身来到了大自然，能够感受到大自然的气息。

（3）根据发展的阶段和层次分类

★文化性主题酒店：某种程度上来说就是主题酒店，它能够将文化渗透进功能之中，从而通过各种各样的主题来体现酒店的文化内涵和差异性。总的来说就是既提供酒店的基本服务功能，还可以满足顾客的精神层面的需要，让他们体验到独特的酒店服务。

★功能性主题酒店：功能性主题酒店是突出服务功能的主题酒店，度假型酒店、长住酒店、商务酒店就属于此类主题酒店。商务酒店的数量非常多，接待对象以商务人士为代表，酒店能够竭力满足客人的办公需求；度假型酒店主要是为顾客提供休闲娱乐的设施和场地，以便于他们放松心情；长住酒店则是满足顾客的基本生活需求。

（二）市场定位类型

1. 主题文化定位

主题酒店在文化定位方面存在着许多问题，如酒店并没有发掘出符合自身的主题文化，或虽然发掘出来了但是内容比较简单，导致主题文化定位太浅显，在市场中的存在感太低。因此应该进行市场调研，选择能被顾客接受的主题，以符合目标市场的需求。从多方面深入挖掘本酒店的主题文化，比如地域文化、民族文化等都可以纳入考虑范围之内，最大化地输出和表现酒店的主题文化内涵，并将酒店产品赋予文化内涵，注重细节的体现。同时酒店必须有自己的主题特色，利用差异特色吸引顾客，从而创造更高的利润。

2. 市场定位

成功地经营一家主题酒店关键是要做好前期的市场定位工作。主题酒店是区别于传统酒店的，酒店的方方面面都要符合主题文化，这样才能更好地表现主题特色，所以前期的投入费用较大。假如主题酒店的市场定位出现偏差，而酒店再转型又很难，那么可能会造成无法挽回的损失，这是酒店经营者并不想看到的。准确的市场定位应当根据市场的需求来判断抉择，从而细分市场，占领市场空缺部分，确定目标市场，吸引目标市场，满足目标市场，进而减少市场定位错误导致的投资回报率低的情况。主题酒店应该根据消费者的特点和酒店的实际情况来制定策略，这样才有利于实现利益的最大化。

3. 品牌定位

品牌定位是根据目标市场确定的具有独特性的品牌形象，通过设计、推广品牌形象，从而达到吸引目标群体的目的。应该创造独特的品牌形象和品牌个性来满足顾客的消费需求。要想进行品牌定位，首先应该挖掘品牌定位点，并且进行优化组合，筛选可行性方案，找出最佳方案。其次要通过各种途径收集信息，了解竞争对手的情况，并与本酒店进行比较，找出本酒店的不足和优势，不断改进。最后是对品牌定位进行适当的宣传推广，提高品牌的形象和地位，让顾客对品牌有一定的辨识度。

4. 角色定位

员工是直接服务顾客的角色，他们的工作状态会直接影响到顾客的体验感，他们是否带着高涨的热情和积极性会让顾客对酒店的评价发生变化。所以，酒店为了让员工能够发自内心地真诚地为客人提供服务，就应该尽力构建好与员工之间的关系，进行正确的角色定位。首先，营造和谐的工作环境氛围，让员工感受到酒店的人文关怀。其次，加强与员工的情感联系，以坚实的感情来带动员工的工作积极性。再次，照顾到每位员工的需求，让他们带着愉悦的心情工作。最后，聆听和采纳员工对酒店提出的有益的建议，让员工体会到他们受到了酒店的重视，他们的话语权也举足轻重。

综上所述，主题酒店定位在市场定位方面应该根据市场的需求来判断抉择，从而细分市场，占领市场空缺部分，确定目标市场，吸引目标市场，投其所好，不断满足他们的需求。在主题文化定位方面，需深入挖掘主题文化,将文化性资源转变为文化性产品,注重细节的体现。在品牌定位方面要创造出独特的品牌形象,最大限度地吸引目标群体。在角色定位方面应该重视基层员工,给他们送去关爱,提高他们的工作积极性,这样他们才能为酒店创造更多的财富。总之,要想经营好一家主题酒店应进行正确的定位,并找到存在的问题及时解决,这样才能促进酒店的良好发展。

(三)酒店 SWOT 分析

1. 基本概况

庐山佳华温泉大酒店位于温泉镇,处于 5A 级庐山风景区内,附近有温泉度假村如天沐、上汤等。距离天沐步行时间只需 8 分钟,距离上汤只需 9 分钟。东有特色饮食一条街,南靠鄱阳湖,西连昌九高速,北接九江,因此酒店拥有良好的地理位置。该酒店在 2010 年正式营业,共有各类客房 230 间,标准间 80 余间,大床房 80 余间,豪华复式标间 30 间,剩余房间暂时空置不投入使用,酒店设施完善,消费价格经济实惠,控制在消费者的可接受范围之内。酒店内设有室内温泉、会议室、大型停车场、健身等配套设施,房间装修豪华、典雅。由于是温泉酒店,客房销售情况有季节之分,所以客房出租率情况分为淡旺季,旺季最高可达 130%,淡季仅为 30%,周期性特点明显。酒店每年营业额达 550 万元,盈利额为 170 万元至 180 万元。由于是接手二手转租的酒店,所以管理层人员都有属于自己的团队,其中现有员工 22 名,员工在旅游方面的工作经验十分丰富,均超过 8 年的时间。目前只有中餐厅 1 个,主要是做大众餐饮。酒店的目标客户群体是旅游团队,与线下营销方面基本和江西本土所有的旅行社都有合作,如九江中旅、九江国旅和九江春天等,在线上营销方面同时和几家 App 平台进行合作,如去哪儿网、携程、美团等。由于硬件设施老化严重,导致消费者对酒店的差评较多,所以酒店主要还是更注重利用线下的营销手段经营管理。

2. SWOT 分析

(1)优势(Strengths)

★地理优势:该酒店的地理位置十分优越,位于温泉资源的所在地,能够更好地利用温泉资源。

★资源优势：社会文化资源丰富，由于外来人群对庐山市的主观认知就是温泉，所以游客选择庐山市的首要目的是泡温泉。

★成本优势：酒店的运营成本相对较低，每年的承包费用仅为 70 万元，所以投入费用是在可接受范围之内的。

★客源优势：旅游团队市场渠道很广，酒店和江西本土的多数旅行社都有合作，所以酒店只需定期地与旅行社维护客户关系，这样既能节约寻找客源的时间，还能保证一定数量的客源市场，一举两得。

（2）劣势（Weaknesses）

★酒店的人力资源结构是不科学的。表现在其一线员工是直接由高层管理者进行管理的，酒店并没有设置中层管理者，同时该酒店基本无常驻员工，一线对客员工都是临时工，所以一旦有散客入住酒店，可能无法保证酒店的服务质量。

★酒店的星级低，知名度不高，宣传不力。酒店附近有天沐、上汤等知名温泉度假村，提到温泉，消费者会立刻想到它们，而对该酒店的认识和了解甚少，这样是不利于酒店的长期发展的。

★酒店的硬件设施过于陈旧老化，如内外墙都已漏水，但是经营者却无能为力，并未投资翻新。由于二次投资成本过高，只能选择利用现有的资源进行快速地资金回笼。这就造成很多旅客对酒店的印象不好，评价较差。

★酒店的主题文化活动基本没有，顾客在酒店短暂地住一两天，并不能够很好地感受到该酒店的主题文化内涵，这就导致顾客在该酒店的体验度不高，可能会影响到他们以后是否还会选择在该酒店入住。

★酒店的市场竞争激烈，压力太大，即使市场没有达到饱和状态，但是酒店接待能力有限。周边缺乏购物场所，位于城区不能依托自然资源，周期性发展特点鲜明，面对老牌的温泉酒店和新开业的温泉酒店，竞争十分激烈。

（3）机会（Opportunities）

★九江市政府有意向把旅游市场向庐山市和鄱阳湖方向扩张，而庐山佳华温泉大酒店又归属于扩张范围之内，这对于酒店来说是个将会受到重视的信号。

★该酒店附近有一个桃花源景区，据了解此景区处于正在开发的阶段，陶渊明正是在此处激发了很多创作灵感得以写出《桃花源记》，同时九江又是他的故乡，而《桃花源记》的原型正是原名康王谷的桃花源，有其独特的自然历史文化价值，加之陶渊明的影响力较大，所以相信可以带来一定的客源。

（4）威胁（Threats）

★庐山市温泉景区开发过度，大量的温泉酒店恶性竞争，周边的市场环境竞争激烈，包括中国第一大温泉酒店品牌天沐，还有上汤及新开业的温泉酒店等。

★庐山市周边的温泉景区的突起，如庐山西海温泉、湖北咸宁、江西明月山等，外部竞争环境也十分激烈。

（四）酒店定位分析

1. 定位背景

受到九江庐山风景区的辐射，加上庐山市的地理位置较优越，再加上庐山市的温泉资源的优势，旅客的活动范围开始逐渐向庐山市范围移动，庐山市的旅客数量将会大幅上涨，旅游市场发展前景较好。但是，酒店的配套设施不够完善，尤其是餐饮、住宿设施比较缺乏，如此一来，很有可能会丧失大量的客源。

2. 定位原因

如今旅客对温泉的需求逐年上升，而该酒店可以顺势依托庐山市的优势资源，即温泉，为旅客提供温泉服务。同时，该酒店在建造时着重对餐饮客房区域的规划，餐饮区域容量较大，再加上客房容量也较大，可以满足旅客的基本住宿需求。酒店的运营成本相对较低，每年的承包费用仅为70万元，经营者能够合理地控制成本的支出，所以经营者将酒店定位成了温泉酒店。

3. 竞争策略

该酒店的目标客户群体是旅游团队，基本和江西本土所有的旅行社都有合作，如九江中旅、九江国旅和九江春天等大型旅行社。一旦旅行社有旅客成团，就会立即与该酒店的相关接洽人取得联系，将旅客安排至酒店入住，这就保障了酒店的稳定的客源数量，也节省了酒店额外进行推广的时间，只需和旅行社进行交涉保持良好的合作关系；而该酒店在线上同时和几家 App 平台合作，如去哪儿网、携程、美团等平台，这样便捷了旅客预订酒店服务项目的方式，但是由于酒店已经营业了一定的年限，所以硬件设施老化严重，导致散客对酒店的差评比较多，好感度和忠诚度不高，由此可以看出该酒店的竞争策略是更注重利用和旅行社的合作关系来占领市场。

4. 定位策略

（1）完善人力资源结构

根据酒店的实际发展和需求状况，科学地进行人事安排，做到因人制宜，最大限度地挖掘员工的能力，不能任由人力资源结构不合理，吸引有相关工作经验的高素质从业人员进入酒店，同时重视员工对酒店的意见和建议，让他们也有话语权，并对他们进行知识和技能的培训，提升他们的综合服务素养。把关服务质量，培养员工的质量意识，监督员工不断提高服务知识水平与服务技能，从而提升整体的服务素养，实现酒店目标。

（2）塑造优秀的酒店主题文化

通过不断改进和创新，利用各种手段塑造符合本酒店的主题文化，以及适当地举行主题活动来拉近酒店与顾客之间的距离，提高顾客的参与度，这样员工在优秀的酒店文化环境中工作，也能够自愿地站在顾客的角度为顾客排忧解难，发自内心地提供服务。与此同时，顾客也能在享受服务的过程中体会到酒店的优秀文化。

（3）重视品牌定位

要树立品牌意识，设计好品牌形象，突出主题，培养出符合本酒店个性和特征的品牌文化，做好网络、电视等媒介的宣传。同时可以与当地旅游文化结合起来，借助政府的力量，在旅游产品上进行广告宣传，参加各种会展对客人进行介绍宣传。要加大资金投入，拓宽推广渠道和手段，提高品牌辨识度，促使消费者在同类竞争产品中自觉地选择和消费本酒店产品。

（4）政府重视发展旅游业

政府应该根据旅游发展状况制定和调整相应的政策和制度，针对性地扶持和帮助有关酒店，这样酒店经营者才能够减少顾虑，通过二次资本投入来更新酒店的基础设施，不断地满足消费者的服务需求。

（5）注重酒店转型

温泉类主题酒店同质化现象严重，数量大，布局集中，急需转型。这就需要酒店不断创新，给自己注入新的活力，留住回头客。不仅要在酒店硬件上创新，还要在文化内涵上创新。不断延伸挖掘深层次的新东西，丰富表现形式，创新主题活动和服务，结合时代潮流，学会利用流行元素，与时俱进，推陈出新，不断满足消费者的需求。

5. 实证分析总结

通过和庐山佳华温泉主题酒店的相关负责人进行访谈交流，对该酒店有了一定程度的认识，了解到该酒店的市场定位是注重利用九江庐山风景区的客源市场，以及通过加强与旅行社的联系来保证客源的稳定性。主题文化定位是以温泉文化资源为主题，利用当地的温泉资源优势来吸引消费者。品牌定位表现得不太明显，由于投入成本较低，推广手段也较少，因而没有提高品牌的辨识度。角色定位方面，即使在不合理的人力资源结构下，酒店的营业也能正常进行，表明酒店懂得如何有效地提高员工的工作积极性，进行正确的角色定位。

酒店人力服务质量低，硬件设施陈旧老化，会降低九江市整体的旅游形象，这是不利于九江市的旅游事业发展的，但是管理者们也存在顾虑，他们不能投资，不敢投资，因为会赔本。由于近年来的旅游市场发展不太良好，一旦进行了二次投资，更新硬件设施，提高人力服务之后，不能确定一定能够将投资的资金收回来。但是，旅游产业的发展状况会直接影响酒店行业能否高效健康地发展，酒店业发展的最大驱动力来源于旅游，酒店业的发展又为今后旅游业的发展奠定了良好的契机。因此，为了能够不断提高服务质量，做好员工培训工作，设施设备更新换代，就需要酒店经营者能够自愿地花钱投资酒店。所以九江市政府应该在推动旅游市场的发展方面有所作为，让经营者们看到九江旅游市场良好的发展前景，这样才有利于管理者们自觉地通过后期的规划来更好地经营酒店，推动酒店的发展。

（五）分析结论

文化主题酒店的发展是酒店业未来发展的趋势，而如何进行正确的定位又是文化主题酒店管理经营的重要问题。文化主题酒店是根据酒店所处的地区特色和文化特色，选择某个特定的主题，来体现出酒店的文化氛围。它将"文化""主题"与"酒店"三者有机结合，将文化作为主题，将酒店作为载体，本质是为了提高顾客的体验感。而正确的酒店定位又能够为酒店的发展指明方向。

所以该酒店在定位时需要看清当时的市场竞争环境，了解酒店目前的优势和劣势，从中找到本酒店与其他酒店的差异性，进而向消费者表现出差异化来吸引消费者的眼球，竭力满足消费者的价值需求，并根据实际情况制定多方位的策略，包括经营理念的完善、市场定位、酒店产品、主题的创新等。只有在前期进行了精准的定位才能进入市场，占领一席之地，当然后期在经营过程中也要根据具体的经营情况不断改进，这样才能够更好地发展主题酒店。

二、某七天连锁酒店市场营销

（一）某七天连锁酒店基本情况

1. 酒店介绍

某七天连锁酒店是一家私人承包的经济型酒店，集住宿、餐饮、会议于一身。酒店于 2009 年正式开业，距今已有 8 年时间。该酒店位于九江市长虹大道，地理位置优越，正处于黄金地段。某七天连锁酒店共有 8 层，客房 60 间，酒店设有普通标准间、普通大床房、豪华标准间、麻将房、普通三人间和套房各种房型。该酒店周边包括银行、超市、餐饮等，酒店内部设有棋牌室，设施齐全，每间客房卫生整洁，可提供 24 小时热水、免费 Wi‑Fi、国内长途电话、空调、洗漱用品、雨伞、拖鞋、独立写字台等多种配套设施，力求给客人一个彻底放松身心的休息之处。某七天连锁酒店的会议室可接待 16 人左右的小型会议。该酒店二楼设有一个中式特色餐厅，名为"无辣不欢"，主要以提供炒菜为主，口味总体偏辣，深受口味偏重客人的喜爱。另外，酒店建有地下停车场，里面含有 30 个停车位。

2. 酒店组织机构

（1）组织机构

为了保证生产经营活动顺利进行，某七天连锁酒店通过部门间分工的方式，来满足自身发展的需求。由于酒店规模的限制，其内部包括客房部、餐饮部、前厅部。岗位类型也因酒店的需求状况进行调整，如前厅接待、客房清扫员等。不同岗位的员工，所要求具备的知识技能也不一样。

（2）人力资源概况

酒店共有 16 名员工，且全部为正式员工。其中普通员工有 13 人，分布于各个岗位，基层管理者 1 人，高层管理者 2 人。在年龄结构方面，18 至 30 岁（包括 30 岁）的员工有 10 人，30 至 45 岁（包括 45 岁）的员工有 6 人，大部分处于青年时期。从员工工龄来看，全部员工工龄为两年以上，并且大部分员工为高中、中专学历。从员工籍贯来看，该酒店大部分员工为外地员工，本地员工仅有 3 人，约占 19%。入职前，新员工需要进行为期 1 天的培训，主要加强员工对酒店的认识及岗位技能素质。正式员工需要每年去一次九江市远洲酒店参加服务技能培训。

（二）某七天连锁酒店营销现状分析

某七天连锁酒店建立初期，由于经济型酒店在九江市的市场上并未普及，周围酒店数量十分稀缺，所以它凭借这一优势很快立足市场，短时间内迅速回本。近两年，某七天连锁酒店客房出租率平均在 60% 以上，其中每月一线员工的平均人工成本约为 3.5 万元，每月水电费约为 2 万元，每年物业费约为 40 万元。每年净利润可达到一百万元以上。所以，该酒店收入以客房销售为主要来源，周末及法定节假日的客房销售达到高峰，接待客户群体主要有旅游团队和散客，以散客为主，客房数量经常会供不应求，其余时间相对而言维持在低等水平。

1. 线上营销分析

某七天连锁酒店的营销方式以线上营销为主，通过与携程、去哪儿、飞猪等线上 App 合作，进行客房的销售。用户可以从这些 App 中更为直观地了解到酒店的相关信息，比如，酒店地理位置、特价房促销、客房预订、到店导航、住客评价等。其中，携程为某七天连锁酒店最为主要的线上营销渠道，客户群体主要以散客为主，用户评分稳定在 4.5 分以上，高于 68% 的同城经济型酒店。

2. 线下营销分析

某七天连锁酒店的线下营销包括客房和餐饮两个方面，客房销售主要以接待旅游团队为主，通过与九江中旅、九江春天、九江祥和、九江国旅等九江市内旅行社的合作达到良好的促销效果。另外，某七天连锁酒店通过线下促销活动如"双十一"期间订房送二楼特色餐厅餐饮优惠券，以及午夜房、钟点房促销等吸引更多的客户。在餐饮方面，酒店主要以每日推出特价菜、优惠套餐、代金券的形式与客人建立良好的联系。

3. 现行营销过程中存在的问题

近些年，九江市经济型酒店市场发展迅速，某七天连锁酒店年利润率却在逐步下降，虽然酒店尝试采取有效措施控制成本，但依然难以改变现状。其中不仅仅是因为市场不景气，酒店在营销方面也有诸多需要改进的地方。

（1）促销形式单一，影响范围不够大

目前而言，某七天连锁酒店在营销过程中采用的促销形式和促销手段还多是较为传统的方式。该酒店除了节假日住房送餐饮优惠券、特价房、折扣订房等常见的促销手段外，没有任何创新之处，更缺乏完整的销售计划，难以使计划有效地进行，因而达不到更好的宣传效果。虽然，某七天连锁酒店为了适应当前网络宣传的变化，在众多旅行网站、团购网站采取了相应的促销策略，但是这种手段并不能使促销效果最大化。

（2）有形产品展示策略问题

自开业以来，某七天连锁酒店由于优越的地理位置获得了高额的盈利。但是由于营业年限较长，酒店内部很多硬件设施开始老化，装修过于陈旧，在一定程度上影响到顾客满意度及是否会进行二次消费。而在酒店业迅速发展的今天，九江市近几年新增同类型酒店数量日益增多，包括格林豪泰酒店、如家快捷酒店等多种连锁经济型酒店，相比之下，某七天连锁酒店的装修风格及硬件设施已无法迎合大众的需求，很容易让顾客比较出酒店的实力与差距。

（3）缺乏专业的营销团队

某七天连锁酒店缺乏负责销售业务的员工，仅仅通过高层管理者直接与旅行社进行对接，导致其与顾客的沟通还不够到位，在这种情况下很难掌握顾客的真实需求。

（4）客房容量小

因为酒店房间数量有限，在周末及节假日等旅游旺季的时候，该酒店只能接待小部分的旅游团队和散客，不能充分把握机遇获取收益。而在平时，客房出租率整体偏低，因房间空置导致资源浪费，不能更高效地获取利润。

（5）员工服务水平整体低下

某七天连锁酒店作为一个小型私营企业，由于自身发展的限制，酒店员工大多为高中、中专学历，整体文化程度不高，而且大多数员工入职前缺乏专业和有效的培训，只是入职后每年一次将员工送往九江市远洲酒店进行培训，而这种短期培训并不能取得良好的效果，反而增加了培训成本。从长远来看，这既会给酒店经营业绩带来重要的影响，也会在一定程度上影响营销工作。

（三）某七天连锁酒店市场营销 SWOT 分析

1. 优势分析

（1）交通便捷

某七天连锁酒店地理位置优越，地处主干道路旁边，附近设有共享单车停放点，并有一定量的居民区，白天车流量极大，步行 1 分钟即可到达九江市长虹小区公交站台。距离九江站只有 5 分钟的车程，步行仅需 15 分钟。酒店周边具体交通概况如表 4-1 所示。

表 4-1　某七天连锁酒店周边交通概况

地点	时间	距离	交通方式
公交站台	1 分钟	30 米	步行
九江站	5 分钟/15 分钟	1.6 千米	乘车/步行
庐山站	33 分钟	18 千米	乘车

续表

地点	时间	距离	交通方式
庐山风景区	48 分钟	29 千米	乘车
东林寺	31 分钟	17 千米	乘车
九江职业技术学院	9 分钟/30 分钟	2.7 千米	乘车/公交
九江学院（主校区）	13 分钟/35 分钟	2.3 千米	乘车/公交

（2）客源优势

根据访谈得知，某七天连锁酒店与九江市各大旅行社都有合作关系，而且部分旅行社会选择优先为该酒店输送客源，尤其是在旅游旺季的时候，某七天连锁酒店的客源基本以旅游团队为主。另外，周围的社区公众也成为某七天连锁酒店的主要客源之一。

（3）管理层极少，效率较高

某七天连锁酒店组织机构中管理层级较少，该酒店直接由酒店的承包者及其合伙人经营管理，即为总经理。其旗下只设置了一个经理负责前厅、客房、餐饮三个职能部门，在很大程度上节约了管理成本。由于采用扁平化的人力资源结构，又能极大地提高效率。

2. 劣势分析

（1）酒店设施老化现象严重

自酒店开业距今已有 8 年时间，并且该酒店经营者认为酒店开业前期获得了一定的盈利，酒店并没有再次装修的必要，所以期间并没有进行重新装修。因此，酒店的硬件设施包括酒店的大堂、客房内部的装修及设施设备存在着不同程度的老化现象。单从携程、去哪儿这些线上 App 上的用户点评来看，就有很多客人反映这一现象，这无疑让酒店损失了很多新老客户。

（2）酒店人力资源匮乏

由于某七天连锁酒店规模的限制，该酒店的人力资源无论从"量"还是"质"的角度来说都有很大的局限性，对于专业的营销人员及管理人员都是十分匮乏的。而这些缺陷，对于酒店的经营管理及日后的发展壮大都带来了很大的困难。

（3）酒店服务产品的同质化现象趋向严重

九江市酒店行业的同质化竞争越来越激烈，某七天连锁酒店难以让顾客说出该酒店在客房服务及餐饮服务方面有何亮点，无法让客人体会到酒店独特之处。

（4）酒店的宣传方式比较单一

虽然某七天连锁酒店在线上积极发展各种营销渠道，也通过各大旅行社进行宣传，但是宣传力度弱，宣传方式单一，不能够最大程度地挖掘周边的潜在客户。

3. 机会分析

（1）国家旅游政策扶持

"十三五"规划以后，国家鼓励大力发展旅游业，各政府也是积极响应号召。而党的十八大提出旅游行业紧紧围绕"五位一体"总体布局和"四个全面"战略布局，贯彻落实各项方针政策，让旅游业稳中求进，积极发展，更是一股强有力的推动力量。有了国家旅游政策的大力支持，九江市的旅游业也将迎来新的机遇，同时也为九江市内酒店的发展带来了新的希望。

（2）旅游市场规模不断增长

据国家旅游局 2017 年发布的消息显示，我国旅游市场飞速发展。仅仅国内就有 50 亿左右的人数出游，较 2016 年增加了 12.8%；出入境旅游人数较 2016 年增加了 3.7%。从数据中可以看出我国旅游市场的前景一片光明，在这基础之上，酒店才能针对市场特征制定具体可靠的营销策略。如图 4 - 1、4 - 2 所示。

（3）国外旅游人数稳步上升

国家旅游局 2017 年发布的数据显示，我国入境人数达到 4294 万人，其中亚洲就占了近 76%，另外包括美洲、欧洲、大洋洲、非洲。根据其入境目的分析，以旅游观光为目的的占大多数，商务出差和走亲访友也占有一定的比例。从这些数据能够看出我国入境人数在不断地增多，而九江市作为一座旅游城市，其国外游客的数量也是处于快速上升之中，为九江市酒店市场的

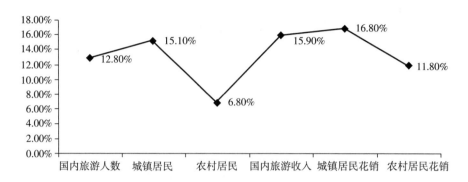

图 4 - 1　2017 年国内旅游收入增长示意图

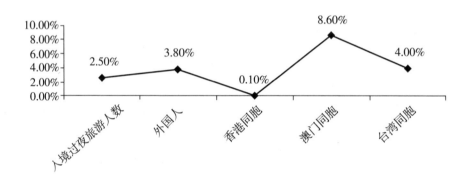

图 4 - 2　2017 年入境过夜旅游人数增长示意图

转型与发展带来了新的机遇和挑战。

（4）九江旅游迎来大发展时期

九江市处于江西省北部，与安徽省、湖北省和湖南省接壤，其丰富的旅游资源带动了九江旅游业的快速发展。"十三五"期间，九江市积极响应国家号召，把旅游业作为重点发展产业，大力开发旅游资源，推动特色旅游项目建设。比如，鄱阳湖旅游生态文明建设、庐山西海旅游度假中心建设等为九江市旅游市场快速发展打下了坚实的基础。

（5）顾客消费观念的转变

随着居民收入的不断增加，他们的消费观念也发生了质的变化。越来越多的人在走访亲友、旅游度假、商务出差等方面选择经济实惠的酒店吃住。

对于他们而言，酒店不再是奢侈浪费的表现，而是能够在很大程度上为自己省掉不必要的麻烦。

（6）新媒体的流行

在网络时代，人们完全可以做到足不出户便知天下事。尤其近些年微博、抖音、快手等新媒体的快速发展，在一定程度上带动了地区消费水平的提高。西安、成都这些网红城市就是因为新媒体视频的宣传而吸引了来自全国各地的旅游者。而九江市作为大力发展中的旅游城市，自然资源丰富，上有庐山，作为夏天的避暑山庄、冬日的人间仙境；下有鄱阳湖，既有远近闻名的大闸蟹，又有一望无际的花海，无疑能为酒店带来一大部分潜在的客户。

4. 威胁分析

（1）同行业的威胁

随着九江新天地信华建国酒店、维也纳国际酒店、九江百嘉洲际酒店等新高档酒店力量的涌入，以及如家、7 天连锁、尚客优等经济快捷酒店的入驻，这给某七天连锁酒店市场带来非常严峻的挑战。根据九江旅游官网在2017 年 10 月发布的数据统计，九江市星级酒店数量就达到 67 家，而经济型酒店发展则更为迅猛。另外，酒店分布的领域十分广泛，对于很多客人而言酒店只是晚间休息的场所，他们随处都能够入住没有较强的品牌吸引力的酒店。而某七天连锁酒店地理位置虽然优越，但随着周边酒店数量的增多也很大地影响到酒店的盈利。

（2）酒店同质化严重

就目前而言，我国的酒店业发展过于迅速但不够成熟，跟风现象在酒店业随处可见，而同类型酒店在价格、促销方式、建筑规模等方面都相差无几，导致很多酒店在竞争中就已经被打败了。究其原因，中国酒店的营销理念仍然处在以推销方式为主、多种理念并存的时期。若是没有对其进行切实可行的变革，我国酒店业的发展依然会长期处于供大于求的窘境。

（3）顾客消费观念更偏向理性

无论是个体消费者、中间商，还是组织机构，其消费观念都发生了很大的变化，他们的消费变得更为理性。所以顾客在购买酒店产品之前会通过不同的途径对多个同类型产品进行对比，最后再决定购买何种产品。并且随着互联网的高速发展，酒店服务产品的价格也变得更为透明，只需一部手机就能够将同类型酒店产品的价格比较出来，也能够通过其他消费者的评价对酒店的质量进行判断，以及了解各个酒店的优惠信息及促销力度。因此，随着消费者选择的增多及信息社会的快速发展，酒店经营管理人员也在面临更大的考验。

（4）物价增长致使酒店经营成本上升

近些年来，由于通货膨胀导致物价越来越高，劳动力、原材料、租金利息等各方面的经营成本不断上涨，增加了酒店的经营压力。

通过分析，可以看出某七天连锁酒店在市场营销方面竞争的优劣势，以及面临的机遇与威胁。总结分析结果如表4-2所示。

表4-2　某七天连锁酒店市场营销 SWOT 分析表

优势：交通便捷 　　　客源优势 　　　管理层极少，效率较高	劣势：酒店设施老化现象严重 　　　酒店人力资源匮乏 　　　产品的同质化劣势 　　　酒店宣传弱，方式单一
机会：国家旅游政策支持 　　　国家旅游市场规模不断增长 　　　境外游客数量逐年上升 　　　九江旅游迎来大发展时期 　　　顾客消费观念转变 　　　新媒体的流行	威胁：同行业威胁 　　　酒店同质化严重 　　　顾客消费观念更偏向理性 　　　物价增长致使酒店经营成本上升

通过表4-2可以看出某七天连锁酒店拥有便利的交通及较好的客源市场等优势，但同时也可以看出比较明显的劣势，而对于面临的机会与威胁，某七天连锁酒店必须针对实际的市场营销环境进行变革调整，以适应激烈的市场竞争。

（四）市场营销策略

1. 目标市场营销策略

（1）市场细分

明确市场细分标准是进行酒店市场细分的第一步，因此客人必须作为最首要的考虑因素。消费群体的差异必然影响消费需求和欲望，这也在一定程度上影响了客户的消费行为和消费习惯。所以某七天连锁酒店可以把顾客年龄、居住地、消费动机等方面作为市场细分的准则，再结合某七天连锁酒店客户及消费行为等具体情况提出调整建议，某七天连锁酒店市场细分可以从以下几个方面来进行。

★按照地理因素进行细分。

消费者会因地理位置的不同而对酒店产品和服务的需求和倾向存在差异性，对酒店实施的营销策略产生不一样的反应。某七天连锁酒店主要针对的是各类散客，前往庐山等地旅游的旅游团队大约占据了该酒店90%的市场份额，根据距离的远近可进一步细分。市内以火车站、各大高校及附近居民区为主要客源市场；省内以南昌市、吉安市、赣州市及宜春市等为主要客源市场；江西省周边省份以安徽省、福建省、湖北省及湖南省等为主要客源地。

依照我国双休和法定节假日的放假规定，绝大多数人会选择偏近距离的旅游景区。因此，九江周边城市将成为某七天连锁酒店的重要客源市场。

★按照九江市酒店业顾客的购买能力细分，可以将酒店业的消费者市场依次分为高、中、低三个档次。

客观来讲，购买能力较强的顾客更为偏向酒店所能提供的服务产品的质量，而产品的价格并非占据消费过程的主导地位。对于购买能力适中的顾客，在消费过程中更在意酒店服务产品总体的性价比。某七天连锁酒店的顾客总体来说更为偏向于最后一种，因此，酒店可根据自身情况及外界环境的变化适当调整价格，制定相应的促销手段。

★根据九江市酒店行业消费者的购买方式将消费者类型进行划分，可将消费者分为差旅客户、团体客户及零散客人等。

消费者类型的不同导致他们的需求也会有所不同，差旅客户的特点是对酒店要求高，有商务客房，某七天连锁酒店很少能竞争到此类客户。团体客户的特点是以批发的方式减少交易次数和成本，保证了客房的出租率，大多议价能力强，他们对于酒店提供的服务产品质量要求不高，要求提供优惠等。散客的特点是要求的服务更多，在消费过程中对于酒店的服务产品价格比较敏感，季节性不明显，当然盈利较高，可分为旅游散客和酒店周边散客等。所以，某七天连锁酒店要抓住后两种主要的消费力量。

（2）目标市场选择

通过对某七天连锁酒店的内外部环境进行分析，再结合自身特点，目标市场应选择为：

★市内散客市场。某七天连锁酒店地处长虹小区附近，靠近火车站，周围高校众多，交通便利。某七天连锁酒店提供的产品服务能够满足不同类型散客的需求，这部分客源也是某七天连锁酒店目标客户之一。

★九江市周边旅游客户。九江市位于江西省北部，处于湘、皖、赣交界地区，是一座有着 2200 多年历史的江南名城，号称"三江之口，七省通衢"与"天下眉目之地"，有"江西北大门"之称。九江凭借庐山、鄱阳湖、东林寺等诸多景点吸引了大量周边城市旅游散客及旅行团。

2. 市场定位策略

某七天连锁酒店可以从不同层面进行定位。运用市场定位来指导营销策略的制定，能够有效地满足顾客的消费需求，和同类型酒店区分开来。某七天连锁酒店根据价格定位，属于中低端酒店。在市场竞争中，某七天连锁酒店应该以散客和旅游团体为主，积极构建网络营销平台，扩大宣传力度，增强品牌影响力。

综上所述，某七天连锁酒店可以定位为中小规模的单体型经济酒店，集中优势资源打造以顾客为中心的旅游、生活服务平台。

（五）酒店现代营销策略的设计

1. 综合型产品策略——提高酒店竞争力

在对酒店产品营销策略进行制定时，需要结合产品的五个层次。如图4-3所示。

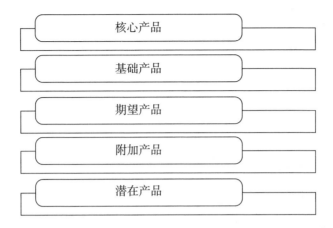

图 4 - 3　产品层次图

（1）住宿产品方面

从某七天连锁酒店住宿产品来看，虽然客房数量较少，但是房型较多，为了酒店能够长远地发展，该酒店除了需要改善硬件设施老化等问题外，也可以对一些老产品进行局部改造装修以获得新产品。另外，目前来说亲子游在旅游市场所占比重日益增加，酒店可以将部分大床房适当改造为亲子房来满足这部分客户的需求，以增加产品的广度。

（2）餐饮产品方面

根据市场特征，某七天连锁酒店在除了日常供应的食物以外，餐饮上更应该偏向于多元化，满足不同客户的需求。比如将原有特色餐饮品牌化，打造九江特色菜系，能够让大部分酒店顾客更愿意选择在酒店就餐而非外部餐饮店。这就需要进一步提升某七天连锁酒店的菜品质量，提高菜品的更新速度，以及加大餐饮的宣传力度，可在美团、大众点评等 App 上进行宣传，带动酒店客房产品的销售。

（3）开发绿色产品方面

"绿色，健康，环保"的消费方式已逐渐成为时尚。某七天连锁酒店作为本土酒店品牌，其发展前景乐观。所以该酒店可以把绿色概念融入酒店产品中，比如绿色食品、布草的绿色使用提示、绿色宣传标语等。

（4）组合产品方面

酒店会根据自身的营销状况，针对顾客的不同需求推出各种组合产品。如提供客房送餐服务、免费赠送早餐、限时推出入住赠送庐山一日游活动；在家庭住宿方面，小孩与父母同住可免费加床，儿童在餐厅用餐提供儿童菜单；针对假期推出各种组合产品及淡旺季组合产品等。将有形产品和无形服务适当组合，可以更好地满足顾客的实际需要。

2. 灵活多样的价格策略

一是根据淡旺季对价格进行调整，九江市作为一个旅游城市，旅游淡旺季也存在明显的差异性，而某七天连锁酒店旺季时候房间往往供不应求，淡季入住率却不到 50%，空置出来的客房造成一定的浪费。所以，酒店可以根据淡旺季来适当调高或者降低价格，以此提高客房入住率，增加酒店利润。

二是根据消费者或者旅行社在酒店的消费力度而给出适当折扣。通过团体或者散客订房数量或者用餐的价格达到一定数额给予一定的优惠，从而鼓励消费者进行二次消费。

三是为当天生日或者结婚纪念日的客人在住宿、餐饮方面提供一定的优惠力度。一方面不仅让客人感到惊喜，让客人对酒店有好评，另一方面也是在积累更多的潜在客户群体。

3. 复合型渠道策略

常规的销售渠道，即客人直接到前台办理入住手续。酒店可以与各大旅行社建立长期的合作关系，如九江春天、九江国旅、九江祥和等，制定较为完善的旅游路线，为旅游团队提供比较满意的服务。

酒店也可以与网络平台合作增加客房餐饮销售量。除了与携程、去哪儿、美团、飞猪等线上 App 合作之外，也可以推出自己的微信小程序，在上面定期显示一些优惠活动，比如转发朋友圈可享住房送早餐、玩游戏赚积分、积分兑代金券等，加强与顾客之间的联系与沟通，扩大宣传力度。

酒店还可以与各大高校进行合作，比如在高校举办晚会期间将房间代金券，餐饮代金券等作为晚会抽奖活动的奖品，一方面扩大酒店知名度，另一方面也可以为酒店带来利润。

4. 活动促销策略——全方位进行推广宣传

★免费入住体验：在淡季时可以邀请重要客户免费入住，让其体验到酒店的真诚服务，能够与酒店建立长期的合作关系。

★赠送礼品券：客人入住后，赠其瓷器礼品券，下次客人到酒店消费时，即可凭券领取相应的礼品。

★秒杀活动：可定时在线上 App 或者微信小程序上推出秒杀活动，比如每日一道特色菜系仅仅需要 9.9 元，限量 20 份等，刺激客人进行消费。

★全员促销：由于某七天连锁酒店没有专门的销售人员，而是员工直接与顾客沟通交流。所以，某七天连锁酒店应制定较为系统的全员销售计划，按业绩发放相应的提成。

第五章

文旅产业融合

第一节　文旅产业融合背景与理论

一、文旅产业融合背景

分工和融合已经成为现代社会发展的一个必然趋势，随着文化部与旅游局的融合，许多学者着眼于文化产业与旅游产业的融合研究，但是现今只是浮现在表面的理论研究，并未上升到技术研究。从国外研究来看，对文化旅游和文化旅游产业有所涉及，但对其的融合研究还不多；从国内来看，对文化产业和旅游产业融合的内容较少提及，更多的聚焦于如何将文化转化成旅游产业，发展文化旅游产业，对文旅融合的研究也是近几年才受到专家学者们的青睐，但对其的研究也停留在表面阶段，很少涉及深层次的技术融合研究。改革开放以来，我国的社会生活水平有了明显的提升，普通民众的消费观也随之从满足温饱的需要转变为渴求精神上的满足，在大环境的驱动下，旅游业有了质的发展。然而随着精神生活的日渐丰富，普通民众对于旅游的要求已经不是当初的走马观花，简单的自然风光已经难以满足其需求，更多的游客开始注重深层次的文化体验。在这个背景下文旅融合就成了现下旅游发展的一个重要的方向。

二、文旅产业融合理论

（一）融合机制

1. 文旅产业融合发展的动力

（1）内在动力

一方面，随着社会经济水平的不断提升，人们对旅游需求的不断增长是文旅融合发展的关键因素。随着社会生产力的不断提高，人们的经济水平也在不断地提高，因此旅游逐渐从小众转向了大众化的发展，越来越多的人愿意迈出家门前往旅游景区进行旅游活动。而随着旅游产业的不断壮大，单单走马观花的旅游行为已经很难满足游客的需求，为旅游景区注入更多的文化内涵已经变成解决当前旅游困境的重要对策。人们旅游观念的转变，使得文旅融合的发展获得了动力。

另一方面，文化资源和旅游资源本身就具备重合性，两者之间有着密不可分的联系，文化产业中本身就蕴含着许多未发掘的旅游资源，而这些文化资源可以作为提升旅游资源的内在动力，有利于增强旅游吸引力。而且文化旅游资源是一种难以替代的旅游资源，它不仅有利于提升旅游资源的文化内涵，还可以作为文化受到保护，降低其被破坏的程度，转化成文化旅游产业并产生经济效益，形成旅游反哺文化，文化为旅游增彩的良性循环。文化产业和旅游产业相辅相成构成了文旅产业融合密不可分的发展基础。

（2）外在动力

2018 年 3 月 13 日十三届全国人大一次会议宣布不再保留文化部和国家旅游局，进而组建文化和旅游部，标志着文化产业和旅游产业正式在政府层面实现了融合。国务院于 2009 年 12 月颁布《关于加快旅游产业发展的若干意见》，2014 年国务院进一步颁布《关于促进旅游业改革发展的若干意见》指出，要大力发展旅游业。政府为推动文化产业和旅游产业的融合出台的一系列的政策，成为文旅融合发展重要的外在推动力。在社会方面，文化产业和旅游产业均是低耗能、低污染排放、高附加值、高消费的产业，符合当代社会发展的方向，有利于经济的绿色增长，符合科学发展观和可持续发展的理念。基于此，社会对文旅融合的认可度也较高，有利于推动文旅融合的发展。

2. 九江文旅产业融合机制分析

（1）旅游产业对文化产业推动作用

市场效应：旅游产业包含的内容涉及范围非常广，包括吃、住、行、游、购、娱这六个方面，在进行旅游活动的同时会产生大量的旅游消费，消费带动就业，产生良性的循环，有利于扩大当地的就业市场，而文化和旅游的融合能够增强旅游目的地的吸引力，从而实现文化旅游消费的新增长。旅游商品带动文化制造业，旅游行为带动文化服务业，旅游消费带动文化零售业，在这些层面上，旅游产业能够为文化产业的各个部分带来额外的收益，对文化产业产生了市场效应。

宣传效应：通过给旅游产业注入文化活力，使得有些特殊的文化逐渐被人熟知，不再是"养在深闺人未识"的状态。通过旅游加大对文化的宣传，增强文化的影响力，也是文旅融合的一项重要任务。如九江庐山的一山藏五教、苏轼的《题西林壁》、李白的《望庐山瀑布》，以及民国时期蒋介石与宋美龄的美庐别墅、毛泽东的芦林一号别墅与著名的庐山会议等这些历史文化对来到庐山旅游的游客来说是最具吸引力的，这些文化对景区起到了重要的宣传作用。

（2）文化产业对旅游产业推进作用

旅游发展势头蒸蒸日上，但也面临着产业转型的关键时期，将旅游和文化进行融合有利于破除旅游发展的困境，文化产业对旅游产业的推动具体表现在以下三个方面。

一是旅游演艺成为当前旅游发展的大势所趋。2019 年 3 月 14 日文化和旅游部发布《关于促进旅游演艺发展的指导意见》的通知，指出演艺产业发展的主要任务是提升创作生产水平、推进业态模式创新、壮大演艺经营主体、积极开展惠民服务、深化跨国跨境合作、强化节目内容审核、加大市场监管力度、牢牢守住安全底线。在《2017 中国演出市场年度报告》统计中显示，2017 年中国演出市场的总体经济规模为 489.51 亿元，比 2016 年的

469.22亿元收入上升了4.32%，旅游演出5.74万场，比2016年上升8.51%，票房收入34.31亿元，比2016年增加了0.79%。国家政策的发布与上述显示的2017年度演出市场报告显示出文化市场是一个正处于上升期的市场，仍然具备很强的发展潜力，对游客的吸引力和黏合性非常强，在这个层面上也有利于文旅融合的发展。而旅游演艺也越来越成为吸引游客驻足的重要市场，例如，江西省极具代表性的旅游演艺产品是婺源的《梦里老家》演出，其以极具特色的演出吸引了大批游客驻足，对当地的旅游发展起到了很大的推动作用。九江市则以庐山的《庐山恋》演出最具有代表性，《庐山恋》电影从1980年7月12日开始在庐山恋电影院首映至今，2002年12月12日还获得吉尼斯世界纪录的殊荣。九江的大大小小的旅游演艺活动丰富多彩。

二是乡村旅游日益火爆，乡村旅游市场发展迅速。每年的周末和节假日，特别是周末和短假期，短途旅游成为主流，其中大部分为乡村旅游或者以乡村旅游为主要旅游内容，其中文化名村在发展文化旅游方面扮演着重要角色，例如江西省九江市，截至2019年已有湖口县流泗镇庄前潘村、修水县黄坳乡朱砂村、修水县黄沙镇岭斜村箔竹自然村、修水县黄沙镇下高丽村内石陂自然村、都昌县苏山乡鹤舍村、彭泽县浩山乡岚陵村①等六个古村落被评为中国传统古村落，这些都是文化旅游资源，在保护的同时也要注重开发。将这些文化名村运用于旅游资源开发可以提高当地的知名度，有利于在保护和弘扬中国传统古建筑、古木、古民俗传统文化的同时促进旅游业的发展。

三是具有深厚文化特色的文化旅游公园成为文旅融合的代表之一。以文化为基础打造游览项目，在增加趣味性的同时也推动了文化变现，实现文化创收，极具代表性的文化旅游公园当属迪士尼乐园，迪士尼文化已经成为美国的文化符号，在文化娱乐业上迅猛扩大产业范畴，延伸产业链。迪士尼在世界各地建造的迪士尼乐园依托迪士尼动画创造的经典动漫形象，为广大的

---

① 数据来源：九江市文广新旅局官方网站。

迪士尼动漫观看者打造一个现实的童话世界，通过此举动将文化与旅游产业相融合，推动了旅游业的发展，也为文化和旅游的融合提供了一个全新的发展思路。中国的华侨城建设了世界之窗、锦绣中华、欢乐谷等文化主题公园，成为国内文化旅游公园的领先者，也是国内文化旅游公园最大的旅游地产商。

第二节　文旅产业融合实践

一、九江文旅产业融合问题

（一）商业化替代人文化

旅游产业与文化产业最根本的区别就是是否具备经济属性，文化更多时候充当一个受到保护的角色，最典型的例子即故宫博物院，每年国家对故宫博物院的保护投入远远大于它的门票、周边产品带来的收入。而文旅融合追求经济效益本来是很正常的，但是过度的经济效益追求不但对经济的增长没有很大的益处，反而适得其反引起游客的反感。以九江最典型的庐山为例，庐山牯岭镇到处充斥着商业化的气息，街道旁几乎被特产店、餐饮店、酒吧填满，除了本身的建筑保留了当时庐山的原版风貌外，其他的都丢失了原本的文化气息。同样，以丽江古城、乌镇、西塘等为代表的传统特色小镇都被商业化气息充斥着，也引起了很多游客的反感。若只强调文化本身，那的确是枯燥无味的，怎样把文化和旅游融合在一起，并且在文化和商业之间找到一个平衡点，可能是文旅融合需要深入思考的问题。

（二）文化资源发掘深度不够

虽然国家提出了大力发展文旅产业，倡导文旅深度融合，但各地还是对本土的文化资源发掘不够，更谈不上深刻，例如，江西九江的庐山西海，名字和资源都非常深厚，但除了自然资源外，人文的东西特别少，在开发和旅游运营方面尤其对本土的文化资源挖掘不够，没有凸显出来，甚至嫁接严重，把彝族的狂野舞蹈嫁接进来，这严重违背了旅游开发原则。其实九江具有六大核心文化资源，包括山文化、水文化、港口文化、名人文化、宗教文化、古城文化。山文化即庐山，庐山是九江最具代表性的名山，也是九江唯一世界知名的旅游景区。水文化即庐山西海，西海水域面积308平方千米，总容量80亿立方米，大气的负氧离子含量15万个/立方厘米，属于国家一级水质、一级空气，有世界上珍贵的"水中大熊猫"桃花水母。港口文化，九江是长江黄金水道沿岸十大港口城市之一，是中国第一批沿江开放城市，也是江西唯一通江达海的城市。名人文化，九江有十大名人，即田园隐逸诗人陶渊明、高僧慧远、教育先驱朱熹、浪漫主义诗人李白、建筑大师雷发达、诺贝尔文学奖获得者赛珍珠、历史伟人毛泽东、杂交水稻之父袁隆平、电影大师李安、魔术大师刘谦。宗教文化，庐山是全国佛教八大道场之一与南方佛教交流中心，有全国重点寺院能仁禅寺、净土宗祖庭东林寺、曹洞宗祖庭云居山真如禅寺、中国禅宗黄龙宗的发源地黄龙寺、藏传佛教庐山诺那塔院；已有千年历史、庐山最大的道教修炼简寂观，传说中吕洞宾修炼成仙处仙人洞、太平山佑圣宫；伊斯兰教现存九江清真寺、庐山清真寺、城里清真寺与筠青里女寺废弃；复建和新建教堂基督教108座，包括牯岭教案、教会学校、教会医院、基督教卫理公会、安息日会福音堂、卫理公会化善堂。古城文化，九江浔阳古城是历史上著名的"三大茶市""四大米市"之一，城内旅游资源包括琵琶亭、烟水亭、浪井等，具有极高的文化价值。九江具备六大核心的文化资源，但对其的挖掘远远不够，除了庐山作为山文化的代表享誉全国之外，其他的文化知道的人也是寥寥，更不要说将其与旅游融合形成文旅融合的发展态势。

（三）同质化现象严重

随着旅游经济的不断发展，许多商人看到其中蕴含的商机，投身于旅游业当中，而一些政府的不合理规划与缺乏监督使得旅游的发展越发不合理，不同的旅游项目中充斥着各种相似的部分，导致旅游业同质化严重。以九江特产为例，九江特产以茶饼、酒糟鱼、庐山云雾茶为代表，但作为九江极具代表性的特产却并没有做出自己的特色，在庐山、庐山西海等景区周边特产超市随处可见的特产都是以相同的形式和内容展出售卖，完全没有体现出九江自身的特色，同质化严重。

（四）节庆活动与旅游之间的融合模式过度复制

旅游节庆是文化与旅游融合而产生的一项活动，也有称其为事件营销的，对促进旅游业发展和塑造旅游品牌有着巨大的推动效应，是旅游营销的一种方法，其作用非常明显，吸引力非常强。但是，当前许多节庆活动大同小异，缺乏创意，资金投入数量大，人力成本也高，效果却不好，没有产生很好的经济效益。举办节庆活动，必须立足于实际，要有目的性，以提升旅游资源、旅游景区景点及打造地方品牌等为目标，以经济效益为主，社会效益为次。要创办地方标志性的文化节庆，本地有什么样的文化就举办什么样的节庆，这样每个地方都不重复。

二、九江文旅产业融合现状

近年来，专家学者们对文旅产业融合的研究如雨后春笋般涌起，文化和旅游部雒部长在全国文化和旅游厅局长会议上提出融合路径是"理念融合、职能融合、产业融合、市场融合、服务融合、交流融合"。以九江市为例进行研究发现，对九江市文旅融合的现状分析主要集中于产业融合的方向，促进业态融合，实现"文化＋"及"旅游＋"的战略。这里以 2017 年九江市为例进行调研，得出汇总后的一栏表（见表 5–1）。

从表 5–1 中可以看出，各县市每年都会根据自身的特点举办不同的节目，例如，东浒寨飞拉达作为景区的优势项目举办飞拉达国际邀请赛，修水县作为秋收起义的重要地点举办纪念秋收起义 90 周年系列活动，庐山西海作为九江市著名的水文化代表地举办水上摩托艇大赛，彭泽太泊湖开发区举办螃蟹美食节，湖口县天泉山庄举办采茶节庆活动，易家河村举办采橘节，九江其他县区也举办了大大小小的 19 个以花命名的节目。

表5-1 2017年九江节庆活动汇总表

县（区）	序号	活动名称	时间	地点	主办单位
九江市	1	"5·19"中国旅游日	5月19日	九江	九江市人民政府
	2	九江对话杭州招商推介活动	下半年	杭州	九江市人民政府
	3	北京大型招商推介活动	下半年	北京	九江市人民政府
武宁县	1	花朝节	3月10日—4月10日	花源谷	阳光照耀29度度假区
	2	杨梅节	6月	新光山庄	新光山庄
	3	山水武宁美食节	7月	待定	武宁县人民政府
	4	旅游商品大赛	8月	待定	武宁县人民政府
	5	环鄱阳湖国际自行车大赛	9月	西海燕旅游码头	武宁县人民政府
	6	中国滑水巡回大奖赛	10月	待定	武宁县人民政府
濂溪区	1	2017九江市濂溪区首届方竹樱花旅游节	3月1日—3月4日	方竹寺	九江市濂溪区旅游局
	2	2017首届中国九江庐山好汉坡登山文化旅游节	待定	莲花洞森林公园	九江市体育局、九江市旅游发展委员会、九江市文化广电新闻出版局
都昌县	1	首届鄱阳湖南峰百合文化节	5月中旬	都昌县南峰镇鄱湖百合园	鄱湖百合园
	2	第二届荷花节启动仪式	7月中旬	都昌蔡岭镇北炎	鄱湖三宝农庄

续表

县（区）	序号	活动名称	时间	地点	主办单位
湖口县	1	赏花节	3月11日	湖口天山景区	湖口县旅发委
	2	湖口县天泉山庄采茶节庆活动	4月5日	湖口县天泉山庄	湖口县天泉生态发展有限公司
德安县	1	田园灯光节	3月8日—19日	心全生态园	心全生态园
	2	葡萄酒文化节	8月中下旬	心全生态园	心全生态园
	3	桑葚采摘节	5月1日	心全生态园	心全生态园
	4	第三届梓坊葡萄节	7月底至8月初	聂桥镇	中共聂桥镇委员会 聂桥镇人民政府 梓坊村委会 博阳葡萄合作社
	5	邹桥采莲节	6月底至7月初	邹桥乡石门村	中共邹桥乡委员会 邹桥乡人民政府 石门村村委会
彭泽县	1	彭泽县第五届"江中花海、魅力棉船"油菜花旅游文化节	3月8日	彭泽县棉船镇	彭泽县棉船镇
庐山	1	"庐山天下悠"新闻发布会	4、5月	庐山	九江市人民政府
	2	"庐山天下悠"专题研讨会	4、5月	庐山	九江市政协
	3	2017"形象中国·百家媒体聚焦魅力庐山"全国新闻摄影采访系列活动	5、6月	庐山	九江市宣传部
	4	环庐山国际马拉松比赛、山地自行车比赛、庐山登山系列赛	9月	庐山	九江市人民政府

续表

县（区）	序号	活动名称	时间	地点	主办单位
庐山	5	"百辆自驾车畅游庐山"踏青自驾主题活动	3月	庐山	九江市人民政府
	6	2017首届"人民保险杯"庐山"全民车王"挑战赛	3月25日	庐山	中国人民财产保险股份有限公司庐山分公司 庐山骏杰文化传播有限公司
修水县	1	飞拉达国际邀请赛	6月左右	修水县东浒寨	修水县旅发委、东浒寨景区
	2	荷花节	7—9月	渣津镇	渣津镇人民政府
	3	菊花节	10—11月	征村乡	征村乡政府
	4	箬竹乡村旅游节	10—12月	黄沙镇箬竹村	旅发委
	5	诗画四都桃花节	3月中下旬	四都镇	四都镇人民政府
	6	修水旅游大型推介会	10月初或者12月初	长沙或武汉	修水县旅发委
	7	纪念秋收起义90周年系列活动	9月9日	修水县	修水县县委、修水县人县政府

续表

县（区）	序号	活动名称	时间	地点	主办单位
湖口	1	亚洲旅游论坛	10月	石钟山景区	湖口县旅发委
	2	赏花节	3月11日	湖口天山景区	湖口县旅发委
	3	采茶节	4月5日	湖口天泉山庄	湖口县天泉生态发展有限公司
	4	栀子花节	5月底—6月初	湖口县天山景区	湖口县百事通旅行社
	5	粑俗文化节	11月—12月底	湖口县凰村农夫农生态园	湖口县凰村农夫农生态园
永修县	1	第十一届桃花节	3月中下旬	凤凰山桃花园	江西云山集团商会 永修县旅游发展委员会
	2	第十一届采桔节	10月中下旬	柘林镇易家河	柘林镇易家河村旅游协 永修县旅游发展委员会
	3	第二届年货节	12月中下旬	柘林镇易家河	永修赛芳农副产品有限公司 永修县旅发委
	4	赴南昌旅游推介会	4月	南昌万达嘉华大酒店	永修县旅发委
	5	赴合肥旅游推介会	6月	三河古镇	永修县旅发委
	6	赴武汉、长沙、福州等地旅游推介会	6—10月		永修县旅发委
八里湖新区	1	"大美九江·最美新区"首届九派诗会	4月底	八里湖新区九派诗廊	八里湖新区党工委、管委会、九江市文联、九江市文广新局、九江市广播电视台联合主办

续表

县（区）	序号	活动名称	时间	地点	主办单位
八里湖新区	2	泼水节	2017年夏季	八里湖新区	八里湖新区党工委、管委会
	3	音乐节	2017年秋季	八里湖新区	八里湖新区党工委、管委会
	4	冰雪节	2017年冬季	八里湖新区	八里湖新区党工委、管委会
瑞昌市	1	微电影《新五朵金花》拍摄	3月10日—10月中旬	肇陈镇、洪一乡、武蛟乡、横立山乡、南阳乡、夏畈镇	肇陈镇、洪一乡、武蛟乡、横立山乡、南阳乡、夏畈镇、九江恒信文化传媒有限公司
	2	相约桃花海 缔结红豆情	3月10日—19日	肇陈镇	肇陈镇
	3	苏区桃花格外红	3月10日—19日	洪一乡	洪一乡、肇陈镇
	4	武蛟首届油菜花观光周	3月11日—19日	武蛟乡	武蛟人民政府
	5	横立山梨花观赏节	4月1日	横立山乡	横立山乡人民政府
	6	南阳乡荷花节	7月	南阳乡	南阳乡人民政府
	7	夏畈镇铜草花节	10月中旬	夏畈镇	夏畈镇人民政府
彭泽	1	彭泽县第五届"江中花海、魅力棉船"油菜花旅游文化节	3月8日	彭泽县棉船镇	彭泽县棉船镇
	2	东升镇采茶艺术节	3月29日	彭泽县东升镇	彭泽县东升镇
	3	太泊湖开发区螃蟹美食节	10月中下旬	太泊湖开发区	太泊湖开发区

县（区）	序号	活动名称	时间	地点	主办单位
庐山西海	1	庐山西海安庆推介会	3 月	安庆市	庐山西海管委会
	2	第二届庐山西海全国旅游摄影大赛	4 月	西海	庐山西海管委会
	3	庐山西海南昌推介会	4 月	南昌市	庐山西海管委会
	4	庐山西海湖北推介会	5 月	武汉市	庐山西海管委会
	5	庐山西海湖南推介会	6 月	长沙市	庐山西海管委会
	6	水上摩托艇大赛	10 月	西海	庐山西海管委会
	7	第二届庐山西海垂钓大赛	11 月	西海	庐山西海管委会

数据来源：九江市文广新旅局。

纵观2017年九江的节庆活动我们可看出各县区的活动重合度很高，质量也是参差不齐，质量比较好的如武宁县阳光照耀29度度假区的花朝节作为景区特色已经举办了六届，获得了较好的反响，还有易家河村举办的采橘节也很有名气，易家河以橘子闻名于全省，每年橘子收获的时节来自全省各个县市的人都会慕名来采橘，体验乡村旅游。然而除了个别已经做出品牌的好质量节庆活动之外，大部分的节庆活动的形式都来源于复制，我们可以从表中看出大大小小以花命名的节日在2017年的节日列表中就出现了19个，甚至连花的种类都是相似的。

文化与旅游产业之间的融合不仅仅是两个产业之间的单纯借鉴或发展，而是利用两个产业的特性融合出既可以代表旅游又可以代表文化的创新产业，文化产业与旅游产业融合可以表现为四种形式：文化旅游、旅游演艺、旅游商品、节庆活动。

（一）文化旅游

九江市的历史悠久，从秦朝秦始皇设立 36 郡时就有九江郡一说。九江市文化也非常厚重，庐山是人文圣山，自然景观科普价值与文化资源都名列前茅，是世界文化遗产、世界地质公园。九江市拥有丰富的文化资源（见表5-2）与自然资源，九江本地的文化资源和旅游资源的多样性使得九江在文旅融合中占有很大的优势，这同时也为二者的融合发展奠定了必要的资源基础。

表 5-2　九江市主要文化资源

资源类型	主要内容
历史遗迹	大胜塔、天花宫、甘棠湖、烟水亭、浪井、锁江楼、岳飞母姚氏墓、狮子洞、涌泉洞、陶渊明祠等
非物质文化遗产	德安八景、浔阳八景、老爷庙传说、武宁打鼓歌、德安潘公戏、青阳腔、西河戏、九江山歌、瑞昌剪纸、瑞昌竹编、湖口草龙、金星砚制作技艺等
民族村寨	湖口县庄前潘村、修水县朱砂村、修水县箬竹自然村、修水县高丽村内石陂自然村、都昌县苏山乡鹤舍村、彭泽县浩山乡岚陵村
风景名胜	庐山、庐山西海、龙宫洞、阳光照耀29度度假区、东浒寨、石门涧、白鹿洞书院、秀峰、石钟山、桃花源、东林大峡谷

数据来源：作者根据相关资料整理所得。

（二）旅游演艺

九江市旅游演艺活动如表5-3所示。以节庆活动为主的有博阳河景区的葵花节、阳光照耀29度度假区的花朝节、金沙滩"活色生香"音乐节和星空音乐沙滩露营节；固定演艺活动为庐山西海风景区柘林风景区的渔村大舞台、农耕大舞台和美丽西海大舞台，以及即将打造完成的西海湾景区的《遇见武宁》，2018 年上半年共演出 1683 场，接待观众数 672750 人。

表 5-3 2018 年上半年九江市演艺活动汇总

序号	演艺名称	所在景区名称	开演时间	2018 年上半年演出场次数（场）	2018 年上半年接待观众数（人次）
1	葵花节（腰鼓队、歌舞表演队）	博阳河景区	2018 年 6 月 30 日	5	10400
2	天工开物展示（儿童农耕拓展）		2018 年 2 月至 2018 年 6 月	3	1650
3	响石演奏	石钟山景区	8：30—9：00	240	12000
4	青阳腔		9：00—9：30	120	6000
5	渔村大舞台	庐山西海风景区柘林景区	每天上午 9 点	600	20 万
6	农耕大舞台		每天上午 9 点	560	20 万
7	美丽西海大舞台		每天上午 9 点	560	20 万
8	《遇见武宁》	西海湾	2018 年 7 月 20 日	11	3000
9	花朝节	阳光照耀 29 度度假区	2018 年 3 月 10 日至 4 月 10 日	120	35000
10	星空音乐沙滩露营节		2018 年 5 月 19 日	1	600
11	金沙滩"活色生香"音乐节		2018 年 7 月 21 日至 8 月 21 日	23（截至 8 月 1 日）	4100（截至 8 月 1 日）

数据来源：九江市文广新旅局。

（三）旅游商品

在旅游商品方面，九江市现今有中国驰名商标九个，即"联盛""仙客来""鸭鸭羽绒服""美庐""华美瑞""广裕发"等，拥有旅游商品 200 多种，以瑞昌剪纸、庐山市金星砚等为主的文化艺术品系列，以都昌珍珠贝壳、修水万顺特艺等为主的旅游工艺品系列，以修水宁红茶、庐山云雾茶、庐山石鱼和石耳、仙客来灵芝产品、彭泽梅花鹿系列产品、九江茶饼等为主的旅游食品系列，以共青鸭鸭羽绒服、修水蚕丝制品等为主的旅游日用品系列等，都很受游客欢迎。近几年，九江市着力打造特色品牌旅游商品，大力扶持旅游商品龙头企业，研发了"砥柱铭"蚕丝画卷、"庐山的故事"丝巾茶杯、共青羽毛画、瑞昌山药、湖口酒糟鱼、瓷画石钟山等系列旅游商品。2015 旅游商品大赛评选活动中，九江市选送的"砥柱铭"蚕丝画卷获得两个特等奖中的一个，共青羽毛画获得一等奖。2016 年旅游产业博览会，九江手礼——浔阳送客茶礼套装获得了本次大赛的金奖。2017 江西红色旅游商品博览会上，九江市修水县祈福工艺品有限公司生产的红色修水装饰获得银奖。2018 年中国特色旅游商品大赛中，九江市瑞昌野山药粉获得银奖，庐山云雾茶礼佛系列和渊明竹简茶杯获得铜奖。

（四）节庆活动

根据九江市 2017 年节庆活动，九江市及周边各县区、景区以景区、政府、旅游企业等名义围绕传统节日、文化节庆举办各类旅游活动，涵盖传统节日如武宁阳光照耀 29 度度假区的花朝节，以花季命名的节日如方竹寺樱花节、湖口天山赏花节、凤凰山桃花源桃花节等共 19 个与花有关的节庆活动，还有根据地区实际资源情况创办的如山水武宁滑水巡回大赛、修水县东浒寨景区飞拉达国际邀请赛、易家河镇采橘节等。

从中可以看出九江市节庆活动虽然种类繁多、数量庞大，但除庐山作为世界文化景观遗产和国家 5A 级旅游景区，在整个九江旅游中具有不可撼动的霸主地位以外，其他景区、地方都因其资源重合度高、节庆活动推广范围小、景区交通通达性较差等缺陷难以形成较强的竞争优势。

三、九江文旅产业融合的保障措施

（一）创意整合文化旅游资源

自然资源、文化资源、历史资源甚至人造景观都是旅游产业发展不可缺少的吸引力，要将资源最大化利用就必须将资源合理重组、架构、规划，使其趋于合理化，实现资源的优化与发展。以创意推动文化资源的开发，不仅要聚焦于未开发的民族文化遗产、风景名胜、历史遗迹，使其经过旅游的加工、包装重新焕发生机，在对文化旅游资源的整合过程中还应注重挖掘文化旅游中的互动性产物，增加游客旅游的趣味性。当然更重要的是要将文化旅游形象打造成品牌，塑造良好的品牌形象。

推进文旅融合一方面要注重将文化资源运用于旅游产品中，丰富旅游业态，例如旅游演艺活动，江西婺源《梦里老家》实景演出就充分利用梦里老家的文化元素制作出一台精良的旅游演艺；另一方面，旅游产品要融入文化元素，特别是文化元素中参与性和互动性较强的部分。此外，对文化旅游产品的开发要层次分明，首先利用文化活动、节庆活动烘托营造旅游氛围；其次针对不同的市场推出不同的旅游活动吸引要素；最后要充分挖掘地方特色，塑造文化景观，吸引游客参观。

（二）创新机制体制引导产业融合发展

要切实落实文化和旅游产业的融合发展，在政府的层面上来讲应该研究出台有针对性的文件支持文化旅游的发展。另外，政府还应根据当地的文化旅游资源、旅游经济、社会状况等情况，在实地考察的基础上为本地文旅融合的发展编制中长期产业发展规划，引导行业健康积极发展。

为促进文旅融合产业更好地发展，应该给予致力于推动文旅融合产业的企业更多的自主权，以调动企业的积极性。在政府方面应该对这些企业给予大力的支持，出台一系列的政策保障企业的发展，并给予税收减免或优惠政策，使得企业的发展助推文旅融合的发展，创造更优质的良性循环文旅融合产业链。

（三）促进融合需突出市场导向作用

资源是文化产业和旅游产业能够实现完美融合的一个必要条件，但市场的主体地位也不容忽视，应把握市场运行规律，开发群众喜闻乐见的文化旅游产品，逐步整合提升面临淘汰的文化旅游产品。目前很多文化旅游产品并没有受到市场的青睐，主题公园、文化产业创意园区、博物馆等在一定程度上受众较少，故在对文化旅游产品进行开发时应注重市场的导向作用，在进行充分的调查研究后对具有市场前瞻性的文化旅游产业进行开发。

文化旅游企业主要由两部分组成：一是旅游企业，主要是指为满足旅游者在旅行过程中的需求，在各个旅游链条上都担任着重要角色的旅游公司，包括联系旅游者的旅行社、酒店、旅游餐饮、旅游交通、娱乐业等，二是文化企业，即文化产业公司、会展公司、影视公司等制作部门，文化旅游企业担任着产品的生产和营销的责任，是文旅融合链条上极具创新潜力的企业。如今的文旅融合主导权更多仍然掌握在政府的手里，缺乏敏锐的市场视角，企业的参与和决策权力还有待提高。以博物馆为例，博物馆本身的基础就比较薄弱，需要政府的大量投入与资金和人才的支持，在这种环境下诞生的文化旅游产业本身根基不厚，又难以适应市场的运行规律，容易导致运行机制效率低下、后续发力困难的现象。由此产生的现象就需要企业的介入，需要企业发挥市场的作用，培育企业的创新能力，引入市场竞争机制，培育一批龙头文化旅游企业增强市场竞争力。

四、九江文旅产业融合的路径

九江文旅融合已经进行到初级阶段，文化产业和旅游产业的边界在慢慢打破，旅游产业中的各个环节都有文化元素的渗透，尤其是旅游产品的生产和消费环节，以文化为特色的旅游产品更加受到广大游客的喜爱。在对文旅产业融合的路径分析中以资源、市场、产业链等方面最为典型。

（一）资源融合

旅游资源的组成主要分为两类：一是自然旅游资源，如水域风光、地文景观、生物景观、气候与天象等；二是人文旅游资源，如历史文物古迹、民族文化、宗教文化资源等。文化资源可以大致分为遗址遗迹类、古建筑类、民居类、历史文化名城类等多个类别。从旅游资源和文化资源的分类中我们不难看出，旅游资源和文化资源具有交叉性，但是对于旅游资源来说，单一的自然景观或人文景观并不具备足够的吸引力吸引游客前来参观，而在其中深入挖掘文化特色加入文化元素不仅可以增强对游客的吸引力，更有利于保护和延续地方的民族风情、特色文化。

（二）市场融合

市场的融合有利于资源利用程度的最大化，通过营销策划的融合可以使文化产业和旅游产业在营销方面更多地吸收其长处，以文化旅游形式的营销活动更加具有冲击力和消费欲望，通过品牌融合有利于整合文化旅游资源，形成具有强大竞争力的文旅产业龙头品牌，助力文旅产业市场运作标准化。在这些层面上文化产业和旅游产业的市场融合有利于增强文化产业和旅游产业的市场竞争力，达到一加一大于二的效果。

（三）产业链融合

文旅产业在发展的过程中，还应该进行产业链的融合，将文化产业渗透进旅游产业链中，使得旅游景区、旅游餐饮、酒店业、旅游交通、旅游商品等旅游产业链中的重要环节都体现文化的参与，有利于完善文旅产业的产业链，增加文旅产业的附加值，给文旅产业的发展带来新的活力。

文化产业和旅游产业的相似之处在于文化和旅游产业都是依托资源打造成成熟的产品后，用营销方式推给消费者，最终达到产生经济效益的目的。文旅融合应该以产业链的角度从生产要素、产品生产、产品营销这几个环节着手。

1. 注重生产要素的融合

文化产业是经过时间积淀，具备文化特性，深入挖掘文化中隐藏的可以产生文化经济效益的部分所组成的；而旅游产业则大部分是基于已经存在的旅游资源将其进行重新组合营销、制作旅游线路、建设基础设施后投入使用的。正是由于这两大产业的不同特性催生了文化和旅游业的融合。文化资源和旅游资源具有很强的融合性，迪士尼乐园、横店影视城、万达乐园等，都以文化作为景区建设的重要载体。九江的文化资源不仅是历史遗迹、自然景观，还是非物质文化遗产、民族村寨，同时也是一种旅游资源，在这种情况下可以将文化资源作为旅游资源进行开发建设成为旅游目的地，提升文化的附加值。

2. 加大产品生产融合深度

文化产业与旅游产业虽然存在着区别，但是从总体上来看，在满足消费者需求方面还是具备一致性，尤其是如今旅游业升级，游客已经渐渐不满足于走马观花式的旅游方式，而更加关注旅游体验，感受当地特色、文化、景观，这一现象的产生使得文化和旅游的融合更加具有现实性。文化产业和旅游产业融合的主要形式有旅游演艺、文化旅游、影视旅游、动漫旅游、会展旅游等。九江市的旅游演艺以庐山西海的西海渔村大舞台、农耕大舞台，武宁西海湾景区的《遇见武宁》，武宁阳光照耀29度度假区的花朝节和星空音乐沙滩露营节最为典型。以武宁西海湾景区的《遇见武宁》为例，该剧以溯源武宁、桃源武宁、律动武宁、大美武宁四个篇章展开，全面展现了武宁悠久的历史和新时代的风景，使大家感受到武宁的山水之美。这些九江知名的旅游演艺活动不仅丰富了旅游业态，更是将一方文化注入旅游当中，使旅游焕发出全新的活力。

此外，还有非物质文化遗产与旅游的融合。例如，九江市共有52处非物质文化遗产，其中省级非物质文化遗产42处，国家级非物质文化遗产10处，居全省前列。近年来九江积极利用非物质文化遗产打造众多旅游产品，如石钟山景区积极传承九江第一批国家级非物质文化遗产——青阳腔，九江特产桂花茶饼制作工艺作为第三批省级非物质文化遗产出现在九江的各个角落，第五批省级非物质文化遗产宁红茶制作技艺已经被修水旅游局作为重点推出的九江特产分布于全国各地。九江市在旅游演艺、非物质文化遗产与旅游的融合方面取得了一定的成绩，但是在深层次的文化内涵方面并未挖掘清晰，效果也并不显著。

3. 实施品牌战略，创新营销方式

在文旅产业融合的方面还应注重实施品牌战略，将旅游产业、旅游景区、旅游商品和文化产业的文创产品等作为品牌运营，打造主题突出、传播广泛、社会认可度高的品牌，提升各个品牌区域的影响力。

现今的形式已经不是过去的"酒香不怕巷子深"了，在产业的文旅融合方面应该创新文化旅游营销方式，将营销聚焦于互联网营销，在如今互联网发展的新形势下"互联网＋旅游"已经是旅游产业发展的一个重点方向，如最近重庆、长沙等城市通过互联网的营销成功地成为"网红城市"，吸引了一大批的年轻人前往重庆、长沙探寻美食美景。各种网红景区、网红酒店、网红桥等层出不穷，在互联网发展的新形势下旅游业也紧跟互联网发展的新步伐，探索旅游营销的有效网络形式，利用大数据平台分析游客特点进行精准投放营销，各大景区纷纷注册微信公众号、建设景区官方网站增强游客对景区的黏性，等等。同时利用互联网的红利也催生了一批互联网的旅游企业如携程、去哪儿网、途牛、美团、马蜂窝等在线上为游客提供食住行游购娱服务，为游客的旅游活动提供便利。

4. 加强各产业的融合互动

文旅融合不仅仅是文化和旅游两方面的事，事实上各产业都要参与进来，做到产业大融合，文化业、旅游业、农业、工业、商业、建筑业、教育业、信息业等都要融合在一起，只有加强各产业的融合互动，才能实现真正的文旅融合。例如，九江非物质文化遗产丰富多样，创造了灿烂的民间文化，九江制茶技术、庐山云雾茶制茶技术和修水宁红茶的制茶技术，这些优秀的文化需要开拓更广阔的市场获取更多的宣传渠道和营销平台，获得更多的机会将其发扬光大，这就需要加强与各产业之间的互动，将制茶技术与生产相结合制作出量产的九江特色茶叶，辅以旅游，共同建设工业旅游吸引游客参观，同时兜售茶叶。这在九江也并不是没有先例，九江著名的灵芝品牌仙客来灵芝即是与旅游相结合实现了多方共赢的经典案例。

第六章

政府与企业的选择

第一节 文化旅游需要顶层设计

就文化旅游来说，国家统一制定文化发展规划指导性文件，甚至作为一项政治任务，把文化旅游作为政治学习和思想教育的平台和载体，以顶层制度活化文化旅游市场，建立社会研学文化旅游基地，上好社会研学教育这门课。从区域上来说，具体从大区或省域到市域、县域，做好文化旅游发展规划，并具体落实。

一、文化旅游发展规划顶层设计

以省和市为单位进行"一盘棋"文化旅游整体发展规划，每个市和县要求文化旅游发展有差异，主题定位要有鲜明特色并有差异，避免千篇一律。比如全域旅游就是一盘棋发展的典型形式。

二、文化旅游政策顶层设计

以市为单位进行文化政策设计，每个县或区要求有一个文化旅游试点景区，并给予政策和资金支持。每年必须增加一个 3A 级文化旅游景区或文化村镇。

三、文化旅游精准扶贫顶层设计

扶贫要按照"产业—生态—文化"三步走,并且以文化为灵魂,也就是扶贫要重点扶文化、扶志、扶智。文化是一切可持续发展的重点,也是长治久安的重要保证。具体可以对口支援,把社会资源如高校资源和其他组织的离退休资源用到文化旅游精准扶贫上来,使剩余智力资源能服务地方经济,切实最大化知识和科技,真抓实干。

四、重视乡贤文化顶层设计

重视乡贤这一重要群体,对于大量爱读书和会读书的企业家、领导干部和社会精英,政府可以制订政策,激励他们更好地回馈本地、回报社会,积极加入文化旅游建设。把乡贤文化作为文化旅游的一个重要组成部分,作为精神文化建设的一个重要内容,即吸引了资金,又提升了文化,还留住了人。

五、"文化旅游 +"顶层设计

"文化旅游 +"具有"搭建平台、促进共享、提升价值"之功能。在战略层面上,要推进"旅游 + 重大战略";在重点行业上,要推进"文化旅游 + 新的生活方式";在热点领域,要通过推进"文化旅游 + 重点突破"。以江西省的文化县都昌县为例对"文化旅游 +"进行顶层设计,以此三个层面进行分析的结果见表6 - 1、6 - 2、6 - 3。

表6 -1　都昌推进"文化旅游 + 重大战略"

文化旅游 " + " (what)	为什么 " + " (why)	怎么 " + " (how)
文化旅游 + 新型城镇化	发挥旅游对新型城镇化的引领作用	发展特色旅游村镇、旅游小镇、旅游村
文化旅游 + 新型工业化	发挥旅游与工业的融合	商品旅游化,旅游工业品。发展旅游装备制造业、户外用品、特色旅游商品,发展工业旅游

文化旅游"+"（what）	为什么"+"（why）	怎么"+"（how）
文化旅游＋农业现代化	发挥旅游与农业的融合，解决三农问题	乡村旅游，农业旅游，旅游农业：农业景观化、美术化、艺术化、科技化，农村建设旅游化，农民参与旅游：旅游意识、旅游服务、旅游态度、常态化的生活方式
文化旅游＋信息化	将旅游业培育为信息化最活跃的前沿产业，用信息化武装旅游	发展掌上旅游：网络营销、手机客户端、兴趣部落、地图＋旅游线路＋景区景点介绍
文化旅游＋生态化	建设生态都昌	发展生态旅游，推进旅游生态化
文化旅游＋大众创业、万众创新	都昌经济较落后，资金匮乏	吸收民间资本，政府引导、民众参与；旅游搭建平台；建立旅游创客基地

表6-2 都昌推进"文化旅游＋新的生活方式"

文化旅游"+"（what）	为什么"+"（why）	怎么"+"（how）
文化旅游＋研学（教育）	都昌历史文化、文学资源、湿地、候鸟等资源丰富	①收集都昌的历史文化、地理资料，整合成书《拿着书本游都昌》；②建立鄱阳湖湿地公园世界研学基地
文化旅游＋交通	①湖岸线长，岛屿半岛多；②都昌原生态、原乡保护好，自驾游市场火爆；③鄱湖旅游处于起步阶段，抓住机会腾飞	①占领水上高地：建设世界最大的古船旅游综合体，作为连接岛屿与半岛的交通工具，震撼全国和世界；②占领陆上高地：建设五星级房车营地、五星级自驾车营地、帐篷公园；③占领空中高地：发展低空旅游，直升机游鄱湖、飞庐山，发展热气球、滑翔伞等

续表

文化旅游"＋"（what）	为什么"＋"（why）	怎么"＋"（how）
文化旅游＋休闲度假	①滨湖湖岸线长，湖岸原生态景观保护得好；②都昌为著名的鱼米之乡；③周末、黄金周、小黄金周等假期多	①建立世界级滨湖休闲度假黄金体验带（苏山马鞍岛至芗溪边界）；②鄱湖渔家民俗深度体验区（芗溪—西源—万户等）；③建立都昌"鄱湖群岛"湖上休闲度假区
文化旅游＋新型养老	①都昌古村古镇多，乡味浓	①开发古村古镇的新型度假养老模式；②开发"恋乡"返璞归真的田园养老模式，分田种田
文化旅游＋健康养生	三尖源国家森林公园	建立三尖源山水生态养生度假区
文化旅游＋购物（文化创意）	①都昌为"珍珠之乡，珠贝之乡"；②沉枭阳，浮都昌；朱陈大战主要发生地。③竹雕"世界吉尼斯纪录"；④其他水产等特种农产品	①打造都昌"珠贝产业集群"，拓展珠贝产业链；②开发文化创意产业，演艺与3D科技创意；③建立"竹雕旅游纪念品工艺品生产研发基地"；④建立鄱湖水产等特种农产品产业链

表6-3 都昌推进"文化旅游＋重点突破"

旅游"＋"（what）	为什么"＋"（why）	怎么"＋"（how）
文化旅游＋互联网	"旅游＋互联网"跨产业融合	建设都昌"智慧旅游公共服务综合平台"，网络营销：掌上旅游、手机客户端、兴趣部落、地图＋旅游线路＋景区景点介绍等等互联网信息
文化旅游＋美丽乡村建设	都昌乡村多，"乡"元素符号多	开展旅游精准扶贫，逐步实现全部"美丽乡村"建设规划，一村一特色，一村一旅游
文化旅游＋融资	都昌资金匮乏	吸收民间资本；引入大型集团公司等
文化旅游＋大众创新、万众创业	乡村旅游是大众创业、万众创新的重要领域	建立多个"乡村旅游创客示范基地"

旅游"+"（what）	为什么"+"（why）	怎么"+"（how）
文化旅游＋外交	旅游作为增进民间交往，促进民众感情交流的重要载体	建立都昌"旅游外交服务智囊团"：包括政府部门、旅游机构、旅游各行各业、民众代表、教育培训业、旅游专家团队等共同组成，提供旅游发展智囊服务

第二节 区域文化旅游顶层设计

一、大区域旅游发展的顶层设计

以省域范围进行分析，从宏观上给省域文化旅游发展号脉。这里以江西省为例，分析江西省文化旅游存在的问题和政府顶层对策。

（一）文化旅游问题剖析

从全省来看，文化旅游规划建设不科学，全省没有一个统一全面的规划，没有形成一个整体，规划不系统，没有形成一个完整的体系，呈无序开发状态。

规划建设的基本思路为：统一规划、分批建设、分类指导、差异化设计、多样化呈现。

1. 全省文化旅游要统一规划分批建设

全省几十个大景区，上百个小景区，都要由一个部门来管理，不能无序开发，不能由老板拍板，应该统一规划，统一分批建设，哪些资源计划开发，哪些资源暂时保护不动，谁先开发，谁后开发，谁先建设，谁后建设，都要规划明晰。做到"规划有章，建设有序"。

2. 全省文化旅游规划建设要进行分类指导

从旅游产品类别上说，应打造特色鲜明的旅游产品，对旅游区进行分类规划，明确指导原则，有针对性地开发建设，旅游区（产品）可以分类为山岳型、湖泊型、乡村型、城市型、古迹型、红色型、森林型、复合型等，各个旅游区都有自己的指导原则，明确定位，突出特色，每个旅游区围绕一个鲜明的主题来做规划建设，不要胡乱开发建设，一哄而上。

3. 全省文化旅游片区，重要文化旅游景区应进行差异化设计

通过分类指导，分区规划，对旅游区、旅游产品进行分类开发建设，进行差异化设计，每个旅游片区、重点旅游景区都要有自己的独特的形象、独特的灵魂价值，没有灵魂价值的景区是没有持久和强大的吸引力的。围绕赋予旅游区不同的灵魂价值进行开发规划，差异化设计，形成特色而丰富多彩、呈现多样化的旅游产品形态。

4. 全省文化旅游景区产品、文化旅游线路产品呈现多样化和差异化

通过统一规划、分批建设、分类指导、差异化设计，全省旅游景区产品和旅游线路产品的多样性就会呈现出来，所谓"异彩纷呈"。全省旅游呈现多样化，旅游强省就形成了。

5. 恶性竞争现象

全省有旅游恶性竞争现象，没有形成整体，没有时序性和阶段性发展，一盘散沙、全面开花、遍地开花、分散自发、大而不强、各自为主。

（1）利益主体不同导致利益分散

全省旅游景区隶属于不同的主体，主体不同导致利益分散，利益分散、利益纷争导致遍地开花、一片散沙、分散自发、各自为主，从而导致恶性竞争、自相残杀、相互贬低。

（2）旅游营销相互间竞争恶劣

全省营销没有统一性，没有整体考虑，没有分时段考虑。今天营销这座山，明天营销那座山，没有重心。江西多山，同时营销宣传犯了同质化的错误，让顾客摸不着方向，不知道到底去哪座山好，隐含着同质化的竞争。

（二）政府顶层设计"文化旅游一盘棋"

江西"物华天宝，人杰地灵"，要下"活"文化旅游这盘棋，打造大美文化江西！

1. 文化旅游开发规划一盘棋

高瞻远瞩,谋划在先,通盘规划,合理布局,科学安排,凸显特色,互补发展。通盘规划江西分片区文化旅游集群和文化旅游片区,打造分区文化集群航母,增强文化旅游专业化、细分化。每个文化旅游集群和片区有自己的文化主题和文化特色。

景区要统一规划、分类指导,差异化设计,多样化呈现。每个景区要有自己的文化灵魂价值,每条线路每个文化旅游产品要进行体验化设计,注重游客的文化体验性,每个景区有自己特色文化的交通工具,注重文化本土化设计。

进出线路"统一"优化设计。文化自助游线路、文化自驾游线路、特色文化线路清晰呈现,并利用各类媒介大力宣传与营销。

2. 文化旅游建设与管理一盘棋

全省要统一建设,避免遍地开发、一哄而上、恶性竞争、无序开发、重复建设。加强目的地文化品牌建设及完整的供应链与服务链建设,统一建设自驾游营地。建立统一的文化旅游服务质量监管机制,统一的应急与投诉机制,并保持网络、电话信号清晰畅通。

3. 文化旅游包装与营销一盘棋

统一江西整体文化旅游形象,统一线下线上、各类媒体宣传,各地文化旅游形象要与江西整体文化旅游形象一致,合力形成文化的"归聚"效应。统一促销与国内国外市场开拓,统一开拓重点客源国市场。例如,安徽只推一座山:黄山。营销方式上采取"时段重点、持续创新"策略,即一段时间推出几个文化旅游地,抓重点,出精品,首推成熟的旅游地,再阶段性推新。

4. 文化旅游服务与信息一盘棋

统一建设完整的公共服务系统,统一制订全省品质化的文化旅游接待服务标准,切实提升文化旅游服务品质。统一建立咨询服务平台。统一文化旅游服务质量监管。统一建立文化旅游网络信息化工程,统一衔接行政办公网、行业管理网、六要素业务网、公众服务网、综合数据库(文化旅游信息、综合信息、人才信息、行政法规、外商投资信息、购物与物价信息、交通信息等)。

统一开发江西文化旅游 App，占领"手机移动文化旅游"的制高点。

二、小区域旅游发展的顶层设计

（一）全域旅游（以江西省武宁县"庐山西海"为例）

1. 文化旅游战略：全域旅游理念下的武宁旅游发展

武宁县定位是国际养生度假旅游目的地，庐山西海将建设为国家5A级景区。这两个方面均表达了武宁旅游将是国际性和世界性的，既然是国际性和世界性，那就应该放在全球视野来发展旅游，建设全球竞争力的旅游产品，建设世界性的旅游产品。下面从两个层面来给武宁旅游业号脉。

第一个层面是旅游产品问题。旅游产品主要表现为旅游景区产品和旅游线路产品。武宁旅游产品要求必须是世界级的旅游产品，世界级的旅游产品到底是什么？这又是核心问题。以庐山西海为讨论对象，毋庸置疑，西海的自然风景必定能称为世界级的，但人文资源的匮乏却是致命的。云南的旅游，诸如丽江，广西的旅游，诸如阳朔，厦门的旅游，诸如鼓浪屿，都没有宏大的工程，没有大兴土木，但却人潮汹涌，人们心向往之。分析其本质，其实是本地传统的文化，这才是真正吸引人的东西，这才是旅游的灵魂。因此，庐山西海，西海群岛，其开发方向应该挖掘本地的地脉与文脉，民族的就是世界的、本地的就是世界的，以武宁、西海传统的文化，如民族风俗、历史变迁等地域文化为旅游开发的核心和灵魂，吃住行游购娱每个旅游的环节都必须体现本地特色，从节点和路线上狠下功夫，做出创意，做出创新，做细做精，做流畅旅行体验。吃有吃头、住有住头、行有行头、游有游头、购有购头、娱有娱头。如何挖掘、如何展现是落地的根本所在。不能一蹴而就，一味地追求高大上，否则必将背离市场。短视必不可持久，旅游鬼城不可重现。

第二个层面是全域旅游问题。武宁全域旅游发展应该做好七个方面。①核心景区景点建设＋景区景点体验设计＋旅游线路优化组合，这是首要的和亟需解决的问题，是一个核心的大问题；②智慧旅游建设；③公共服务提升与完善；④旅游法治化建设；⑤旅游市场化活化；⑥旅游统筹协调各产业、各行业、各部门的方案与对策（"旅游＋"和"＋旅游"的问题）（旅游融合）；⑦旅游人力资源培训（包括高层和基层，解决全民参与问题）。

2. "庐山西海"核心岛屿"观湖岛、观音岛、茶岛"三大岛屿的文化旅游开发理念与思路

（1）观湖岛——西海之"眼"（只此一眼，望穿西海）

理念：西海美景，尽收眼底。

思路：观湖栈道景台＋高科技观湖眼＋观湖体验活动。

（2）观音岛——西海之"心"（天堂净土，沐浴心灵）

理念：观音岛为西海的核心区位，观音有大慈悲、普度众生之意，解决"净心"问题，亦为海洋之心。

思路：本地观音文化＋海岛祈福＋短期修行＋素食健康体验。

（3）茶岛——西海之"艺"（面朝大海、茶"花"开）

理念：立足本地、弘扬茶文化。茶岛，把茶文化体验链做足。茶意境呈现，人、茶、海、岛，天人合一。

思路：武宁茶艺＋武宁茶俗（武宁茶戏、茶歌、茶舞等）＋中华茶道＋一岛一茶农（做一天海岛茶农）。

（二）占领文化高地（八里湖发展理念与创意）

1. 八里湖文化设想

理念：八里湖，游山玩水，上得了山，下得了海（畅游庐山上、玩水八里湖）

主题形象定位："庐山地中海""庐山印象体验地""江南民俗文化创意湖""创意湖：九江民俗文化创意湖公园""八里湖民俗创意集市"。

发展定位：九江之心，庐山印象。

2. 理念之源

（1）八里湖为九江之心

八里湖南邻庐山、北邻九江市主城区、东临濂溪区、西邻江洲区，恰恰位居九江市的中心，城市心脏，故为九江之心，未来将成为九江旅游的核心。

（2）八里湖离庐山很近

庐山索道开通，从庐山山顶只需 30 分钟即可到达八里湖景区。近在庐山，非八里湖莫属。

（3）八里湖与庐山在伯仲之间

八里湖与庐山的关系为唇齿关系、藤蔓关系，所谓"天上人间"，"天上"有庐山牯岭、庐山，人间有八里湖。

3. 创意之源

八里湖着力打造"九江之心，庐山印象"。

（1）做好"创意文化"

创意方向与内容：九江民俗文化创意（庐山印象）。

创意空间：陆水空"三位一体"民俗创意展现。

创意元素："吃住行游购娱"全方位展现地方民俗文化创意。

创意景观："动""静"民俗创意，尽情展现艺术气质，创意交通、创意建筑、创意道具、创意用具等文化创意装备制造。

（2）做好"水文章"

疏通水道，新区"水龙脉"展现，水贯新区，做"水上民俗"。

（3）做好"四心"

动心：运动，动感。动感创意，运动创意。

爱心：花城，花的心，花之爱，爱在花城。

养心：海韵沙滩，感受与体验民俗文化。

舒心："快乐、愉悦、幸福"的八里湖舒心之旅。

4. 民俗文化创意元素思考

吃：地方特色餐饮创意门店街区。

住：地方特色创意民居，历史文化创意小区等。

行："陆水空"地方文化创意动感十足，民俗交通工具，如古今自行车、古今湖上船、空中穿越等。

游：创意景区、创意湖区、创意街区、创意集市。

购：地方土特产创意街区，如米市、茶市、九江茶馆等。

娱："陆水空"全方位娱乐体验，"庐山印象"大型实景演出。

第三节 文化旅游竞争观点

旅游企业竞争采取三种竞争战略，成本领先战略、差异化战略与集中化战略。差异化战略和集中化战略是旅游企业竞争的重要形式，文化特色是旅游企业竞争的基础，也是旅游企业竞争的关键和生命线。本书以发展如火如荼的民宿为例进行分析，民宿发展看似红红火火，实则暗藏危机，因为文化是旅游发展的灵魂，所以，基本上来说，文化缺失是其热度下降主要原因。

一、红海中的民宿如何驶入蓝海

近年来民宿的发展如火如荼，但如今，热度急剧下降。衰退背后的深层次原因令业界深思。其一，大多民宿以酒店式公寓进行经营管理，缺少人文关怀，脱离民宿本质属性。其二，提供的餐饮太过简单，基本都是应付了事，一般只提供早餐或者不提供餐饮，餐饮没有策划设计，也没有用心去做。其三，主人和经营管理者与游客没有互动，极少交流，缺乏情感培养。其四，民宿设计，无论从外部还是内部设计，很少能深度挖掘当地文化，设计具有当地特色文化和特定文化的主题。缺乏文化的民宿是没有灵魂的，缺乏主题的文化是没有吸引力的，没有主题文化定位就没有差异性，千篇一律，就不会给游客留下独特的感受与印象；其五，几乎所有民宿经营者都是以赚大钱为第一要义，缺乏对民宿的整体与系统认知。事实上民宿本身可能盈利少，但对当地整个旅游业的发展大大有益，民宿经营者和当地旅游主管部门可能缺乏对民宿这一住宿业的大局意识。一方面民宿经营者没有把它作为自己终生的事业，没有足够地重视，不专注，只是将其作为赚钱的一个工具，只收钱不管事。另一方面，当地旅游主管部门没有提供合适的支持政策与发展战略，以致民宿发展散、乱、碎，没有整体打造与系统筹划。民宿的衰退与冷思考，必定会让当地旅游主管部门做出整体布局，系统思考，拿出足够有吸引力的政策来支持民宿的发展，鼓励更多旅游从业者加入民宿经营的队伍，以此激活民宿旅游市场，促进民宿行业稳定、有序、健康发展。

民宿本身没有错，错的是人们对民宿的认识。民宿本身的含义是具有本地特定文化的住所，像家一样的住所，所以它必定具有几大特征。其一，不需要太豪华，但必须有当地特定文化的设计主元素，从文化上体现民宿的住宿与生活哲学；其二，无论从外部来看，还是内部设计，都要彰显家的"味道"，一般而言，外部采用园林或者庭院式设计与建设，内部则温馨舒适，不矫揉造作，外部和内部都要有自己家的功能；其三，从服务看，一天24小时服务是管家式五星服务，有家的感觉、有家的氛围、家的基本功能与要求；其四，从经营情怀看，民宿不是经营者成为暴发户的对象，而是对整个当地旅游业更有益的住宿补充，意思是民宿经营者更多的是人文情怀及与"顾客"共处的生活方式，一种生命的体验、一种生命的哲学，而不能是赚大钱，它毕竟与酒店完全不一样，如果按照酒店来经营管理，注定会失败；其五，设计民宿文化活动，把当地传统文化等策划设计出来与游客分享，学习参与各类民俗文化，让游客能真正体验民宿的本质要义，体验民宿文化带来的旅游住宿感受。

就本质而言，民宿发展缺乏或者缺少文化这一核心要素，所以民宿就缺乏灵魂，缺乏吸引力与认同感，民宿发展必须以文化武装到牙齿，文化是民宿经营成败的根本，是决定民宿是否能持续发展的关键所在。

二、经典案例：莫干山民宿（中国浙江）

这里的民宿，表现了不同的民宿文化旅游形式。

（一）"洋家乐"：别致小清新的洋文化

"洋家乐"隐匿山间，备受游客追捧。"洋家乐"租用乡村土地，盖起风格各异的小别墅，屋内的装潢设施，也以外国人的生活习性为主。同时环绕低碳环保主题，利用旧原料，根据房子本身的特点进行设计，装饰则体现出自然与现代感的融合，很受游客欢迎。

高需求导致这类民宿价格也一路高涨，平时售价在千元左右的房间在节假日会上涨到两三千元，别墅价格近万元，远超五星级酒店，但仍被抢订一空。莫干山比较知名的"洋家乐"民宿有裸心谷、法国山居、香巴拉、山中小筑等。

（二）法国山居：浪漫的文化气息

颇有生活气息的细节，古老的木质地板、额外增高的门窗和白色百叶窗、手工水泥瓷砖地板和大面积的伊斯坦布尔手织地毯，家具……

最具浪漫情调的是，法国山居还有一座玫瑰园，拥有超过20个品种、逾12000株的玫瑰，5月和9月，山坡上上万株玫瑰盛开。每日清晨，法国山居都会为客人采摘新鲜的玫瑰花用以装饰桌子、走道和客房，还会在客人离开酒店时送上一小束新鲜采摘的玫瑰花。

（三）西坡山乡度假酒店：如同老友家

整幢房子位于西坡山顶，视野开阔。向外，是远山叠翠，竹海涛涛；向内，是老砖古墙，古色古香；推开门，进入向往已久的山居生活。

一楼是客厅，进门换鞋，落座，如同到老友家一般熟悉、亲切。晚上，院中老树上的那盏马灯会被点亮，对着山林美景，吃点山里的美味菜肴，或者围坐在火炉边，听着树枝柴火燃烧噼啪的声音。

第四节　旅游企业社会责任[①]

旅游企业的社会责任是关于旅游企业行为的原则，其主要作用在于调节旅游企业与其利益相关者的关系。因此分析旅游企业的利益相关者类型，即旅游企业主要对哪些利益相关者负有社会责任，并如何实现这些责任，是旅游企业社会责任分析的焦点所在。旅游企业作为一个企业，它的根本目的可以说至少有两个：一是提高旅游企业的经济效益，为社会提供最大的产出；

---

① 本节原载《江西社会科学》2011 年 10 月 15 日，《中国人民大学复印报刊资料》2012 年第 2 期全文转载。

二是必须满足所有利益相关者的需要，公平地对待所有的利益相关者，即以符合道义而又有效率的方式进行生产和经营。

一、旅游企业利益相关者：概念及其演变

（一）旅游企业利益相关者的概念

对企业利益相关者的研究最早可以追溯到 20 世纪 30 年代。然而，西方学者真正给出利益相关者的定义则是 60 年代以后的事。1963 年，由斯坦福研究院的学者首次命名并给出定义，他们给出的定义是：对企业来说存在这样一些利益群体，如果没有他们的支持，企业就无法生存。这个定义对利益相关者界定的依据是某一群体对企业的生存是否具有重要影响。虽然这种界定方法是从非常狭义的角度来看待利益相关者的，但它毕竟使人们认识到，企业存在的目的并非仅为股东服务，在企业的周围还存在许多关乎企业生存的利益群体。到 1984 年，美国经济学家爱德华·费里曼（R. Edward Free-man）给出一个广义的利益相关者定义并取得了学术界的一些认同。他认为："利益相关者是指那些能影响企业目标实现，或者能够被企业实现目标的过程影响的任何个人和群体。"因此，利益相关者可被认为是"企业能够通过行动、决策、政策、做法或目标而影响的任何个人或群体；反过来说，这些个人或群体也能影响企业的行动、决策、政策、做法或目标"①。

旅游企业利益相关者就是指能够影响旅游企业目标实现或被旅游企业实现目标的过程所影响的个人和团体，具体包括旅游企业所有者、旅游消费者、旅游企业员工、各级旅游局和各政府部门如工商部门、税务部门等，以及供应商（旅游景区、旅游饭店、旅行社、旅游交通部门等）、旅游企业竞争者、旅游企业所在社区及一些公众利益集团如旅游饭店协会、旅行社协会、消费者协会、新闻媒体、社会环保组织等。

（二）旅游企业利益相关者概念的演变

旅游企业利益相关者概念的演变与深化认识是与旅游企业的发展进程相

---

① 贾华生，陈宏辉. 利益相关者的界定方法述评 [J]. 外国经济与管理，2002 (5)：14.

伴随的。从传统的企业生产观来看，所有者只把顾客与供应商看作其利益相关者。在这种观念指导下，旅游企业的利益相关者只包括供应商与旅游消费者。随着公司制的发展及所有权和经营权的分离，企业需要处理好与主要的关联群体的关系，处理好管理者同所有者之间的关系。在经营观念的指导下，旅游企业的利益相关者除了供应商与旅游消费者之外，还包括旅游企业的管理者、所有者和旅游企业的内部顾客——员工。① 如图 6-1 所示。

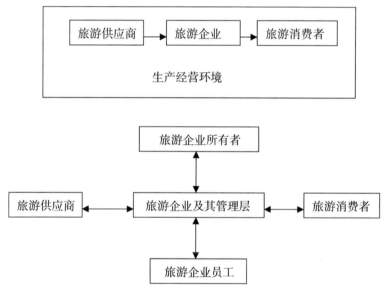

图 6-1　旅游企业的生产观和经营观

20 世纪 80 年代以后，企业的内外部环境都发生了重大变化，与企业社会责任观点相对应，旅游企业除了具有经济责任和法律责任之外，还需对相关的社会公众负有伦理责任。这时旅游企业利益相关者概念的外延进一步扩大，也即旅游企业的利益相关者观点。在这种观点指导下，旅游企业的利益

---

① 万建华，等. 利益相关者管理 [M]. 深圳：海天出版社，1998：32.

相关者还应包括竞争者、政府和社区等,① 如图6-2所示。

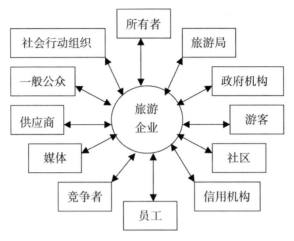

图 6-2　旅游企业的利益相关者观

二、对旅游企业利益相关者的战略管理

当涉及旅游企业利益相关者时,机遇和挑战在许多时候就像硬币的正反两面。本质上,所谓机遇是指同利益相关者建立良好的、建设性的工作关系;而挑战则常以某种方式出现,使得旅游企业必须处理好相关利益者问题,否则就会在财务方面或公众形象方面或社会地位方面受损,这通常意味着旅游企业在处理与利益相关者的关系上还有欠妥之处,或说明旅游企业在某方面可能对利益相关者造成了伤害。机遇和挑战还可以从合作的可能性和威胁的可能性这两方面来看待。格兰特·萨维奇(Grant T. Savage)认为,从潜在的威胁来说,管理者需要考虑各利益相关者的相对影响力及各利益相关者所面临的特定问题的相关性。至于合作上的可能性,管理者所在的公司则需要对各利益相关者的所有组成力量可能具有的优势具有足够的敏感性。旅游企业来自某一利益相关者的威胁既可能增大也可能减少,与某一利益相

---

①　于丽丽. 旅行社社会责任及其利益相关者分析 [D]. 大连:东北财经大学,2005:
21.

关者的合作既可能增强也可能削弱①，表6-4罗列了影响旅游企业利益相关者威胁可能性或合作可能性的各种因素，通过细致分析这些因素，旅游企业的管理者能够更好地评估出来自利益相关者的威胁的可能性，或与其合作的可能性。

表6-4　影响旅游企业利益相关者合作可能性或威胁可能性的因素②

影响因素	利益相关者威胁可能性的增加或降低	利益相关者合作可能性的增加或降低
利益相关者控制关键性资源（旅游企业需要的） 利益相关者没有控制关键性资源	增加 降低	增加 降低或增加
利益相关者比旅游企业更有权势 利益相关者同旅游企业一样有权势 利益相关者弱于旅游企业	增加 增加或降低 降低	增加或降低 增加或降低 增加
利益相关者可能采取支持行动 利益相关者可能采取不支持行动 利益相关者不可能采取任何行动	降低 增加 降低	增加 降低 降低
利益相关者可能组成联合阵线 利益相关者可能同旅游企业形成联合阵线 利益相关者不可能组成任何联合阵线	增加 降低 降低	增加或降低 增加 降低

表6-4中影响旅游企业利益相关者合作可能性或威胁可能性的因素均属人类利益相关者范畴，而旅游企业的非人类利益相关者的威胁性是永远的。

由表6-4可知旅游企业的利益相关者分为四大类及四种相应的一般战略。同时，根据表6-4所反映的利益相关者的合法性、影响力、紧急性对旅游企业来自其利益相关那里的威胁或与利益相关者进行合作可能性的影响的

① 于丽丽. 旅行社社会责任及其利益相关者分析［D］. 大连：东北财经大学，2005：25.
② 万建华. 利益相关者管理［M］. 深圳：海天出版社，1998：40—41.

关系。相对应的战略的模型如图6-3所示。

图6-3 旅游企业利益相关者类型及战略①

利益相关者类型Ⅰ：支持型利益相关者。这类利益相关者的合作性很大，威胁性较小。对旅游企业来说确定型的利益相关者属于这一类，如旅游企业所有者、旅游消费者、旅游企业员工。对这类的利益相关者旅游企业可相应地择取参与型战略，即按照参与性管理原则或权力分散原则，让这一类型的利益相关者参与到旅游企业的经营管理中来。

利益相关者类别Ⅱ：边缘型利益相关者。其威胁和合作的可能性都很小。潜在的利益相关者属于这一类型，对这类利益相关者，旅游企业只需监控就可以，确保这类利益相关者不发生对企业不利的变化。

利益相关者类别Ⅲ：非支持型利益相关者。这类利益相关者合作的可能

① 于丽丽. 旅行社社会责任及其利益相关者分析［D］. 大连：东北财经大学，2005：26.

性很小，但对旅游企业构成威胁的可能性却很大，即引起危险的利益相关者。例如新闻媒体对旅游企业负面的报道，会给旅游企业的经营带来很大的危害。

利益相关者类别Ⅳ：混合型利益相关者。这是一类构成威胁和进行合作的可能性均大的利益相关者，对旅游企业而言，其主要的利益相关者和依靠的利益相关者都属于这一类。如现在各地方旅游局组织旅行社进行地区营销，但又拥有在旅行社出现问题时的行政处罚权等。

综上所述，可以给出这样的结论：旅游企业的管理者应该最低限度地满足边缘利益相关者的需要并最大限度地满足支持型及混合型利益相关者的需要，从而提高这些利益相关者对旅游企业的支持度。

三、旅游企业社会责任的履行路径

经过上文的分析可以得知旅游企业对其主要利益相关者负有社会责任，而这些社会责任的实现需要政府、旅游企业、社会多方面的共同努力，通过三方的互动与合作，形成一套由旅游企业自律、社会监督、法律强制等方式相结合的多层次的约束和监督体系，为旅游企业真正承担起社会责任营造良好的社会环境。

（一）旅游企业履行社会责任的自律行为

1. 加强对旅游企业管理者的社会责任教育和培训

旅游企业是旅游企业社会责任履行的主体，但做出决策的是旅游企业的管理层，管理者社会责任意识的强弱决定了旅游企业履行社会责任的程度。国外对企业管理者社会责任的教育和培训非常重视，大部分商学院的 MBA 或 EMBA 培养方案把商业伦理、管理道德或其他类似课程列入核心课程，并且还通过开展研讨会、专题讨论会及类似的道德培训项目来鼓励道德行为。这种教育和培训是否能起到预期的作用呢？西方的学者引用了一些数据表明，教授解决道德问题的方法能使道德行为产生实质性的差别，这种培训提高了个人道德发展水平，增强了对经营道德问题的意识。如果对旅游企业管理者进行社会责任的教育和培训无疑将有助于增强旅游企业履行社会责任的内部动力①。

2. 实行利益相关者管理模式

旅游企业可以把企业社会责任纳入企业的发展战略来长期实施，旅游企业可以有选择地承担社会责任，决定"做什么""如何做"和"做多少"。如前文所述的对旅游企业利益相关者实行战略管理就是很好的战略管理模式，这种模式强调旅游企业利益相关者整体利益的最大化，旅游企业在创造利润对所有者负责的同时，还承担了对旅游企业员工、旅游消费者、相关政府部门、旅游企业所在社区等方面的社会责任。

3. 加强旅游企业伦理文化建设，提高企业自觉履行社会责任的意识

旅游企业应树立以人为本的经营思想，把社会责任的理念引入企业文化的建设中来。通过建立高效的社会责任信息沟通系统、开展有效的社会责任培训计划及建立可靠的社会责任保障系统等措施，可以提高旅游企业的社会责任意识和执行能力，从而形成强大的内部舆论压力，促使旅游企业自愿、主动地承担起应有的企业社会责任。

（二）旅游企业履行社会责任的他律行为

1. 提高社会公众对旅游企业社会责任的关注度

在西方国家，消费者和非政府组织是企业社会责任实施情况的监督者和推动者。在现实中，旅游消费者的态度会对旅游企业在企业社会责任方面的决策有很大的影响。而目前在我国，消费者对企业缺乏社会责任感在心理和意识上是相当松弛的，许多人认为责任与企业没有关系，还没有形成对不履行社会责任的企业的舆论氛围。因此，需要对旅游消费者进行旅游企业社会责任意识的推广，让他们认识到旅游企业不履行企业社会责任是一种不道德的、有害的甚至是欺骗的行为，由于旅游消费者在经济条件和受教育程度方面较好，有一定精神方面的追求，所以更容易引导，形成一种有效的舆论氛围。当这种强大的社会舆论形成时，就会对旅游企业形成一定的压力，促使

---

① 陈迅，韩亚琴. 企业社会责任分级模型及其应用 [J]. 中国工业经济，2005（9）：104.

旅游企业更好地履行企业社会责任。

2. 加强政府对旅游企业的监督管理，注重发挥政府的积极引导作用

我国旅游业的真正发展是在改革开放之后，有关旅游业的法律、法规还不是十分健全，截至目前还没有出台明确的旅游基本法来调节旅游业中的各种关系。尽管旅游业的各行业都有自己相关的法律、法规，但由于政企不分、旅游市场不规范等原因，造成旅游执法部门监督不严、执法不力，这就使得一些旅游企业出现了违规经营的行为。因此要使旅游企业能够更好地履行其社会责任，一方面必须加强政府对旅游企业的监督管理，进一步完善旅游业的法律、法规，加大对旅游企业经营人员的违规监管力度，对那些违反相关法规条例和社会伦理规范的旅游企业及其管理人员，要严格追究其责任；另一方面政府可以制订一些引导性的政策措施，通过经济手段奖励和引导旅游企业承担社会责任的行为。政府可以通过税收优惠、财政扶持、市场机遇、政府表彰等措施来减轻旅游企业承担社会责任的经济压力，解除其后顾之忧。

3. 加强旅游行业协会的监管职能

现代社会已经从传统的"个体—国家"二元社会结构模式转变为"个体—社会中间层—国家"的三元模式，社会中间层是致力于增进社会福利和促进社会改善，但不以自身营利为目的的团体行动组织，它在国家经济和社会生活中发挥着越来越重要的作用。同时，随着政府机构改革的深入，旅游行政机关的管理职能要发生改变，旅游行政机关将更多地从事宏观管理工作，因此，政府应鼓励和支持旅游行业协会的发展，旅游行业协会也要加强自身和行规的建设，提高自身的管理水平、公信力和影响力，充分发挥旅游行业协会作为政府和旅游企业之间的桥梁，向政府传达旅游企业的共同要求，同时协助政府制定和实施行业发展规划、产业政策、行政法规及其他相关法律的沟通职能；充分发挥旅游行业协会制订并执行行规和各类服务标准，协调同行业企业之间的经营行为的协调职能；充分发挥旅游行业协会对本行业产品和服务质量、竞争手段、经营作风进行严格监督，维护行业信誉，鼓励公平竞争，打击违法、违规行为的监督职能；充分发挥旅游行业协

会对旅游企业社会责任履行方面的教育职能，使之成为旅游企业社会责任的监督者。

4. 加强新闻舆论的导向和监督作用

社会舆论的监督管理对旅游企业的经营行为和社会责任的承担也有着一定的影响力，尤其是信息技术和互联网的发展，新闻媒体和社会公众的舆论监督作用日益增大。新闻媒体首先应加大对旅游企业社会责任的宣传和引导工作，目前许多电视报纸杂志等开办了旅游节目或旅游专栏，目的在于提供旅游咨询服务、引导旅游消费、培育旅游市场，起到了对旅游市场积极宣传的作用；在监督方面，新闻媒体要追踪曝光一些置社会责任于不顾、一味追求利润最大化的违规操作的旅游企业，让它们承担因此而造成的损失，这也是从反面对主动承担企业社会责任的肯定和褒奖，起到了对旅游企业履行社会责任的导向作用。

第七章

跨界与整合

第一节　旅游业与相关产业的互动与整合①

一、引言

旅游业与相关产业或行业（如农业、工业、商业、交通、城建、文化、教育等）的关联度大，联系紧密。旅游业对相关产业有巨大的拉动作用，相关产业对旅游业具有极大的推动作用，二者相互作用，协调发展，由此形成了大旅游视野下的产业互动与整合。

发展大旅游，应注重产业之间的整合或融合，研究旅游业与相关产业的互动关系及产业整合，应建立以旅游业为中心的大旅游视野下的产业互动与整合模型。

二、大旅游视野下的产业互动与整合的概念体系

（一）旅游业与相关产业

1. 旅游业的界定

（1）旅游业的消费性定义。旅游活动的主体特征是消费（包括物质消费和精神消费），因而旅游业的消费性定义是从旅游者消费物质产品和服

---

① 本节原载《商场现代化》2005 年 10 月 25 日。

务的角度定义的。1971 年联合国旅游大会最早定义："旅游业是指为满足国际国内旅游者消费，提供各种产品和服务的工商企业的总和。"鲍威尔在 1978 年提出："旅游业包含了产业和满足社会需要的双重责任，其生产包括满足旅游者需求和旅游经历的各种服务的要素。"勒帕尔也于 1979 年提出"旅游业包括一切为满足旅游者需求的各种公司、组织和旅游设施"。田里在其主编的《现代旅游学导论》中提出："旅游业是为旅游者进行旅行游览活动提供各种产品和服务而收取费用的行业，它以旅游资源为凭借，以旅游设施为物质条件，为旅游者提供各种商业和劳务服务的一系列相关联的行业。"

（2）旅游业的功能性定义。旅游业的"功能性"定义是强调从旅游供给角度，即按照向旅游者提供产品和服务的程度来定义旅游业。日本学者土井厚提出："旅游业是为国内外旅游者服务的一系列相互有关的行业。旅游关联到旅客、旅行方式、膳宿供应设施和其他各种事物。"我国学者刘伟、朱玉槐认为："广义的旅游业是指以旅游资源为凭借，以旅游设施为条件，为人们的旅行游览提供服务，从中取得经济效益的所有行业和部门，包括旅馆业、旅行社业、交通运输业、轻工业、商业、邮电通讯、金融保险业和餐饮业等。"

2. 相关产业的界定

本章的相关产业是指所有为旅游者提供各种满足旅游消费需求的服务和投入品的行业，为旅游行业直接提供物质、文化、信息、人力、智力服务及支撑的行业部门，不但包括第三产业的许多行业和部门，还包括与旅游业密切相关、为旅游业提供物质或非物质供应和支撑的第一产业和第二产业的众多行业和部门。据 1992 年公布的国民经济核算表的分类，这些行业和部门有：第一产业属于大农业范畴的农、林、牧、副、渔的相关部分；属于第二产业的各类制造业和建筑业等的相关部分；属于第三产业的各类运输业、教育娱乐、邮电通信、公共服务、居民服务、饮食、零售、金融保险、信息咨询、卫生、体育、文化艺术等的相关部分，以及国家机关的相关部门，如旅游行政管理、海关、边检等。旅游业和与旅游业紧密结合的相关产业共同构成了大旅游的产业集群。

3. 旅游业与相关产业的关系

一个国家或地区的旅游业，在发展之初，主要依赖其自然禀赋和历史文化遗产，旅游经济相对于整个社会经济而言有相当高的游离性。随着量的积累，旅游业与相关产业的相互影响越来越多，当旅游业发展到一定程度，就不再是一个简单的、高度独立的行业，而是一个与诸多产业密切相关的行业。旅游经济产业在长期的发展过程中已形成了自己的主体部门和产业结构体系。旅游业内涵和外延也随着旅游经济的发展而发展变化，进而形成了旅游产业。旅游产业不是严格意义上的"生产相同产品的单个企业的集合"，而是各个其他产业中某一部分产品或劳务的多重"集合"。

旅游业与相关产业之间会产生乘数效应。乘数概念在现代经济学中用于分析经济活动中某一变量的增减所引起的经济总量变化的连锁反应程度。一种经济量的变化，可以导致其他经济量相应的变化。这种变化是连续的并且是发展着的，最终可达到成倍于最初经济量变化的结果。几次变化所产生的最终总效应，称为乘数效应。研究这种经济量之间连续变化的比率关系，称为乘数理论，经济活动中之所以会产生乘数效应，是因为各经济部门在经营中是互相关联的。乘数效应用于说明旅游业与相关产业之间的关联效应，可以推断旅游业与相关产业之间的关联度大小，是一种判断产业之间关联度大小的经济函数。

（二）旅游产业整合的有关概念

整合，即保持系统的整体性和协调性。在产业经济学上，整合是指产业的整体化和形成合力，它以分工为基础，以专业化为重要内容，以协作和联合为主导，包括内部的组织性和组织化程度的提高，外部的协调性和协调化程度的提高，还有内部和外部的层次性的增加与提高，以及结构的优化和升级等。它同时涉及产业组织改造和产业结构调整，以产业的市场组织为基础，把组织改造和结构调整结合起来提升产业竞争力。旅游产业整合从属于上述的产业整合概念。从静态的角度看，旅游产业整合是指产业通过结构调整和组织改造，在市场经济条件下，进行资源优化配置，从而形成产业的发展合力和产业竞争优势，并最终达到的结果与状态，它是旅游产业发展的终极目标。而从动态的角度来看，旅游产业整合是指达到上述结果和状态的一个过程。旅游业与相关产业整合指的是，在大旅游的行业领域内，与旅游业相关联的不同的行业和机构为了使以旅游业为中心形成一种向心力和凝聚力所进行的整合。

三、大旅游视野下的产业互动与整合理论支持体系

（一）区域产业结构优化理论

区域产业结构优化是指按一定标准划分的有限空间范围内的产业结构，是一个推动区域产业结构合理化和高级化发展的过程，是实现区域产业结构与资源供给结构、技术结构、需求结构相适应的一种状态。

实践证明，区域产业结构优化对于一个地区的经济发展是至关重要的，是一个地区经济增长的重要保证，是地区经济发展的重要方面。其有利于发挥地区优势，有利于产业的统筹协调发展和区域内部的统筹协调发展，使相关产业增加附加值，对提高区域发展水平、形成区际间经济良性互动、促进区域经济发展具有重要意义。要实现区域经济持续、快速、健康、协调发展，必然要求地区产业结构良性演变，并努力促进区域产业结构的优化。

为实现区域产业结构优化，可以把旅游业调整为优先发展的产业，以旅游业带动其他产业发展。以宜昌为例，"旅游兴市"使宜昌一举成名，宜昌把旅游业作为优先发展的产业，其他各产业同时也得到了迅速的发展，通过产业结构调整，宜昌旅游业的带动作用和区域产业关联的扩散作用使之迅速成为湖北省、长江三峡地区的区域经济中心和增长极。

（二）旅游可持续发展理论

旅游可持续发展是指满足当代人旅游需求的同时，不损害人类后代为满足其旅游需求而进行旅游开发的可能性。它从纵向的时间维的角度定义旅游可持续发展，此种定义考虑的是代际关系。"大三峡旅游经济圈"的区域整合考虑的是区际关系旅游整合问题，它从横向的空间维的角度研究跨区域旅

游整合。旅游可持续发展应该综合考虑代际关系和区际关系双重协调问题。可持续发展中区际关系内涵分为宏观、中观和微观三个层面：宏观区际关系指国际关系，中观区际关系指一个国家内部各大区域之间的关系，微观区际关系指国家内部大区域之中的小区域之间的关系。旅游可持续发展研究的是"微观"区际关系中的区域产业问题，协调和优化区域产业发展。

（三）科学的旅游发展论

旅游业发展及区域旅游的整体发展应树立和落实科学的旅游发展观，即坚持以人为本，树立全面、协调、可持续发展观，促进旅游业的健康发展。

坚持"全面、协调"的旅游发展观，就是要把旅游作为"统筹城乡发展、统筹区域发展、统筹经济社会发展、统筹人与自然和谐发展、统筹国内发展和对外开放"的最佳载体和重要的动力产业来发展。

上述的"统筹区域发展"就是在旅游区域一体化思想的指导下，因地制宜地发展旅游业，坚持"大旅游、大市场、大产业"的发展思路。这里涉及"统筹、协调、整合"的科学的发展观的理论与实践，重点解决的是"产业"实践问题，最重要的是"统筹区域产业发展"，即根据旅游业综合性的特点，注重与相关产业的互动整合。因此，发展旅游支柱产业应持"大旅游"的观念，"大产业"意识，构建"大旅游"产业发展规划，构筑发展旅游支柱产业的支撑体系。通过区域产业整合达到促进、优化产业结构的目的，使之具有区域竞争优势和产业竞争力。

四、以旅游业为中心的产业互动与整合模型构建

旅游业与农业、工业、商业、交通运输业、城市建设、文化产业、教育业的互动，分别产生了农业旅游与旅游农业、工业旅游与旅游工业、商贸旅游与旅游商贸、交通旅游与旅游交通、城市旅游与旅游城市、文化旅游与旅游文化、教育旅游与旅游教育等的相互关系，其关系模型如图7-1所示。

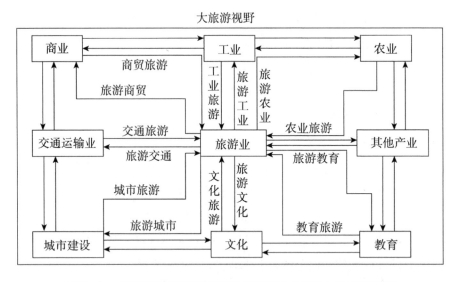

图7-1　大旅游视野下的旅游业和相关产业的互动与整合模型图

第二节　大旅游产业整合①

一、大旅游产业的大产业链内涵

大旅游产业的大产业链，是通过产业整合和延长产业链，以旅游业带动农业、工业、商业、交通、城建、文化、教育等相关产业或相关组织机构的发展，并促进传统产业升级。大旅游的产业整合不仅包括旅游业和与其直接相关的交通、通信、商贸等服务业的整合，而更强调提高旅游业与地方传统一、二产业的关联度。虽然建立大产业链已是旅游界的共识，旅游业的发展因其旅游乘数效应也会对传统产业起关联带动作用，但在旅游产业规划中往往是就旅游来谈旅游，对与旅游业直接相关产业的内在联系关注较多，而对

---

① 本节原载《商场现代化》2006年10月10日。

于通过旅游业发展带动地方传统产业升级的具体操作探讨较少，缺少旅游业
与当地产业优化升级的组织规划。而"大旅游"强调通过"大产业链"，同
时满足游客、供给者、旅游地居民、政府部门、组织机构等多方利益和福
利，更符合全面实现和谐社会、小康社会等战略目标。

旅游业包括"食、宿、行、游、购、娱"六要素，产业链条很长，如果
能将这六个要素整合起来，通过各类企业间的并购，形成一个完整的链条，
为旅游者提供一条龙服务，可使旅游者在旅游的过程中享受到更多的方便、
快捷与舒适，并且强有力的产业链条也是阻挡国外企业竞争的有力武器。也
可以进行混合并购，即旅游企业与非旅游企业之间的并购。旅游企业通过外
部扩张战略，可以开发高度多样化的产品与服务领域，完成大旅游产业的大
产业链的整合。

二、大旅游产业整合的两个层面

（一）宏观层面

从宏观层面看，旅游业与农业、工业、商业、交通运输业、城市建筑
业、文化产业、教育业、政府机构、旅游组织或协会等产业或部门机构之间
有紧密的联系，这种关联性要求每个产业不可能独立发展，必须以一定的形
式结合从而达成一定的对话或合作。如建立区域旅游产业发展的合作委员
会，以提供一个相互对话的发展平台；组织旅游产业发展的年度会议及论
坛，邀请当地的科研教育机构的旅游专家或学者、当地旅游行业的带头企
业、政府负责旅游发展的官员、旅游行业协会的主要负责人、与旅游业相关
的产业领袖等人员参加，这些当地的旅游精英汇集在一起，势必为当地旅游
产业的整合与发展注入强大的智力支持。

（二）微观层面

从微观层面上看，旅游产业链所形成的产业集聚现象，已经为旅游产业
的整合提供了一个很好的发展模式。所谓产业集聚（波特，竞争论），简单
地说，就是在一个适当大的区域范围内，生产某种产品的若干个同类企业、
为这些企业配套的上下游企业，以及相关的服务业，高密度地聚集在一起。

与此相对应的英文是 cluster，产业集聚发展后可以形成产业集群，含义略有加深。产业集聚大体上具有三个显著特点。一是产业集聚区内生产和销售的规模很大，在全国同类产品中占有较大份额。二是产业集聚使专业化分工以一种独特的方式获得了空前发展。这里强调分工和高强度的专业化。三是分工深化大大降低了生产和交易成本。通过产业集聚，从而形成区域的竞争优势。波特教授在《国家竞争优势》一文中提出钻石理论，即当产业集聚与产业竞争力（竞争优势）的关联度显著提高以后，对一个地区来说，如何促进当地的产业集聚，就成为产业和整个经济发展的基本问题。而在王缉慈教授提出的地方产业集群中又为地方旅游的产业集聚和集群发展提供了一个产业整合的创新。她指出，地方产业集群或地方企业集群正在推动世界各地的经济增长，在竞争日趋激烈的全球经济中，企业需要建立密切的伙伴关系。通过伙伴关系的建立，促进信息流动和创造性思维的传递，使企业获得竞争优势。由客商、供应商、竞争者，以及诸如大学、专业学校、顾问团、政府等支持性机构所构成的集群会降低成本和促进创新。

所以，大旅游的产业整合指的是，在大旅游的行业领域内，与旅游业相关联的不同的企业和机构为了使以旅游业为中心形成一种向心力和凝聚力所进行的整合。这涵盖了宏观层面和微观层面两个方面。

三、大旅游产业整合——以江西九江为例

就发展大旅游产业的理论层面而言，就是要立足于一个城市或地区产业的全景视野与战略高度，全力打造以旅游业为中心、带动相关产业和其他部门全面发展的社会经济体系；就发展大旅游产业的操作层面而言，就是要构建一个"以一业兴百业"即"旅游兴，百业旺"的区域产业的整体发展格局，也就是九江市委、市政府提出的"以大开放推进大旅游"发展战略的终极目标。九江在做大做强旅游业，促进旅游业与相关产业的互动和整合方面取得了显著的成绩，并在旅游的产业整合上做出了开发规划。

（一）旅游与农业的整合

经过多年的开发建设，全市已涌现出彭泽县天红镇乌龙村、庐山市白鹿

镇秀峰村、庐山市海会镇、永修县柘林镇等一批以旅游服务为主的村镇，带动当地农民脱贫致富，其中乌龙村成为全国"旅游促进发展"的先进典范。九江已经成功创建了全国首批工农业旅游示范点"共青城生态农业旅游示范基地"，并拥有2处国家自然保护区和6处国家森林公园。2005年是"中国乡村旅游"主题活动年，制定了具体的实施方案，指导、督促各县区编制项目和编排线路。全市已经报送项目24个，线路36条，其中濂溪区莲花洞"农家乐"和石门洞"农家一日游"、庐山市桃花源田园风光和"三石"特色餐饮、湖口县天山珠海茶园、永修县吴城古镇、武宁县平尧生态农庄等项目已经初具规模，并选定部分项目和线路作为全省重点予以扶持。预计在一个不很长的时间段内，九江旅游与农业的相互促进将会出现一个崭新的局面。

（二）旅游与工业的整合

在发展工业旅游方面，九江组织了游客参观共青"鸭鸭"羽绒厂成衣制作车间和啤酒厂罐装车间，但效果不理想。根据九江大工业日新月异的发展趋势，可在市区旅游产品体系中增加现代工业观光内容，初步拟定将昌河汽车城、九江石化城列入市区观光旅游线路，优化厂区环境，辟设具有观赏性的参观项目，完成配套服务设施。同时，指导湖口县金沙湾工业园区、庐山市思格瑞有限公司、永修县星火化工厂等创造条件，纳入当地旅游线路。

（三）旅游业与商业的整合

在发展商务旅游方面，九江也取得了初步成效。庐山市天沐温泉度假村已经成为周边地区商务旅游的热点。鄱阳湖与桃花岭自然保护区、庐山植物园等单位多次举办国内外湿地、候鸟、梅花鹿、珍稀植物等方面的学术交流活动。市商管办正在编制九江市区商业网点总体规划，其中包括旅游购物一条街、旅游餐饮一条街等重要内容。虽然九江市具有丰富的学术会议资源，但由于缺乏举办国际性大型会议的硬件设施，再加上缺乏专业策划机构，目前条件尚未成熟。旅游产品开发和商品市场建设正式启动，旅游系统通过调研，已选定100多个小商品样品，并聘请广告公司对旅游商品进行初步的包装设计和策划。旅游商品展示中心已在市抗洪广场筹建，2006年2月底对外营业，新的旅游商品市场选址工作也已完成。

（四）旅游业与交通业的整合

在旅游与交通方面，九江市区的旅游交通功能和旅游配套设施进一步完善，游客高峰期间火车票务供给问题基本解决。统一制作了旅游车辆专用标识，出台了旅游车辆进城的优惠政策，并在市区增设旅游交通专线，招投标工作即将开始。

（五）旅游业与城市建设的整合

九江城市建设与旅游发展的有机结合已经达到了较为成熟的程度，在开始实施的大城市建设的主要项目中，滨江生态景观园、龙开故道旅游带、胜利碑及广场与公园等自身就属于旅游项目，南湖休闲广场、鹤问湖新区及水上运动中心、国际会展中心、国际体育中心、文化艺术中心和博物馆等项目均具有观光型和参与性的旅游功能。

（六）旅游业与文化产业的整合

庐山成功申报"世界文化景观"，标志着九江文化旅游与旅游文化的重大进步。在全市八大旅游产品系列中，历史、文化和名人占了重要的比例。陶渊明的《桃花源记》、李白的《望庐山瀑布》、白居易的《咏大林寺桃花》、苏轼的《石钟山记》、周敦颐的《爱莲说》等历代名篇佳作，成为九江文化旅游产品的重要构成。下一步，将会同文化、宗教、园林等部门，着力打造"庐山世界文化景观游""浔阳古韵文化游"两大品牌，推动九江文化旅游的繁荣兴旺。

（七）旅游业与教育业的整合

九江市政府成立了构建大旅游推进小组，定期研究旅游业发展中的问题，加强旅游市场管理，全面开展了导游免费培训工作，出版发行了《中国九江导游词》等。

在旅游教育方面，九江学院旅游学院主要培养应用方面的旅游专业人才，并承担了九江旅游企业的服务人员的培训工作，充分发挥学校教育的主导作用，在大学里开设了"庐山旅游文化""九江名人与旅游"等选修课程，使学生增加旅游知识和增强旅游意识。《九江日报》准备开设周末旅游版，通过多种旅游宣传教育形式逐步影响整个地区公民，让每一个人都懂得旅游知识。

第八章

文化旅游创意

第一节 文化旅游创意产业发展战略①

一、引言

创意产业概念的起源要追溯到 1912 年著名经济学家约瑟夫·熊彼特（Joseph Schum – peter）对创新理论的解释——经济发展需要"创造性的破坏过程"，即不断破坏旧的并不断创造新的。"创意产业"（Creative Industries）的概念在《英国创意产业路径文件》中首次正式提出："源自个人创意、技巧及才华，通过知识产权的开发和运用，具有创造财富和就业潜力的行业。""创意产业"为产品或者服务提供了实用价值之外的文化附加值，最终提升了产品的经济价值，其产业范围主要包括广告、建筑、艺术品和古董市场、手工艺、设计、时装设计、电影、互动休闲软件、音乐、表演艺术、出版、软件、电视和广播等行业，其发展汇集了文化、经济、传媒、空间等众多影响因素。

文化创意产业已经成为一种新的经济现象迅速兴起，进入 21 世纪以来，世界上发达国家的文化创意产业在其经济中占的比重越来越大（见表 8 – 1）。

---

① 本节原载《城市发展研究》2012 年 1 月 26 日。

创意产业之父，英国著名经济学家约翰·霍金斯预测，到2020年，全球创意产业创造的产值将达到8000亿美元。全球化的发展浪潮，促使创意产业成为我国各地区经济的新引擎，尤其是香港和台湾地区，文化创意产业迅猛发展，北京、上海、深圳、广州等地文化创意产业也得到快速发展，已经成为其支柱产业。

表8-1 部分国家、地区或城市创意产业发展现状比较

地区	产业定义	年份	产业增加值	产业占GDP比重（%）	产业年增长率/GDP年增长率	产业就业率
美国	版权产业	2002	12500亿美元	12	3.19%/1.39%（1997—2001）（核心版权产业就业增长率）	1147万人（8.41%）
加拿大	版权产业	2002	534.08亿美元	5.38	版权产业的就业增长率是整个就业增长率的三倍多	近90万人
澳大利亚	版权产业	1999—2000	192亿美元	3.3	5.7%/4.85%（1996—2000）	34.5万人（3.8%）
英国	创意产业	2001	1125亿英镑	>5	9%/2.8%（1997—2001）	130万人
新西兰	创意产业	2000—2001	35.26亿新西兰币	3.1	——	4.9万人（3.6%）
新加坡	创意产业	2000	50亿美元	3.2	17.2%/10.5%（1986—2000）	7.9万人（3.8%）
香港	创意产业	2001	461.01亿港元	3.8	——	5.3%
伦敦	创意产业	2002	260亿英镑	——	11.4%（1995—2000）	52.5万人
台湾	创意产业	2000	7020亿台币	5.9	10.1%（1998—2000）	33.75万人（3.56%）

数据来源：2003年《香港创意产业基础研究》及相关国家研究报告。

鄱阳湖生态经济区以鄱阳湖为核心，以环鄱阳湖城市群为依托，已上升为国家发展战略。环鄱阳湖城市群是中部地区第五个城市群，由环绕鄱阳湖的城市组成，包括南昌、九江、景德镇、鹰潭、上饶、抚州、新余、吉安、宜春的部分县（市、区），共38个县（市、区）。据统计，环鄱阳湖城市群文化创意产业规模不断扩大，产值突飞猛进，文化创意产业集聚态势明显，已成为产业发展的主导，文化创意产业呈现出前所未有的发展前景，应充分发挥文化创意产业优势，把文化创意产业做大做强。

二、环鄱阳湖城市群文化创意产业发展基础

鄱阳湖生态经济区人文底蕴深厚，文化创意资源丰富且具有特色，有传统商业文化、陶瓷文化、铜文化、民俗文化、戏曲文化、展示文化、饮食文化等多个系列，红色文化、儒家文化、书院文化、宗教文化拥有多处代表古都文明的物质、非物质文化遗产。其主要特色文化创意资源有丰富多彩的红色文化旅游资源，博大精深的陶瓷文化艺术和世界级的陶瓷文化旅游资源，高品位的采茶戏、青阳腔、赣剧、傩舞、山歌、灯彩等民间艺术。

这些底蕴深厚、独具魅力的文化资源为文化创意产业的发展奠定了坚实的基础，成为鄱阳湖生态经济区发展文化创意产业得天独厚的优势。

三、环鄱阳湖城市群文化创意产业发展态势

环鄱阳湖城市群将积极推动文艺演出、娱乐休闲、文化旅游等传统文化产业及软件信息服务业、数字广播影视业、数字动漫业、数字媒体与出版、数字艺术典藏、数字影音、数据服务业、远程教育、网络内容增值服务和移动内容增值服务等产业发展，形成区域差异化的核心竞争力；推动关联产品、衍生产品的商业化开发，通过产业链延伸，带动高端产业的规模化经营。将在文艺、教育、广电、出版等相关产业链的决策、组织、制作、发行、培训等环节形成竞争优势。充分利用全省各地创意园、动漫产业园、影视基地、设计平台等发展基础，促进和引导产业链条式发展，尽快形成产业链条长、集中度高、专业化水平高、科技含量高的产业集群。环鄱阳湖城市

群文化创意产业呈现文化艺术传媒、创意产业设计、软件及服务外包和动漫四大产业发展态势（见表 8－2）。

表 8－2 环鄱阳湖城市群主要文化创意产业发展态势

产业名称	依托城市	发展重点
文化艺术传媒产业	南昌、景德镇、九江、抚州	文化艺术传媒、演出、文化创意产品和服务为核心的多元产业链
创意产业设计产业	南昌、九江、景德镇、新余	工业设计、广告设计，大力发展建筑设计、工程设计、平面设计、工艺美术设计，积极培育服饰设计、咨询策划
软件及服务外包产业	南昌	网络平台软件、数字媒体软件、嵌入式软件、行业应用软件及软件产业关联产品，形成具有独特优势的软件产业集群
动漫产业	南昌、九江、新余	动漫游戏、图书、报刊、音像、玩具、服装、演出等衍生产品

资料来源：江西省十大战略性新兴产业（文化及创意）发展规划（2009—2015）。

四、环鄱阳湖城市群文化创意产业发展布局

（一）文化创意产业基地（园区）布局

环鄱阳湖城市群将重点打造"4＋4"文化创意基地（创意区）：南昌、九江、景德镇、抚州四市文化创意产业基地，以及新余、鹰潭、上饶、宜春等城市的文化创意区（见表 8－3）。

表 8－3 环鄱阳湖城市群主要城市文化创意产业基地（园区）汇总

依托城市区	文化创意产业基地名称
南昌	南昌市综合创意产业基地
南昌	南昌市传统书画艺术创意基地
南昌市红谷滩新区	南昌市红谷滩新区江西慧谷·红谷创意产业园
南昌市高新区	泰豪动漫产业园

续表

依托城市区	文化创意产业基地名称
南昌	昌西—大城文化产业园
南昌进贤文港镇	南昌进贤文港镇的天下第一笔庄文化产业园
南昌	LOFT699 创意天地文化产业园
南昌	"八大山人" 文化产业园
南昌	康庄文化旅游主题公园
九江庐山市	鄱阳湖文化旅游园
九江共青城	九江共青城影视创意产业园
九江修水	九江的黄庭坚文化旅游景区
景德镇	景德镇陶瓷艺术创意基地
抚州	中国·抚州油画艺术创意产业园
抚州	《牡丹亭》影视创意基地
新余	新余的天工开物城
鹰潭	鹰潭的龙虎山水浒主体公园
上饶	婺源文化旅游产业园
宜春	高安"大城—昌西"文化产业园
宜春	"天工开物" 文化产业园

资料来源：2010 年和 2011 年江西文化工作要点。

依托此八大中心城区，建设科技、金融、信息、物流、生活等相关服务配套基础设施，重点发展教育培训、博览旅游中心、金融中心、信息中心、物流中心和居住社区，着力打造集生产、商务、教育、生活、娱乐为一体的环鄱阳湖城市群文化创意产业布局。

（二）文化创意产业集群布局

根据资源优势、比较差异原则及集群化发展战略，环鄱阳湖城市群将重点布局和发展高新技术创意产业群、陶瓷艺术创意产业群、红色旅游创意产业群和民间艺术创意产业群等（见表 8 - 4）。

表 8-4 环鄱阳湖城市群文化创意产业集群布局及发展重点

主要城市	集群名称	集群战略与描述	空间布局模式
上饶（婺源、铅山县）、九江（庐山市）、南昌（进贤县）	"中国文房四宝"产业集群	精心策划，立体宣传中国四大名砚之一的婺源龙尾砚、星子金星砚、"华夏笔都"进贤文港毛笔、铅山连四纸、婺源徽墨等传统文化名品，不断扩大传统文化产品影响力和市场占有率，使"中国文房四宝"这一品牌走俏全国，走向世界	婺源龙尾砚、星子金星砚、"华夏笔都"进贤文港毛笔、铅山连四纸、婺源徽墨等
南昌	高新技术创意产业群	依托南昌大学，采用校区依赖型，建设集科研、教育、居住、娱乐于一体的国际化科技创意园区，其产业项目主要涉及动漫制作、软件开发、设计和信息中介服务等新兴产业等	政府新规划建设的创意产业园，位于南昌市大学城中心区域
景德镇、南昌、抚州、吉安	陶瓷艺术创意产业群	增长极发展战略，以景德镇"世界瓷都"为增长极，采用校区依赖型，依托景德镇陶瓷学院和省市陶瓷研究所着力打造景德镇陶瓷艺术创意产业基地，	在各市重点建设陶瓷研发设计集聚区、陶瓷旅游集聚区、陶瓷文化交流集聚区、会展集聚区和景德镇陶瓷工业园
井冈山	红色旅游创意产业群	点轴发展战略，依托当地革命旧址、故居和纪念馆，以旧区改造型和新区规划型为主	以井冈山为龙头，着力构建南昌—井冈山主轴，着重建设井冈山博物馆和八一南昌起义纪念馆
抚州、宜春、九江、吉安、上饶等	民间艺术创意产业群	以傩文化为代表，主要包括傩舞、傩戏、傩俗、傩面具、傩庙等，是传统文化中多元宗教、多样民俗和多种艺术相融合的聚合型文化形态	在南丰、婺源等傩文化重点流行区域和傩文艺人才集中地区成立傩文化保护与开发组织，建立傩文化创意产业园

资料来源：2011 年江西文化工作要点；曾光，林姗姗. 创意产业发展的空间布局研究：以江西省为例 [J]. 井冈山大学学报（社会科学版），2010，31（2）：71-75.

五、环鄱阳湖城市群文化创意产业发展对策

（一）将文化创意产业纳入支柱产业发展规划并予以战略扶持

文化创意产业属于知识密集型新兴产业，具有高知识性、高附加值和强融合性等特点，是具有创造财富、就业潜力、高生产率和增长率的产业，代表未来产业发展方向。鄱阳湖生态经济区创意资源丰富，建议将文化创意产业纳入鄱阳湖生态经济区支柱产业发展规划并予以战略扶持，成立创意产业发展领导小组，统筹制定环鄱阳湖城市群文化创意产业发展规划。

（二）统筹规划创意产业基地（园区）和建设公共服务平台

聚集区是文化创意产业发展的主要空间载体。在创意产业发展中要重视基地（园区）建设，促进产业集聚，充分依靠现有高校园区、开发区、革命旧址等资源，创建有特色的创意产业功能区，支持有条件的创意产业基地申报省级甚至国家级产业基地。建设公共服务平台，为文化创意企业提供信息服务、金融服务、品牌和市场推广、成果展示和交易、版权评估、创意设计培训和辅导等服务，营造良好的产业生态环境。

（三）加大政策扶持力度

政府顶层设计，出台鼓励文化及创意产业发展的各项政策，重点扶持一批有自主知识产权的企业和项目，鼓励企业和个人的文化创意活动、专利申请、商标注册、软件著作权登记，降低市场准入条件，拓宽准入领域，支持鼓励和引导非公有资本进入文化创意产业。

（四）发展特色文化创意产业

发展鄱阳湖生态经济区特色文化创意产业，依托景德镇的陶瓷文化优势，发展景德镇陶瓷文化创意产业；深入挖掘红色文化价值，发展红色文化创意产业；以鄱阳湖生态经济区建设为契机，发展生态文化创意产业；以赣傩文化为代表，发展民间艺术创意产业。

（五）优化文化创意产业法制环境，创新理念，大力培育和引进创意人才

针对产业立法滞后、知识产权保护不力、盗版猖獗、创意氛围缺失和创

意不够等一系列问题，首先，要加强立法、执法力度，规范企业生产、行业创造和市场流通。其次，立法要与国际接轨，为产业走向国家化提供强有力的法制后盾，为文化创意产业的企业国际竞争力的提升增加砝码，最后，依托江西多所品牌高校的教育资源和文化氛围，对法制人员有针对性地进行产业素质培训。另外，政府和企业乃至个人都要注重创意研发，深入创意理念和创意宣传，政府企业要培育创意人才，个人也要积极上进为产业发展做出贡献。

培育创意人才，一方面可以依托高校教育、专业教育和科研机构培养人才，支持高等院校设立文化创意相关专业，建立产、学、研一体的文化创意产业人才培训基地，注重本土创意人才的培养，景德镇陶瓷学院、南昌大学、江西师范大学、江西财经大学、九江学院和井冈山大学等江西有实力的高校都开设了相关专业，为文化创意产业培养输送专业人才；另一方面要营造有利环境，加大复合型创意人才的培养和引进力度。在推进文化创意产业发展过程中，要努力做到培养和引进并重，注重加强与国外教学机构的合作交流，省委宣传部已与美国、英国、德国的多所大学进行合作，相继开办了文化创意产业经营管理人才、新闻宣传人才等多期培训班，逐步建立起教育培训和岗位实践相结合的文化创意人才培养机制。

（六）鼓励国内外交流，大力引资引智

鼓励支持举办各类大型文化创意活动，设立高校文化创意产业相关专业，建立人才互相交流平台，推动与国际、国内广泛对话与交流。利用鄱阳湖生态经济区商务成本低的优势，辅以优惠政策，大力引资引智，吸引国内外知名的企业及高端人才，发挥创意园区的集聚和引爆效果，吸引国际知名创意企业在南昌等地设立机构。

（七）以文化创意产业整合和提升文化休闲旅游业

鄱阳湖生态经济区是一个旅游资源大区，具有良好的生态资源和丰富的地域文化资源，建设旅游强区必须走创意之路，通过创意产业来整合红色文化资源、陶瓷文化资源、民间艺术文化资源等，以增强旅游的文化内涵、情感诉求和体验性，提升鄱阳湖生态经济区旅游产业的竞争力。第一，以创意保护和开发旅游资源尤其是文化旅游资源，使静态旅游资源动态化和现代化。如在旅游景点的设计中增添情景内容，生动再现历史。第二，通过创意性主题活动提升品牌知名度。可以聘请全国著名导演策划《印象·鄱阳湖》《印象·庐山》《印象·井冈山》等，将全国红歌会、民歌与实景演出融为一体，使全国爱国主义基地建设与生态旅游、民俗旅游紧密结合，进一步提升文化内涵和文化品位。第三，在文化旅游产品设计与营销方面突出创意元素，设计高品位、上档次和有特色的文化创意旅游产品，并突出地方特色文化。大力开发创意营销，开发设计出与时俱进、消费者喜闻乐见的营销宣传方式。

第二节　文化旅游创意产业发展政策①

一、引言

创意经济浪潮正波及全球，一些国家和地区纷纷把发展文化创意产业作为重要战略决策。文化创意产业在中国也迅猛发展，并且大多依靠政府的强大推动，政府政策起到最重要的作用。

文化创意产业发端于英国，英国也是最早明确提出创意产业（Creative Industries）概念的国家。"创意产业"为产品或者服务提供了实用价值之外的文化附加值，最终提升了产品的经济价值，其产业范围主要包括广告、建筑、艺术品和古董市场、手工艺、设计、时装设计、电影、互动休闲软件、音乐、表演艺术、出版、软件、电视和广播等行业。其发展汇集了文化、经济、传媒、空间等众多影响因素。布莱尔政府为了重塑英国在发达资本主义国家中的核心竞争力，提升英国在国际中的整体实力，在1997年提出"新英国"计划，其主题就是要发展文化创意产业。根据英国经济学家、世界创

---

① 本节原载《九江学院学报》（自然科学版）2011年12月20日。

意产业之父约翰·霍金斯在《创意经济》（*The Creative Economy*）一书中的统计，目前全世界创意经济每天创造超过 220 亿美元的产值，并以 5% 的速度递增。在一些国家，增长的速度更快，美国达 14%，英国为 12%。文化创意产业在世界范围内迅猛发展，一些国家纷纷把发展本国文化创意产业作为重要战略决策。中国文化创意产业的发展略晚于英美等发达国家，但是"引擎、助推器、方兴未艾和如火如荼"常成为中国文化创意的喻体和定语，以此可窥见文化创意产业在中国发展的热潮。中国香港特别行政区力争成为亚洲乃至世界的"创意之都"，中国台湾有关部门于 2002 年 5 月以"文化创意产业发展计划"推动台湾文化创意产业的发展，上海、北京、深圳、长沙等也是文化创意产业发展的重点城市。

鄱阳湖生态经济区是已上升为国家发展战略的中国重要经济区，文化创意产业规模不断扩大，产值突飞猛进，已成为产业发展的主导，文化创意产业呈现出前所未有的发展前景。鄱阳湖生态经济区应充分发挥文化创意产业优势，把文化创意产业做大做强。在文化创意产业发展中，要加强政府政策的引导作用，实现文化创意产业的快速发展，以弥补市场失灵，有效配置资源，提升鄱阳湖生态经济区文化创意产业竞争力。

二、文化创意产业的内涵

文化创意产业对应英文 Creative Industries，直译为"创造性产业"，也被称为创意经济（Creative Economy），各国或各地区的称呼不同，在英国叫创意产业，在美国称为版权产业，在中国、日本、韩国等国家偏向于文化产业，欧盟等偏重于称内容产业等，没有本质上的区别。受英国影响，国际上比较通行的称呼是创意产业，我国上海就沿用英国的称呼，北京、台湾和香港使用文化创意产业的叫法，"文化创意产业"是国内较普遍认同的翻译方式。

三、文化创意产业政策内涵

文化创意产业政策是为指导和调节文化产业活动和经济利益所制定的规

则和措施。文化创意产业政策主要是对文化创意产业进行宏观管理，它并不具体干预创意产业组织的生产经营，而是通过计划和政策对创意产业组织进行诱导。具体做法包括：一是通过制定非指令性的创意产业发展中长期规划，明确发展目标和前景；二是通过各种政策措施和法规来诱导创意产业组织将其经营活动纳入创意产业发展的轨道，使创意产业政策的目标化为产业组织活动的内在要求。文化创意产业政策体系应包括的基本内容为：深化文化体制改革；扶持民营文化创意企业；推动文化创意产业集约化发展；建立公平竞争的文化市场机制；营造广阔的金融环境；提供优惠的财政税收政策。表8-5是部分国家和地区及经济学家对文化创意产业内涵及范畴的理解。

表8-5 部分国家、地区和经济学家对文化创意产业内涵及范畴比较

国家/地区/经济学家	内涵	范畴
英国	创意产业指源于个人创造性、技能与才干，通过开发和运用知识产权，具有创造财富和增加就业潜力的产业	包括广告、建筑、艺术品和古玩、工艺品、设计、时装、电影与录像、动漫、音乐、表演艺术、出版、软件与电脑服务、电视和广播等13个行业
英国经济学家、世界创意产业之父：约翰·霍金斯	产品都在知识产权法保护范围的产业，版权、专利、商标和设计这四个产业的总和构成了创意产业和创意经济	包括广告、建筑、艺术、工艺品、设计、时装、电影、音乐、表演艺术、出版、研发、软件、玩具和游戏（除视频游戏）、广播电视、视频游戏共15类典型行业
日本	有较高的创作性和创造性，较强的文化性和艺术性，其产品所具有的创造权和创作权作为知识产权而受到法律的保护	出版物、影像（包括电影、各类播放性节目等）、音乐和动漫等产品的制作以及流通相关的产业
韩国	与文化商品生产、流通、消费有关的产业	包括影视、广播、音像、游戏、动画、卡通形象、演出、美术、广告、出版印刷、建筑、摄影、创意设计、新闻、图书馆、博物馆、工艺品、民族服装、艺术文化教育、传统食品、多媒体影像软件、网络及其相关产业

国家/地区/经济学家	内涵	范畴
中国香港	2002 年采用英国关于"创意产业"的概念；2005 年采用了"文化创意产业"的名称	包括 11 大类，即广告，建筑，艺术品、古董及手工艺品，设计，数码娱乐，电影与录像，音乐，表演艺术，出版，软件及计算机服务，电视与电台
中国台湾	源自创意或文化积累，透过智慧财产的形式与运用，具有创造财富与就业机会潜力，并促进整体生活提升之行业	包括 13 大类，即出版、电影与录像（包括动漫画）、工艺品、古董、广播、电视、表演艺术（音乐、戏剧、舞蹈、传统表演与剧团等）、社会教育服务（博物馆、画廊及文化设施）、广告、设计、建筑（包括设计、出版）、软件及数码游戏、创意生活产业（如茶馆及婚纱摄影）等

资料来源：根据相关资料汇总。

四、鄱阳湖生态经济区文化创意产业政策现状

为推进江西文化及创意产业发展，江西省委、省政府已出台《科技创新"六个一"工程十大战略性新兴产业发展规划》，以及制定了《江西省十大战略性新兴产业（文化及创意）发展规划》（2009—2015）。这些措施也为鄱阳湖生态经济区文化创意产业的发展创造了良好的条件。其指导思想为：充分发挥文化及创意产业在调整结构、扩大内需、增加就业、推动发展中的重要作用，以市场化、社会化、产业化、现代化为方向，以效益为中心，以项目为抓手，突出重点，培育品牌，逐步形成产业配套合理、专业分工清晰、集群效益明显、功能配备完整、资源共享充分的文化创意产业集群发展格局，提升鄱阳湖生态经济区经济社会发展软实力。

（一）加大政策扶持力度

出台鼓励文化创意产业发展的各项政策，重点扶持一批有自主知识产权的企业和项目。鼓励企业和个人的文化创意活动、专利申请、商标注册、软件著作权登记，降低市场准入条件，拓宽准入领域，支持鼓励和引导非公有

资本进入文化创意产业。

（二）建设公共服务平台

加快公共技术服务平台建设，为文化创意企业提供信息服务、金融服务、品牌和市场推广、成果展示和交易、版权评估、创意设计培训和辅导等服务，营造良好的产业生态环境。

（三）鼓励国内外交流

鼓励支持举办各类大型文化创意活动，设立高校文化创意产业相关专业，建立人才互相交流平台，方便国外专业人员与区内专业人员相互往来，推动与国际、国内广泛对话与交流。

（四）大力引资引智

利用商务成本低的优势，辅以优惠政策，吸引国内外知名的企业及高端人才落户南昌、九江等重要城市，发挥创意园区的集聚和引爆效果，抓住我国加入世界贸易组织后服务业市场全面开放的机会，吸引国际知名创意企业在南昌等地设立机构。

五、鄱阳湖生态经济区文化创意产业发展政策建议

（一）建立鄱阳湖生态经济区文化创意产业政策体系

鄱阳湖生态经济区目前还没有针对促进文化创意产业的政策体系，当务之急就是要制定并导入文化创意产业的支持政策，提出优先发展文化创意产业的重点行业。如提出重点扶植项目和优先进入领域，并辅以政策形式保证文化创意产业规划的实施和专项政策的落实，其中包括充分运用优惠贷款、政府采购等投资鼓励政策，建立健全财政、税收、金融、外贸等与文化创意产业相配套的保障政策。此外，可通过出让土地、减免税收、构建公共设施、设立公共服务机构等优惠政策来塑造适宜文化创意产业发展的公共环境，在针对重点发展的行业领域，设立具有针对性的专项政策等。

（二）健全完善法律保护体系

文化创意产业作为知识产权活动需要严格和完善的知识产权法律保护，鄱阳湖生态经济区应加大保护知识产权的力度，加快创意设计向产品转化，加强创意产品品牌化建设；建立健全企业的信用体系和公平的竞争环境，发展企业间交流平台；建立创意信息数据库，促进创意基本知识的资源共享。

（三）制定培植大型文化创意企业政策

在实现文化创意产业投资主体多元化的基础上，鄱阳湖生态经济区应制定创意企业兼并、联合、重组政策，调动和激发全社会的创意资源发展文化创意产业。大力加强对高层次文化创意产业人才的培养，培养具有创意企业策划能力、创新能力、市场营销能力和视野开阔的优秀创意人才和经营管理人才，高度关注高层次技术人才的培训，注重培养高级管理和经营人才，造就一支素质高、创新业务强的创意企业家人才队伍。结合鄱阳湖生态经济区的实际，政府应在政策上给予积极的推动，引导它们在体制和机制的改革方面先行一步。

（四）统筹规划创意产业基地（园区）

聚集区是文化创意产业发展的主要空间载体。在创意产业发展中要重视基地（园区）建设，促进产业集聚，充分依靠现有高校园区、开发区、革命旧址等资源，创建有特色的创意产业功能区，支持有条件的创意产业基地申报省级甚至国家级产业基地。就鄱阳湖生态经济区而言，重点应加强景德镇陶瓷艺术创意产业基地、井冈山红色旅游产业创意基地、南昌慧谷创意产业园和傩文化创意产业园建设。

（五）大力推广税收减免政策及其他优惠政策

可以对鄱阳湖生态经济区的高新技术创意服务区享受相关免税待遇，提出明确的发展规划，根据原有产业空间结构进行文化创意产业布局，公布文化创意产业分类标准，提出重点扶植项目和优先进入领域等，并辅以法律法规形式保证文化创意产业规划的实施和专项政策的落实，其中包括建立健全财政、税收、金融、外贸等与文化创意产业相配套的保障政策，以保证文化创意产业政策自身、文化创意产业政策与其他相关政策的协调统一，制定符合鄱阳湖生态经济区实际、重点突破的文化经济政策和公共文化政策。

（六）普及创意理念，营造合适的环境和文化氛围

普及创意理念，营造一个适合文化创意产业发展的环境和文化氛围同样

必不可少。在伦敦、纽约等城市,都有创新的文化氛围;在巴黎等欧洲大城市,则有浓厚的艺术和创新的文化气氛,为文化创意产业提供养分。要充分用好现有人才,打破创新的神秘感。创新不只是科技精英的事情,人人都可以创新,人人都可以成才,所以要普及创意理念并加强创意培训和教育,创造良好环境。此外,政府可以实施"创意社区"计划,通过将艺术、文化、设计、商业、技术等整合进社区的发展规划,以激发居民的创意激情和创造力。

第九章

文化旅游开发

第一节　陶渊明文化旅游开发①

一、九江陶渊明文化旅游开发现状分析

九江保留陶渊明遗迹较多的地方有四大片区：庐山桃花源、柴桑区、庐山市、德安县。各区依据当地的陶渊明文化资源开发出了许多具有当地特色的陶渊明文化旅游项目。

（一）庐山桃花源片区

庐山桃花源是修复开发的新景区，面积约 20 平方千米，位于庐山西南麓 105 国道东侧康王谷中。谷的两岸青山合抱、雾绕云遮，桃林沿溪、小桥流水，田园阡陌、村舍俨然。沿溪上有山月轩、回马石、问津亭、桃源洞、同心潭、恩桃庵、野趣谷、楚王城、康王观、观瀑路、仰止亭等百余个景观，还开放皮筏漂流参与性的旅游娱乐。游人在此可以体验到投身山野村庄与大自然怀抱的那种喜出望外、怡然自得的心情。

（二）柴桑区片区

为纪念陶渊明这位伟大诗人，柴桑区在 1985 年陶渊明诞辰 1620 周年之

---

① 本节原载《生产力研究》2011 年 9 月 15 日。

际，开辟了全国第一个陶渊明纪念馆。该纪念馆与区博物馆两块牌子、一套人马，复制了渊明墓，命名了渊明公园、渊明酒家。馆区建有陶靖节祠、陶渊明墓、归来亭、碑廊、洗墨池等。为与陶渊明的思想风格相联系，还在南外壁种植了柳树，配上了"柳巷"；在北外壁前栽上了菊花，配上了"菊圃"。在纪念馆的一侧，有陶渊明生平简略陈列室，展出关于陶渊明的生平图表、照片、作品、陶氏家谱及三十多种陶渊明集。该馆作为江西十大名人馆之首，"九江十景"之一，从 2009 年元旦开始已免费向公众开放。柴桑区为充分发挥名人效应，打响陶渊明牌，还成立了陶渊明书画院，书画院以弘扬"陶文化"为宗旨，充分挖掘名人陶渊明遗留的宝贵财富。

（三）庐山市片区

庐山市把陶渊明文化与旅游开发相结合，建立了渊明故里牌坊，建造了渊明塑像、祠堂，命名了渊明中学，还保留有陶村、醉石、玉京山、斜川等与陶渊明有关的遗迹。特别是陶村和醉石，吸引了众多游人，并成为陶渊明曾在庐山市居住的证据，现在正开发建设陶渊明文化村。该项目以陶渊明故居为核心内容，以古村落民居为主要特色，以旅游用品商店为基本架构，体现名人故居、远古村落、旅游产品为一体的三维旅游。与柴桑区相比，庐山市具有更多的陶渊明遗迹。

（四）德安县片区

陶渊明故里在德安的消息发布后，引起强烈震动，德安现保存着渊明洞、洗墨池、故里桥、靖节祠等遗迹遗址 20 多处，致力于大打"渊明牌"，推出系列重点工程，以带动地方经济的发展。陶渊明遗风在该县不断被发现，如农户家家做"漉酒"，不少农户仿渊明的"园田居"冠其住宅为"环秀居""耕读居"等。

二、九江陶渊明文化旅游开发存在问题

（一）九江陶渊明文化开发程度低，外在建设与内涵发掘脱节

九江陶渊明文化资源的开发多数还停留在外在建设阶段，缺乏内涵的深入发掘，功能单一，吸引不起游客的文化兴趣和名人情节。名人名胜旅游资

源的开发，首先是对名人名胜景观进行旧观建设和保护维修，使游人有景可观，有物可思。但更重要的则应是内涵的深入发掘，深层次的内涵开发需要认真探究发掘，而且发掘越深，内涵越丰富，功能越全，吸引力越强，效益就越好。就是要将陶渊明最宝贵和最感人的精神品质、时代精神发掘出来，并使之物质化，从而使游人亲眼见到，亲耳听到，亲身体验到，处处感觉到浓郁的文化氛围。

（二）九江陶渊明文化旅游品牌尚未构建

九江多个县区在积极尝试利用当地陶渊明文化资源，为当地的旅游经济发展与城市建设服务，因强烈的地域保护思想的存在，彼此之间缺乏相应的区域间合作意识，因此未能整合成品牌，难以形成地域性的强大吸引力，也就未能取得显著的规模效益，陶渊明文化品牌尚未构建。另外，相关部门对陶渊明文化品牌资源也缺乏深入、系统、全面的开发性研究，未注重品牌的培植与树立，因而未能对区域内的特色性和品牌性的传统文化旅游资源进行准确定位和科学开发。

（三）九江陶渊明文化资源开发中的现代科技含量较低

总体来讲，九江已经开发的许多陶渊明文化旅游产品无论是从文化内容的展示、管理和服务的操作还是产品的市场营销，大多采用的是传统手段和技术，对现代电子科技和影视媒体技术的运用较少、层次较低。在"科技也是生产力"的今天，如果缺乏主动运用现代科技手段去发展旅游业的意识，就会在市场竞争中处于劣势。

三、九江陶渊明文化旅游开发对策研究

（一）开发模式

1. 情景再现模式

陶渊明是中国隐逸诗人之宗，是中国文学史上大名鼎鼎的田园诗祖，是江西十大历史文化名人的魁首，是世界诗人中光耀百代的巨星，是文化九江应当首选当之无愧的城市名片、城市之魂。世人对他的崇拜从不曾间断过，对此，对其文化资源的旅游开发，可以用情景再现的模式，满足游

客的心理需求。如在景区内再现或复原陶渊明当年生活的方式，桃花源里鸡犬之声相闻的情景，以供游人参与其中，做一天隐士。在餐馆中置农家酒菜供游人品尝，或以酒令、划拳等。这些旅游的情景再现，使得游客可以亲身经历，亲身感悟，体验陶渊明式的田园生活，完成其心灵之旅。

2. 文化馆模式

文化馆是指包括博物馆、纪念馆、艺术馆等在内的用以收藏、展览历史名人及其物质文化遗产，以及纪念历史名人的各种文化场所。随着名人文化旅游的兴起，名人博物馆及其他各类名人文化馆逐渐成为人们游览观光的对象，也逐渐成为旅游开发的重要对象。目前，九江包括博物馆在内的陶渊明文化馆建设是少之又少，现有的陶渊明文化馆主要是位于柴桑区的陶渊明纪念馆，比较单一。可以开发陶渊明田园生态馆，开发过程中应注重与陶渊明所创作的许多诗歌意境相契合，展示出陶渊明诗歌所反映出的文化含义与人生哲理，体现陶渊明文化的核心精神如其淡泊名利的态度、博大的胸怀及对田园的热爱。此外，应把其精神内涵作为重点，充分地考虑游客的心理，设计相关互动的旅游项目与活动，让游客在参与中体验陶渊明文化的精神内核。

3. 品牌开发模式

旅游产品的品牌化已经成为一种趋势，品牌化可以延长旅游产品的生命周期，并且随着旅游产品生命周期的更新而经久不衰。可利用各种方法加强陶渊明文化品牌的宣传，提高其知名度与美誉度，在制定时需要慎重考虑，去粗取精，优化选择。如可以开发"陶渊明隐逸诗人第一人""田园诗派第一人"等品牌。这些品牌具有广泛的客源市场和群众基础，科学塑造可以使游客对其地理属性产生联想驱动效应，由此吸引游客前来旅游。

（二）实现途径

1. 文化旅游观赏

文化旅游观赏是游客利用自己的视听等感观通过对文化旅游产品的观赏获得的审美体验。文化旅游观赏包括静态观赏和动态观赏。静态观赏即欣赏对文化的外化与显化处理的静态旅游产品，如观赏陶渊明文化故居、历史书籍、历史遗物等；动态观赏即欣赏通过现代科技或现代旅游开发理念对文化进行活化处理后的动态旅游产品。例如可以通过电视、广播、网站等多媒体展示陶渊明的生平，或者将其拍成电视剧或电影以供观赏，也可以通过其后裔口述讲解。

2. 举办节庆活动

节庆活动作为一种文化活动，是文化旅游产品的重要组成部分。文化节庆活动即把目的地的文化用动态的形式展示给旅游者，避免"阅读式"文化旅游的枯燥感。文化旅游中的节庆活动可以分为两种类型：一是现代主题的文化节庆，目的是营造旅游氛围，制造轰动效应，吸引国内外旅游者；二是民间的文化节庆，是为了让市民乐于参与，广泛参与，形成习惯，成为一种生活方式，最终培育成文化旅游产品的组成部分，这样的文化旅游产品对国际旅游者有无比强大的吸引力。陶渊明文化可以打造成文化丰富性、变化性、异域性的大型节庆活动，吸引国内外和周边游客，聚集旅游人气，形成九江文化旅游特色。

（三）产品开发

1. 片区开发

根据陶渊明文化旅游资源的特点，结合市场的需求，整理、扩展、提升现有的旅游产品，九江陶渊明文化旅游产品的开发可以分为四大片区：庐山桃花源定位休闲度假游、柴桑区定位历史名人文化（艺术）游、庐山市定位主题公园游、德安县定位名人故里游。

（1）庐山桃花源片区——休闲度假游

庐山桃花源是一个现代参与性娱乐景区，该景区的开发可以在现有的设施基础上，组织村落生活，设置较为丰富的生活项目，供游客选择，如聊天、下棋、健身、听音乐等，尽量让游客感受到和谐欢乐的生活气氛，心灵得到放松。把其建成为理想的讲学场所、科研殿堂、休闲山庄、健康乐园，按照自然、古朴、宁静、和谐的理念和魏晋风貌、诗人风范、庭院风格、田园风光、桃源风采的要求，形成敬仰诗人的圣地，人杰地灵的宝地，健康乐寿的福地，使之成为世界最有特色、高品位、原生态、魅力、天然、古朴、宁静、和谐的"世外桃源"。

（2）柴桑区片区——历史名人文化（艺术）游

柴桑区主要的陶渊明文化旅游资源是位于柴桑区沙河街的陶渊明纪念馆及面阳山陶渊明墓，对此片区的开发应依托现存的陶渊明纪念馆和陶渊明墓，重点建设陶渊明文物馆。可以将其建设成三个部分：一是专业展览区，二是陶氏宗族文物区，三是旅游展览区。

（3）庐山市片区——主题公园游

庐山市也有陶渊明故里之说，但根据庐山市旅游资源的特色，笔者认为在庐山市建设以陶渊明文化为主题的公园是可行的。公园内可建陶渊明故居、陶渊明纪念馆、陶学研究会、五星级陶渊明宾馆等具有鲜明渊明文化特色的古典、现代建筑的小型主题公园，在沿景区内潺潺流动的河水旁建设滨河休闲廊道、茶庄、古村落等。开发集文艺、戏曲、民俗表演等于一体的有地方特色的文化休闲娱乐公园，突出"吃农家菜""听山歌""看表演""玩野趣"等时尚休闲主题。

（4）德安县片区——名人故里游

德安县现保存有较多的陶氏文化，这成为"陶渊明故里在德安"之说较为有利的证据。开发时可以以大量原始的证据，展示德安陶渊明故里的文化底蕴的厚重性。重点进行家族文化开发，如祖上的坟墓、祠堂、家族的读书堂以及历代陶氏人物的遗迹等，也可以通过文字、图片和拓片实物、规划展示，还原世界伟大诗人陶渊明一个古老、真实、美丽、和谐的故居，破解千古以来有争议的故里疑案。这对于游客，特别是陶学研究者具有极大的吸引力。

2. 线路开发

线路开发即开发、推出陶渊明文化旅游专线，形成规模效应，进行产品包装，搞好"组合营销"。九江陶渊明文化资源虽然丰富，但空间分布上相对分散，难以形成规模效应与聚集效应。在旅游开发中，可进行景点优化组合，开辟"陶渊明文化旅游专线"。

（1）庐山一线

★康王谷桃花源休闲游（桃源洞、同心潭、恩桃庵、野趣谷、楚王城、康王观、观瀑路）；

　　★庐山陶渊明踪迹游：石门涧—剪刀峡—东林寺。

　　（2）柴桑区一线

　　★陶渊明纪念馆半日游：陶靖节祠—陶渊明生平事略陈列—渊明资料陈列—柴桑区历史文物陈列；

　　★陶渊明书画院（书画艺术作品展览、与名家笔会观摩、技艺交流）—九江学院陶渊明文化教研实践基地。

　　（3）庐山市一线

　　★"渊明故里"牌坊—陶渊明塑像（不折腰的陶渊明、弃官归来的陶渊明、抚琴观菊的陶渊明、戴月荷锄的陶渊明、醉卧吟诗的陶渊明）；

　　★陶渊明祠堂—陶渊明文化村（陶渊明故居、陶渊明纪念馆、陶学研究会、五星级陶渊明宾馆）。

　　（4）德安县一线

　　★文化游（上京渊明祠、修书院）—休闲游（牛眠地、官保堰水库垂钓、堰水采莲、溪中荡舟、古桥观景）；

　　★墓群游（陶里冲渊明墓）—景观游（醉石、灵龟石、桃花洞、桃花溪、栗里民俗馆）。

　　（5）九江陶渊明踪迹路线

　　这是利用陶渊明在广大游人心目中的崇高地位和广泛知名度，再现其生命路径，设计的一种特殊的旅游线路。可以对其产品进行优化组合，将各景区景点串连起来设计出一个合理的旅游路线，如根据游客逗留的情况，分别设计陶渊明文化一日游、多日游等。如九江陶渊明纪念馆—庐山桃花源一日游，从九江市出发，到柴桑区参观陶渊明文物馆、南村、古浔阳城，下午到陶渊明墓地祭拜，或举行相关活动。一日游还可以组织上京—醉石—桃花源陶诗之旅：在上京看湖光山色，赏斜川美景，登山远眺，看怡静、美丽的田园风光；然后坐在醉石上鉴赏《饮酒》，吟唱着《归去来兮》，与陶渊明一起体会《游斜川》的乐趣；之后前往桃花源，一个千年追寻的世外桃源梦，《桃花源记》的原型地，庐山最美的地方。多日游可以将以上开发片区进行线路组合，也可以将陶渊明文化与九江其他文化产品，如白鹿洞书院文化、鄱阳湖生态文化、东林寺佛教文化等进行组合，形成多日游。这样组合，内容丰富，整体感强，各具特色，具有较大的吸引力。

3. 旅游商品开发

一个文化旅游景点，如果没有提供代表其特色和形象的旅游商品，这种体验是不完整的，会给游客留下遗憾。如可以设计陶渊明雕像和人物塑像、渊明诗文书画条幅、陶诗竹木石刻及金星砚刻、桃源新韵录像带、渊明漉酒、渊明先生菊花茶、渊明诗扇并刻字留念等系列陶渊明特色旅游商品。

第二节　书院文化旅游开发①

书院旅游是一种新型的旅游方式，在国外甚至是中国各地都很少见，随着旅游业的不断发展，以及国学热的升温，书院旅游已逐渐成为人们喜爱的旅游方式。由于书院旅游意味着巨大的潜在利益和长远利益，已逐渐受到各地政府的高度重视，并把它作为促进本地经济发展与地方文化发展的重要途径。但由于书院旅游本身的特殊性，其旅游开发有更高的要求。庐山白鹿洞书院被誉为"天下书院之首""海内书院第一"，是国学的研究基地，所以，研究书院旅游尤其是研究白鹿洞书院旅游具有重要意义。

一、白鹿洞书院的旅游价值

九江素称人文之乡，书院文化是九江古代文明发展的重要组成部分。在我国古代书院一千多年的历史中，九江的书院以数百年的辉煌独领风骚。时至今日，书院作为一种教育体制已经宣告结束，失去了学术中心的地位，正从人们的视野里渐渐淡出。科学梳理书院文化，理性分析其旅游价值，对书院文化进行研究将有利于促进文化旅游业的发展。我国古代书院是传播知

---

① 本节原载《旅游纵览》（行业版）2011 年 10 月 15 日。

识、研讨学术并兼有藏书、校书、印书功能的教育组织，是我国古代的高等学府，在我国教育史和思想史上产生过深刻的影响。书院文化是中国的特产，它对于民族文化传统的弘扬及民族气节的培养，曾起到十分重要的作用。

（一）教育旅游价值

1. 讲学

书院尊师重教、自由讲学等特色，对于现代教育具有重要的借鉴指导意义，作为一种教育文化旅游资源，其发展前景光明。江西师范大学教育学院院长、江西书院研究会会长胡青说："开办新的书院，在全国推广是不现实的，也是不可行的。书院这种古老的事物，应该可以成为现代教育的补充。"其一，古代书院的最大特色在于自由讲学，书院既是培养人才的教学机构，又是学术研究交流的场所。不同的学派各自建立书院讲学，不同学派互相约请讲学，各抒己见，互相尊重，兼容并蓄。在书院的讲堂上，师生可以自由讨论，在百家争鸣中得到提高。学术上的论辩层出不穷。其二，书院的另一特色在于注重自学。朱熹在白鹿洞书院升堂讲学期间，就曾提倡学生各自苦读、独立钻研的学习方式。毛泽东对书院的自修讨论原则给予高度评价，并借鉴书院组织形式上的长处，创办了自修大学。其三，奉祀先贤是书院尊师重教的体现，通过奉祀先贤来提升学生的道德品质。

2. 国学

随着国学研究的不断深入，也让众多学者开始对庐山国学及其对书院旅游文化发展的作用进行研究。我们应该通过发展各种事业来传播和发展国学，让更多人了解国学，通过将书院的教育方式与大学的教育体系相结合，让大学生走进书院、了解书院、融入书院，为书院文化的继承和发展带来新的活力，如九江学院就以厚重的白鹿洞书院文化打造校园建设及文化建设。

（二）休闲旅游价值

休闲作为一种社会现象，它的价值不仅体现生存个体的生活目标追求，更体现社会公众群体的价值目标追求。它的价值主要体现在政治、文化、经济各个领域，是文明社会发展的必然趋势和集中反映。休闲本身也可以说是

158

一种文化。从文化角度看休闲，是指人在完成社会必要劳动时间后，为不断满足人的多方面需要而处于一种文化创造、文化欣赏、文化建构的生命状态和行为方式。休闲的价值不在于实用，而在于文化。它使人在精神的自由中历经审美的、道德的、创造的、超越的生活方式。它是有意义的、非功利性的，它给我们一种文化的底蕴，支撑我们的精神。因而，它被誉为"是一种文化基础"，"是一种精神状态，是灵魂存在的条件"。它是一种对社会发展的进程具有校正、平衡、弥补功能的文化精神力量。可以根据庐山各书院的环境和设施现状，增添和开发一些新的符合书院特色的辅助设施，增加书院的休闲功能，从而吸引更多人走进书院，享受书院不同的休闲方式。

（三）会议旅游价值

会议旅游（conventiontour）是指通过接待大型国际性会议来发展旅游业。它是由跨国界或跨地域的人员参加的，以组织、参加会议为主要目的，并提供参观游览服务的一种旅游活动。通过举办各种形式的研讨会，开发书院会议旅游产品，如白鹿洞书院可以举办国学研讨班、研修班或年会，举办各种各样的学术会议，发展中外国学研究。会议不仅能够提高白鹿洞书院的知名度，同时也有利于书院文化的传播和整个旅游业的发展。

（四）修学旅游价值

旅游是人生时间、空间的一种延展，其中一个重要目的和效用就是学习知识，增加阅历。修学旅游是旅游项目中的古老品种，历史上，游与学一直紧密结合在一起，"读万卷书、行万里路"就是经典写照。孔子以周游列国著称，他曾率领学生在艰难困顿中遍踏山川都邑，广求知识，丰富阅历，考察政风民情，宣传礼乐文化长达14年之久，堪称世界修学旅游的先师和典范。中国历代王朝曾接待来自欧洲、日本、琉球、俄罗斯、高丽、交趾等国人员来华修学旅游。马可·波罗在元朝任职，游学17年，写下著名的《马可·波罗游记》。清雍正六年（1728）还在国子监中设俄罗斯专馆。陶行知也倡导修学旅行，并积极推动"新安小学长途修学旅行团"做全国性旅行，一路修学，一路放映抗日救亡电影、卖进步书报、演讲、劳军，成为当时闻名国内外的"新旅"。他和田汉共同作词的《新安旅游团团歌》成为20世纪

30 年代的著名歌曲。

　　游学属于修学旅游的一种形式，游学，是通过"游"的手段达到"学"的目的，是书本学习之外的重要组成部分。"游"字内涵丰富，蕴含有"学习"的意味，在中国传统文化中多有体现。如在《论语》里就有"志于道，据于德，依于仁，游于艺"的说法，把置身于六艺的学习过程叫作"游"。《庄子·刻意》篇中也有"教诲之人，游居学者之所好也"。陶渊明《饮酒》诗也说："少年罕人事，游好在六经。"这些诗句都表现了沉浸于学习中高度快乐与自由的境界。

　　"学"在中国古代不单指六经的学习，《说文解字》释其为"觉悟也"，在《论语》中孔子也更强调"学"是增强自我修养的过程，以道德修养的提高为根本，故"不迁怒，不贰过"的颜渊被孔子赞为"好学"。在这个意义上，可以说在游中达到自修的效果就可以称其为"游学"。

　　中国游学的历史之久长，意义之深远，文化之深厚，为现代游学奠定了坚实的基础。现代游学盛行，如青少年游学、夏令营、企业游学等。就庐山而言，已组织多次游学活动。就九江学院而言，2009 年组织了"白鹿—嵩阳"书院文化之旅的对接游学活动，开展了"南北书院"的对话辩论赛。九江学院华文教育基地在 2010 年 8 月成功组织并圆满完成了"2010 年华裔青少年赣文化体验"的游学活动，此次游学有来自印度尼西亚、柬埔寨、菲律宾、德国、英国、美国、加拿大等国家的华裔青少年。2010 年九江学院对 361 度运动品牌公司进行员工培训，安排了"企业游学"的课程。这实质上也是修学旅游的一种形式，学员们在九江学院生活学习，住学校寝室，吃学校食堂，成为真正的学生。学校组织了五天到一个星期的庐山游学旅游，其中白鹿洞书院是最重要的游学旅游基地。由此，庐山游学将成为庐山文化与旅游的一朵奇葩，必将绽放出灿烂的光彩。

　　白鹿洞书院及白鹿洞书院学规是庐山游学最重要的组成部分，"博学之，慎思之，明辨之，审问之，笃行之"成为后人"做人做事做学问"的精神和价值取向。中国人民大学等多所高等学府在庐山白鹿洞书院建立"国学研究基地"，庐山国学已开始振兴。

国家旅游局把 2011 年旅游的主题定为"中华文化旅游"年，为开展游学旅游设计出游学旅游产品或项目，最重要的是把白鹿洞书院学规等中国传统文化的精髓深入游学旅游产品中，如在游学旅游活动的设计中加入"礼""思""辩""审问""厚德""笃行"的元素等。

书院是国学研究的重要基地，也是修学的重要载体，书院提供了一个修学的环境。在这里，有优美的自然环境、安静的读书环境、大量的藏书、浓厚的学习和研究氛围，能让人静下心来，脱离尘世的喧嚣，待上一段时间，读书修学。

二、白鹿洞书院文化旅游开发策略

（一）建设优美的生态旅游环境

生态文明作为一种试图从根本上促进人与自然关系和谐发展的战略抉择，正在成为当前社会努力倡导和普遍化的一种主流意识。为促进人、社会与自然的和谐发展、共同繁荣，不但要将书院环境的建设作为生态建设的一个举措，打造浓厚的人文氛围，而且书院环境的建设要按照和谐发展的原则，做到人文环境与自然环境的和谐统一。如应把白鹿洞书院建设成生态环境最优美的地方，建设成为最能体现天人合一、中庸、平和的思想文化理念的地方。有了优美的生态旅游环境，无论是市民的休闲、学习，还是游客的游览都会悦心悦意。

（二）抓好书院的文化建设

白鹿洞书院有着深厚的文化底蕴，应该抓好书院的文化建设，例如，建设好白鹿洞书院，要充分利用"庐山——世界文化景观遗产"的品牌，通过自然与人文景观的结合，对景区进行规划与修整。白鹿洞书院的建设要能充分体现朱子文化的精髓。

（三）整合书院文化旅游资源

以白鹿洞书院为核心，用白鹿洞书院文化整合庐山书院的旅游资源。庐山的旅游资源异常丰富，无论是自然风光还是人文景观，有很多还待开发。对庐山书院文化进行整合，开发书院文化旅游线路，如书院体验游、书院修学游、书院考察等。

（四）开发书院文化旅游商品

文化类的旅游商品是文化产品开发的重要项目，这个项目的开发，形式应多种多样，内容应通俗，如书签、画册、扑克，甚至可以包括光盘、纪念品。开发与书院文化有关的纪念品，游客来参观之后，一般都希望能带一点相关的纪念品回去，这种纪念品如果开发成功，可以形成一个旅游商品产业链，对于促进书院的经济发展也是一大贡献。

（五）开发建设白鹿洞书院学隐旅游景区

在庐山文化中，书院文化占有非常重要的地位。而庐山书院文化在中国的学术思想史、教育史、书院史上更有着光辉灿烂的一页，产生过深远的影响。以理学鼻祖周敦颐创办的濂溪书院，理学集大成者朱熹重建的白鹿洞书院为代表，濂溪思想、朱子精神、千年学府、白鹿学风、古韵余绪，一脉相承。所以，可以开发建设"白鹿洞书院学隐"旅游景区，继承与弘扬古代书院教人求知、潜心向学、德育为先、爱国至上的优良传统，为发展教育、造就人才、克服浮躁、"隐逸学习"创造一处清静之地。

第三节　民俗文化旅游开发①

一、九江民俗文化分类梳理

（一）物质民俗

1. 生产民俗

★鄱阳湖独特的渔业民俗：九江捕鱼业最有名的是永修县吴城镇。渔民入冬开港，主事者发布公告，规定开港时间、守则并要举行开港祭湖仪式，在三声铜锣和鞭炮声中，各船竞发，分段捕捞，届时由指挥船发号施令。开

---

① 本节原载《经济研究导刊》2011年12月25日。

湖第三天，要到预定的捕鱼湖滩水湾走一圈"看水"，每到一处焚三支香、磕三个响头以求得神灵原谅。捕鱼工具，一般常见的为船、网、钩、叉等，此地具地方特色的工具是爬白船和"卡"。

★农耕民俗：在工具方面，勺子雕、龙骨车是具有地方性的农耕工具民俗，勺子雕是借用水流舂米的一种省时、省力的工具；收割后的"尝新"习俗；在祭祀方面，有对土地神、谷神雷神及牛的崇拜，"牛崇拜"可以说是农耕民俗的共性。

2. 饮食民俗

★鱼：九江鱼宴，尤以湖口的全鱼宴最为著名。九江人鱼肉并重，过年过节，婚丧嫁娶，请客办酒，讲究"无鱼不成席"，怎么也得上盘鱼以示"加敬"，不仅因为"鲫鳜鲤鲂，美如牛羊"，更因为有"鱼（余）"就意味着福禄有余，年年有余，吉祥完美。九江与鱼文化有关的风俗很多，打造渔船作兴吉祥的口彩，贩鱼苗有业内的行话，开湖撒网讲究禁忌等。

★竹笋：九江地处江南地带，盛产竹子和竹笋。竹笋吃法很多，荤素皆宜，可煮食、可清蒸、可爆炒、可做汤，如笋烧肉、笋烧鱼等。另外，笋还可加工成笋干、笋丝、腌笋、笋脯、油焖笋等多种食品，吃起来更加方便。笋因其各个部位鲜嫩程度不同，也要分别食用。上部嫩头，宜用来炒食，或做肉丸、鱼丸的配料等；中部切成笋片，能供单烧或与其他菜肴搭配；根部质地较老，除供煮煨肉、烹鸡汤外，还可以放入坛中经发酵制成霉笋，然后炖吃也很好。

★茶俗：庐山盛产中国十大名茶之一的庐山云雾茶，庐山产茶历史悠久，加上曾为全国"三大茶市"之一的九江茶市的影响，庐山及周边地区的茶俗茶艺异彩纷呈，别具特色。客来敬茶、以茶会友的习俗由来已久，非常普遍，而且花样繁多。如茶叶茶、冻米茶、菊花茶、芝麻豆子茶，还有暑期劳作出汗过多而补充盐分的"咸茶"，招待贵客的"甜茶"，婚嫁喜事孝敬长辈的"新娘茶"等，在长期的种、采、制茶和品茶的劳作和生活中，茶歌、茶调、茶舞、茶戏也应运而生。民间更流传着"龙女一碗茶救庐山""黄婆卖酒不如茶""憨忠慈悲化仙茶""陆羽锁定第一泉"等许多传奇故事。发生在东林寺的"虎溪三笑"公案也是茶韵幽深的茶文化典故。

(二) 社会民俗

1. 社会组织民俗

九江在千年前孕育出一个怪胎——游民文化,游民文化在百年前又旁生出一种地域文化——码头文化。从游民文化中旁生出来的码头文化,其"团结"精神的指向是"团伙",而不是"团队"。在码头上盛行占地盘、拜把子,当年九江就有"青帮""红帮"两大派系。想在码头立足,混碗饭吃,有两条途径。一是逞凶斗狠,凭实力打进去。但是强龙压不过地头蛇,更多的是买进去,从小弟到小头目都有明码标价。光花钱还不能买进去,还得要人引荐。这就出现一个奇特的现象,只要一个村子里出来一个吃码头饭的人,往往会通过引荐带出一大串来。

2. 民间娱乐习俗

★武宁采茶戏:武宁采茶戏(民间习称"武宁茶戏")起源于"茶歌",即"采茶调"。采茶歌早在乾隆初年就出现于元宵灯会上,形成灯戏。在茶行坐唱的"唱生"的"板凳戏"发展成"三小戏",最终形成富有浓厚地方特色的武宁采茶戏。

★九江传统戏剧:中国古代戏曲,曲艺中关于九江的剧目很多。话本《庐山远公话》,描写东晋高僧慧远的传奇故事。杂剧《苏小卿》(全名《苏小卿月夜贩茶船》或简名《贩茶船》),剧文写的是到九江做茶叶生意的茶商冯魁欲拆散一对年轻恋人而被九江官府制止,有情人终结良缘的美事。《青衫泪》为白居易诗《琵琶行》所张本。京剧如《卧龙吊孝》(又名《柴桑口》);《三国演义》周瑜与诸葛亮斗智情节;《九江口》是根据元末明初九江逸史所作。此外,还有九江清音、湖口渔鼓、瑞昌船鼓及《观音送子》《天官赐福》《绣鞋山》《鞋子塔》《大姑》等。

★九江舞龙:最负盛名的是彭泽板龙和湖口草龙。彭泽板凳龙通常由家家户户的板凳接在一起穿起来,现在为了方便则用两米多长的木板作为底座,用木棒穿孔连接成长龙构成龙身的主体,耍龙的人手举着木棒出迎。板座上是用竹篾做成的龙身、龙尾骨架,把竹篾弯曲成彩虹的形状,外面糊上彩纸，龙身由一节节木板连接构成，所以叫作板龙。一般还在龙头上装饰有八仙、雷公、雷母、凤凰、鹿角、凤爪等形象，再加上龙须、龙眼、龙角、龙珠等，贴上龙鳞龙鳍，绘上花纹图案及剪纸等工艺品，造型生动，包含了中华民族"龙"大部分特征，看起来有腾云驾雾的势头。湖口草龙则以草绳穿起草把制作成龙，以表达祈盼风调雨顺、五谷丰登的愿望，呈现出古朴典雅的神韵。

（三）精神民俗

1. 民间信仰

★傩文化：赣傩品类丰富，是中国傩文化的重要组成部分，被称为研究中国乃至人类文明发展的"活化石"。赣傩脱胎于古代傩祭，堪称"中国傩文化的活化石"。九江彭泽县老屋湾的"打野猫"充溢着古代乡人傩的意蕴，是一种充满宗教意义的逐疫仪式，这在当今中国傩文化中实属鲜见。从表现形式而言，有"开口傩""闭口傩""文傩""武傩"之别；从艺术角度而言，则有"傩戏""傩舞"相辅相成。

2. 民间艺术

★湖口青阳腔：青阳腔演唱时一般只用大鼓、大铙、大锣等伴奏而不用管弦，独唱与帮腔结合，一唱众和，同时在演唱中运用"滚调"的方法，在唱腔中加入"滚白"和"滚唱"，形成长于叙事的特点。其唱腔灵活多样，语言通俗易懂，极大地提高了戏曲声腔的可塑性和表现力。其表演讲究"文戏武唱"，娱乐性、趣味性强，火爆热闹，常穿插表演窜刀门、盘吊杆、翻高台、跳火圈等技艺。

★瑞昌剪纸：剪纸是中国民间传统装饰艺术的瑰宝之一，瑞昌素有"剪纸之乡"的美誉。剪纸是开在瑞昌的一朵民间艺术奇葩，瑞昌剪纸以简练优美、构图匀称、造型生动、剪法明快为特点。以剪刀为工具，阴、阳剪法俱用。题材多取民间传说、花卉鸟兽、戏剧人物等。一幅好的剪纸，既可作门窗、顶棚、筐箩、家具的装饰，也可作枕套、鞋面、门帘、桌布的绣样。有"剪纸之乡"美誉的瑞昌，民间剪纸艺术历史悠久，作品题材广泛，个性鲜明，风格各异。剪纸作品或有阴柔之丽，精巧、秀美、严谨；或具阳刚之美，古朴、坚实、豪放；或阴阳互交，虚实相生，刚柔相济。创作上，瑞昌剪纸采用非镂空剪纸手法，时而模糊时而清晰，具有含蓄、隐秀的神韵。

★庐山市金星砚：金星砚也称金星宋砚，以庐山市横塘镇和平村驼岭、玉泉、正悟山等地出产的金星石为原料。传统金星砚的造型与图饰因取材于当地物产、山水和人文传说而极具地域性，其风格古朴大方，简略写意，地方风貌浓郁，是中国民间艺术之瑰宝。

★修水赭砚：修水赭砚因石质以赭色为主而得名，分素砚、雕砚两大类，素砚有二十多个品种规格，雕砚有高、中、低三个档次，三百余个图案品种。赭砚被美誉为"触笔细而不滑，发墨速而不粗"。

（四）语言民俗

★民间传说：九江陈年封缸酒是甜黄酒系列，长期封存，酒色由淡黄转金黄，最后呈琥珀色，性平稳，鲜甜醇厚，气味浓郁，有营养滋补、舒筋活血、增进人体血液循环之功效。民间有"饮封缸、暖骨头，清香可口如甘露"之誉。九江陈年封缸酒早被称为酩酒，后来民间传说称之为"陈年封缸酒"。

二、九江民俗文化旅游开发模式

（一）静态开发——民俗欣赏开发

政府有关部门应该吸引各方投资建设九江民俗博物馆，收藏、展览、研究九江民俗文化，用以宣传教育和科学研究，可以彰显九江的文化创造，教育、保护和传播民俗文化遗产，吸引更多的人来九江旅游，特别是具有一定文化素质的旅游者，了解和体验九江民俗风情。

（二）动态开发——民俗活动开发

九江民间文艺活动多种多样，丰富多彩，异彩纷呈。九江修水的宁河戏和全丰花灯，九江文曲戏、庐山市西河戏、武宁打鼓歌和南浦渔歌、瑞昌采茶戏和民歌、柴桑区"三声腔"山歌和采茶戏等众多民俗文艺活动都可开发出来，从而丰富九江旅游市场，吸引更多海内外游客来九江旅游观光和体验九江当地独特的民俗风情。这样便能更好地将九江民间文艺传承并发扬光大。

（三）商品开发——民俗旅游纪念品开发

只有浓厚的民族特色和地方特色才能吸引游客。九江有着独特而丰富的民俗资源，更应打造具有九江特色的民俗商品。九江应大力开发有代表性、制作精巧的民俗商品，如具有九江地域文化的庐山红、中国民间艺术瑰宝庐山市金星砚和修水赭砚、湖口草龙编制绝技等。除制作好这些民俗商品外，还可以设立作坊，让游人参与制作。九江民俗商品开发应注意：第一，形式多样化，如庐山红可开发制作为首饰、项链、摆件等，便于携带；第二，改进包装，树立商品外观形象，民俗商品的包装要有新意；第三，要以创新为主流，以纪念性开发为侧重点。

（四）服务营销——民俗旅游服务开发

民俗旅游作为旅游活动中不可缺少的一部分，其服务质量非常重要，只有让游客切实感受到九江人民给他们带来的优质服务，从而对民俗旅游给予充分的肯定与认可，游客才有可能故地重游，因此要加强九江民俗旅游服务开发，提高服务质量，形成民俗旅游的"吃、住、行、游、购、娱"一条龙服务，以服务赢得市场，以服务营销增强旅游竞争力，并且加强服务质量培训，培养一大批旅游专业人才，尤其培养出一批优秀民俗导游队伍。

第四节　宗教文化旅游开发[①]

一、引言

"宗教旅游（Religious-tourism）开发"这一课题的研究目前在国内的学术界往往被人们所忽视，这与我国这一具有特殊悠久的宗教文化历史和丰富的宗教旅游文化资源的地位极不相称，学术界对宗教旅游的研究还停留在初

---

① 本节原载《三峡大学学报》（人文社会科学版）2004 年 9 月 25 日。

始阶段和浅表层次，对宗教旅游的界定也各不相同，如有的学者根据旅游的基本概念和基本观点，认为宗教旅游是宗教信徒和民间信众以宗教或民间信仰为主要目的而从事的旅游活动，既包括到宗教祖庭、名山圣迹去的长途旅游活动，也包括到地方宫庙去的短距离旅游活动。有的学者则认为，宗教旅游是指游客以宗教所崇拜的圣地、名山仙境，以及所遗留下来的著名宫观庙宇丛林为旅游目的地的旅游活动。有从生态学方面把宗教旅游定义为宗教信仰者的朝圣活动及一般旅游者参观宗教景区景点的活动，它不仅仅是指那种拥有强烈或唯一宗教动机的一种旅游形式（朝觐旅行），还包括非朝拜目的的宗教景点景区观光、休闲及游憩行为。

在我国，主要的宗教旅游是佛教文化旅游和道教文化旅游。许多宗教胜地往往是我国的名山胜水，保留有宗教文化遗产和宫观庙宇建筑，同时生态环境良好，很多被纳入自然保护区，宗教旅游可以与山水观光旅游、生态旅游有机结合起来进行开发。我国宗教文化遗迹约占全国现存主要名胜古迹的1/2；第一、二批公布的 84 个国家级风景名胜中，涉及宗教的有 53 个，占63%；宗教文化景观在我国重点风景名胜中占 47.9%（57/119），这无疑说明了宗教文化景观在旅游资源中的重要地位。可见，宗教名胜遗迹是我国珍贵历史文化遗产中极为重要的组成部分。

宗教旅游因其具有生态可持续性和生命周期长等特点，在世界旅游中的地位日渐突出。20 世纪 90 年代，"宗教旅游热"席卷全国。宗教旅游项目的开发热情高涨，宗教旅游"供求两旺"，作为我国文化旅游的重要组成部分之一，宗教旅游也得到了长足的发展。据我国四大佛教名山之一的普陀山抽样调查表明，到普陀山 2 次到 3 次的香客占总数的 42.4%，4 次以上的占20%。而正是宗教文化的魅力，宗教旅游才显其巨大强势。宗教旅游文化资源具有丰富的文化底蕴、独特的魅力和神秘性，有着很高的开发潜力。

二、宗教文化与旅游的关系

宗教在一定程度上推动了社会历史的前进，它对人类的精神、文化、科技、道德、风俗及生活方式产生过不同程度的影响。因为宗教与其他形式的意识相结合而产生的宗教文学、宗教美学、宗教音乐、宗教建筑艺术等，作为民族历史文化中的一部分，已经成为人类文化中的财富，也是富有吸引力的旅游资源。宗教建筑的艺术性、宗教教义的哲理性、宗教氛围的神秘性，尤其是宗教建筑、宗教节庆为旅游者所喜爱。宗教文化旅游具有文化品位高、旅游吸引力氛围浓厚、客源市场稳定、旅游生命周期长等特点。

宗教与旅游有着天然的密切联系，宗教是人们对自身生命的思虑并试图对纷繁复杂的外部世界做出解释。早期的旅游起源于宗教，宗教朝圣是古代主要的旅游活动。宗教圣地不仅是信徒朝拜的对象，而且也是非宗教人士旅游的重要目的地，其用于旅游的历史悠久。在旅游接待设施尚不完备的古代，宗教场所常常也是旅游接待地，中国古代有名的旅行家和文学家几乎都游历过宗教胜地，或投宿过寺院。中国最早的"导游"即是"和尚"和"道士"。

宗教文化与现代旅游的关系十分密切。一方面，宗教文化景观（建筑、雕塑、绘画等）、宗教礼仪、节庆活动及宗教武术作为一种特殊的人文旅游资源，可以直接或间接地转化为旅游产品，成为旅游吸引力的源泉之一；另一方面，宗教作为一种观念，深刻影响着人们的消费行为方式和旅游审美特点。

宗教文化作为一种特殊的旅游资源，有它的独特性，这个特点主要是它的精神性、审美性与神秘性，旅游活动从本质上讲是一种精神满足和审美活动。而宗教文化在满足人们的精神需求、审美欲望和猎奇心理方面有着特殊的功用。如宗教建筑、宗教雕塑、宗教绘画与书法、音乐、宗教仪式、宗教武术、宗教养生等，都具有深厚的文化内涵和较高的审美价值，并笼罩着神秘的色彩，能够激发和满足人们的求知、审美、猎奇的心理需求。透过宗教文化遗产，旅游者能获得大量的宗教知识。宗教旅游资源是文化创造的客体，是历史文化的载体，它满足了人们宗教式的情感需求。

上述宗教的魅力和内涵及其深厚的文化底蕴正是其具有旅游吸引的巨大源泉和基础。

旅游吸引力是旅游资源开发所必备的条件，而宗教文化旅游又有其优越的方面，所以进行宗教旅游开发效果显著。当今有人从可持续发展的角度提出"变通性旅游"的概念，而宗教旅游就是其中的一种。宗教旅游的变通是指人们以宗教信仰和特定的朝拜为目的在宗教圣地游览参观，而不是以纯粹的旅游为目的，同时它为保持生态平衡和旅游可持续发展提供很大的发展空间。

三、三峡地区宗教文化旅游资源的特点

（一）宗教文化旅游资源丰富多彩，建筑景观众多

三峡地区特殊的地理历史条件为宗教文化的形成提供了土壤。我国土生土长的道教、南亚的佛教和西方世界的基督教、阿拉伯半岛传入的伊斯兰教、巫教文化的图腾崇拜、祖先崇拜等原始宗教演变的民风民俗在三峡地区应有尽有。三峡地区宗教文化资源丰富，其中的佛教、道教、巫教、基督教影响较大。著名宗教文化景观有重庆市大足区的大足石刻、梁平区的双桂堂、撞南县的撞南大佛、丰都的丰都名山和鬼国神宫、湖北当阳的玉泉寺、远安县的鸣凤山、长阳的"中武当"——天柱山和武落钟离山、宜昌市基督教堂，这些丰富的宗教文化景观，为宗教文化旅游的开发奠定了物质基础。上述这些著名的宗教文化景观每年都要接待大量中外游客和宗教信徒，旅游吸引力较大。

（二）部分宗教旅游地知名度很高

三峡地区有许多著名的宗教胜地，如当阳的玉泉寺是我国历史上著名的佛教寺院之一，在隋代被称为"天下丛林四绝"之一，它坐落在素有"三楚名山"之称、享有"荆楚丛林之冠"美誉的玉泉山上，寺前耸立着我国最大的棱金铁塔，寺内的大雄宝殿是湖北现存最古老的房屋建筑。梁平双桂堂有"蜀汉丛林之首"之美誉，是三峡地区最大的佛教寺院。驰名的丰都"鬼城"是根据道教传说建造的人造景观，也是三峡地区最大的动态人造景观，建筑规模宏大，建筑设计具有浓厚的宗教神秘色彩。大足石刻是驰名中外的宗教艺术宝库，已作为世界文化遗产被联合国教科文组织列入世界文化遗产名录。重庆的绍云寺、远安的鸣凤道观、长阳的"中武当"、宜昌的基督教堂

等知名度也较高。

（三）宗教文化景观的地理分布特征比较明显

佛教和道教是在三峡地区影响较大的两大宗教。宗教文化景观以佛教为首，庙寺分布广泛，现存寺庙数百座，仅三峡库区淹没区内就有44座。道教文化景观主要集中在丰都、远安、长阳等地，仅丰都县一座小小的平都山曾经就有道观20多所，这种情况在国内十分罕见。佛寺道观多分布在山清水秀的风景优美之地。基督教（含天主教与耶稣教）主要在人口密集的城镇与乡村传播。伊斯兰教在三峡地区的影响相对较小，主要在东部的宜昌地区，宜昌地区江口镇建有一定规模的清真寺。巫教文化是三峡地区土生土长的古老原始宗教文化，巫山、巫溪是巫文化的发祥地。巫教文化日趋衰微，主要依附于民俗风情、故事传说传播。

四、三峡地区宗教文化资源的旅游开发对策

（一）充分发掘宗教旅游资源的文化内涵，增强旅游的文化品位

宗教旅游资源的文化内涵十分丰富、深邃，开发时要注意文化内涵的发掘和选择，根据旅游产品的现实要求与价值取向，把宗教文化中最本质、最宝贵、最美、最感人的精品发掘出来，从而使游客耳闻目睹、心领神会。利用文化生态学原理和原则，营造庄严、雄伟、亲切、梦幻、神秘、恬静、含蓄的情调氛围，是强化展现宗教文化吸引力的有力手段，将"回归自然""历史复归"定为宗教旅游资源开发的核心内涵较为恰当。例如，道教文化体现了"返璞归真""乐生养生"的核心文化内涵，可以依托优良的生态环境开展以养生、乐生为主题的旅游活动，以自己的特色区别于其他宗教文化的旅游开发。

（二）开发、推出三峡宗教文化旅游专线，形成联动效应和规模效应

设计开辟一些宗教旅游专线，进行景点优化组合，开发新产品并进行包装。例如，道教可开辟"丰都名山鬼城—远安鸣凤山—长阳中武当—鄂西北的全国道教名山武当山"的旅游专线，佛教可开辟"梁平双桂堂—当阳玉泉寺—武汉归元寺"旅游专线，将知名度较高的宗教旅游景点串联起来加以宣

传促销，使之产生"联动效应"和"规模效应"。

（三）综合开发、动态开发宗教旅游资源

宗教旅游与民俗、娱乐等活动渗透融合，开发运作朝大型化、综合性方向发展。例如，利用圣诞节、开斋节、佛诞日等宗教节日及庙会组织开展宗教文化旅游活动。举办大型公益慈善活动和文艺演出、休闲娱乐及三峡旅游商品、工艺品展销会，使之产生轰动效应。将某些宗教仪式活动与旅游参观以恰当的形式结合起来，如欣赏宗教礼仪与宗教音乐，参观教堂婚礼，让游客在特定的宗教氛围中了解和体验宗教文化，达到增长知识、愉悦身心的目的。实践证明，已进行的宗教旅游综合开发、动态开发效益显著。

三峡地区内大多宗教文化圣地山水优美、生态优越，在开发上可以将宗教文化与山水观光、生态旅游相结合，以"组合旅游"增强吸引力。宗教文化旅游还可与其他文化旅游结合开展一些综合性、动态性的旅游项目，如佛教与茶道，佛教、道教与武术，道教与养生、气功，佛教与书法、绘画，宗教与音乐等。宗教旅游与某些旅游活动的关系比较密切，不要把它独立开来。

（四）开展学习教育型宗教旅游

物质文明的高度发达使人对精神生活的需求空前强烈，很多人在繁荣的物质文明和多元文化的冲击包围中，感到从未有过的精神紧张、情感空虚，甚至丧失目标和理想，找不到行为准绳，精神无所寄托。现下学校、工作单位教育已远远满足不了人们的知识需求，宗教文化有许多精华（如追求真、善、美、崇高、博爱等）值得学习吸收，因此宗教旅游不失为一种社会文化教育形式，可以把宗教旅游作为一种特殊的旅游产品开发出来，如组织短期宗教体验学习旅游，以满足人们的求知、审美、寻找奇趣的愿望。学习教育型宗教旅游的主要对象是大中学生和社会青年（也可以是单位团体）。

（五）加强宗教文化知识的培训，努力提高导游业务水平

宗教文化具有深厚的哲学理念与文化内涵。宗教旅游属于较高层次的文化旅游形式，对导游的要求特别严格，它与自然风光导游差别明显。如果导游没有一定的宗教文化知识，就无法解释宗教博大精深的文化内涵、传达相关的审美信息，游客就可能感受不到宗教景观的美妙，更谈不上领悟宗教文

化的精髓（如宗教的文化哲理、高尚理念）。要想使三峡的宗教文化旅游长足发展，旅游部门和旅游院校需要高度重视导游人才的培养，开设一些宗教文化知识的专题讲座，努力造就熟悉宗教文化并具有较高导游业务技能的专业导游人才，切实保证宗教文化旅游质量的提高。

（六）发展"大"宗教旅游

"大"宗教旅游主要提倡把大庙宇、大寺院、大教堂、宗教摩崖石刻等宗教圣地和胜迹加以旅游开发。要提倡发展"大"宗教旅游，把具有旅游意义并在历史上具有一定规模的宗教圣地加以恢复，集中有限的资金，重点发展大宗庙，稳定客源，而对于那些导致封建迷信泛滥、价值不大的小庙宇，应加以控制、劝阻甚至取消。三峡地区大宗教旅游要形成自己的特色和明显的主线，并把三峡地区的宗教景点开发纳入旅游总体规划，统一整合开发，形成规模效应。

（七）防止宗教文化在旅游开发中出现异化

宗教文化旅游资源的开发，应充分尊重宗教文化的"本真"和宗教的文化氛围，正确处理好经济效益和社会效益的关系。适当控制游览区的旅游容量，搞好保护性开发，防止商业化和"伪文化"的出现，创造幽雅安静的环境。宗教旅游开发要保持和体现"深山藏古寺"，"曲径通幽处，禅房花木深"的宗教文化意境。此外，开发宗教旅游资源应遵循"保护性开发""建设性开发""开发后保护"的可持续发展的原则，防止宗教文化在旅游开发中出现异化。

第五节　隐逸文化旅游开发①

"隐逸"是中国古代社会独有的一个名词，"隐"和"逸"均包含着潜

---

① 本节根据笔者发表于《中国商贸》2011 年 5 月 21 日，《九江学院学报》（社会科学报）2011 年 6 月 15 日，《名作欣赏》2011 年 7 月 1 日的三篇文章改编而成。

藏、隐匿、远遁的意思。"隐逸"是指社会中一些人超尘出世、回归自然的行为与心态，代表的是一种以恬然的心态回归自然、回避社会的行为，是人类社会发展史上一个十分独特的人文现象。

"隐逸文化"是以隐士为载体来反映和传播的文化复合体，是指由"士"或者由隐逸士人、隐逸士大夫及憧憬隐逸的士人、士大夫共同创造的一种非主流文化，它既包括了这些士人、士大夫本身，又包括了一切相关的物质性和精神性实践结果。隐逸文化成为一种独特而又影响深远的文化形态，产生了大量的物质和精神文明成果，并积淀为具有很高旅游价值和高品位的文化旅游资源。

"隐逸文化旅游资源"是指能够吸引旅游者，并具有一定旅游功能和旅游价值的隐逸文化资源，包括与隐士相关的历史遗迹与历史遗物，隐士隐居的和后世纪念隐士的场所与建筑，隐士留下的生活遗迹和历史遗物，隐士游历的和笔下的自然山川风貌与人文景观，隐士创作的和后世纪念隐士的文艺作品，隐士的养生之道，以隐士命名的景胜，受隐士影响的宗教民俗活动，有关隐士的故事传说与轶闻趣事，等等。

庐山自古以来就是文化名人喜爱的隐居之地，具有浓郁的隐逸文化氛围，并形成了丰富多彩的独特的庐山隐逸文化。庐山隐逸文化在隐逸文化史上具有极高的地位，并对隐逸文化产生了深远的影响。庐山隐逸代表有被誉为"古今隐逸诗人之宗"的大隐士陶渊明，有建立"濂溪书堂"的理学始祖周敦颐和复兴白鹿洞书院的理学家与教育家朱熹，有使庐山一度成为南方道教中心的陆修静，有建立东林寺并将佛教中国化的净土宗之祖慧远大师，有大诗人李白、白居易等诗人。众多的隐士一代代隐迹庐山，极大地丰富了庐山的隐逸文化内涵。

隐逸文化是整个庐山文化不可或缺的重要组成部分，作为"世界文化景观遗产"和举世闻名的旅游胜地，庐山具有无比丰厚的隐逸文化旅游资源。隐士们留下的古迹遗址，引来一段段动人心弦或意味深长的故事，隐士们的时代背景、身世、生平，流传下来的故事传说、逸闻趣事，学术成就和在历史上的地位和影响，都是庐山特有的文化宝藏，若能全面收集、挖掘、整理，并以不同形式详尽介绍给旅游者，必将为庐山增色不少。内涵丰富的隐逸文化资源，必将成为庐山旅游的一大特色。

一、庐山隐逸文化旅游资源分类

(一) 庐隐

庐隐是指远离封建朝堂的隐逸之士，在偏远山野结庐研义，保存自己的原始文人心态和信念，虽不能改变世道，但能保持良好的心境，独善其身。其代表人物为东晋著名的诗人和大隐士陶渊明，钟嵘在《诗品》里称他为"古今隐逸诗人之宗"。鲁迅在《且介亭杂文二集·隐士》里说他"是我们中国赫赫有名的大隐"。与陶渊明有关的隐逸文化旅游资源有醉石馆、醉石、濯缨池、陶渊明纪念馆、陶墓、靖节祠、五柳馆、归去来馆、康王谷（庐山桃花源）、"西庐"遗址、洗墨池、五柳斋、读书台遗址、谷帘泉等，它们都是著名的隐逸文化旅游景观。陶渊明的代表作有《桃花源记》《归园田居》《饮酒》。庐山在陶渊明的笔下变换成了当时的代名词或俗语——"南山""南岳""南阜""西山"。如《归园田居》中的"种豆南山下，草盛豆苗稀"；《饮酒》中的"采菊东篱下，悠然见南山"；《杂诗十二首》之七中的"南山有旧宅'；《述酒》中的"南岳无余云"；《游斜川并序》中的"彼南阜者，名实旧矣，不复乃为嗟叹"；《杂诗十二首》之九中的"旧没星与昴，势翳西山巅"；《岁暮和张常侍》中的"向夕长风起，寒云没西山"等文学作品，也是重要的隐逸文化旅游资源。

(二) 道隐

孔子隐逸思想的核心是"邦有道则见，邦无道则隐"，实质上就是"道隐"。道隐无形，既是无形，就不受拘泥。不论身在何处，只要有圆融宏大的人格，就不会拘泥于一时、一世、一人、一地，而可以"独善其身"地求得超越尘俗的精神解脱。"无为"是道家思想的核心部分，道家倡导的"以人合天""天人合一"观有着浓重的归隐"自然"的倾向。其代表人物为创立简寂观的陆修静。陆修静"爱匡阜之胜"，构筑精庐居处修道，是为太虚观，使庐山一度成为南方道教的中心。与其相关的主要的隐逸文化旅游资源有山南（简寂观、白鹤观、寻真观）、山上（白云观、玄妙观、太乙观）、山北（太平宫、广福观、马尾水的三圣宫）等道观；此外，还有对酌台以及布袋岩等景观。

（三）佛隐

佛隐是远离喧嚣的社会，热衷佛学，一心向佛，并归隐佛门的隐逸方式。代表人物为建立东林寺并把佛教中国化的净土宗始祖慧远大师。庐山著名景区锦绣谷、石门洞等处都留有慧远的讲经台。慧远善诗会文，著有《庐山东林杂诗》《庐山记》《游庐山》等。与其有关的主要的隐逸文化旅游资源有东林寺、白莲社、三笑堂、聪明泉、虎跑泉、神运殿、出木池、讲经台、虎溪与虎溪桥、虎溪三笑、掷笔峰等。

（四）学隐

可以说学隐是隐逸文化中对中国传统文化的传承做出贡献最大的一种隐逸方式。代表人物为建立"濂溪书堂"的理学始祖周敦颐与复兴白鹿洞书院的理学家与教育家朱熹，与其相关的主要的隐逸文化旅游资源有白鹿洞书院、濂溪书院、濂溪墓，著作有《爱莲说》《太极图说》《白鹿洞书院学规》等。此外，李渤青年时在庐山白鹿洞和栖贤寺隐居读书，也成为著名的隐逸文化旅游景点。

（五）酒隐

酒隐将生命的自由本质、人格的独立看得至高无上。酒是悲剧意识产生的因素，也是悲剧意识的消解因素，在醉酒迷狂的状态之下冲破一切束缚和羁绊，以一颗本真纯净的心面对宇宙，试图以此达到自由的精神状态。代表人物为五次登临庐山并在五老峰下的屏风叠建造太白读书堂的大诗人李白。与李白相关的主要的隐逸文化旅游资源有屏风叠、太白读书堂、秀峰景区、五老峰、李白草堂、李太白塑像、青莲谷、青莲寺、青莲洞等，著作有《望庐山瀑布》《望五老峰诗》《庐山谣》等。

（六）吏隐

吏隐是指亦官亦隐，吏隐心态表现为在官场中追求适意与超越的人生，既与现实政治保持着密切的联系，又努力摆脱"政统"的羁縻和控制，游离于现实政治之外，既不放弃世俗的享乐，又能在物欲横流的世俗社会人生中努力守护、经营自己的精神家园，不为外物所役，求取个体人格的独立与自由，成就自己的闲适生活和诗意人生的一种隐逸方式。代表人物是白居易、王羲之，白居易在庐山隐居期间有"江州司马"的官职在身，与其有关的主要的隐逸文化旅游资源有花径、花径白居易草堂、北香炉峰白居易草堂、卧云埌等。大书法家王羲之，一边在江州为官，一边在庐山营建别墅，与其有关的隐逸文化旅游景观有归宗寺、羲之洞、鹅池、墨池等遗迹，作品有《庐山草堂记》《中隐》等。

二、庐山隐逸文化旅游开发基本构想

庐山隐逸文化旅游属于一种新型的文化旅游，对此，产品开发时要深度挖掘庐山的隐逸文化内涵，让游客参与隐逸文化的体验。如"住"到当年隐士隐居的原始生活环境，"食"要在复古型的客栈享用纯天然的佳肴，"行"要走在千年历史的隐迹小路上或坐上水乡风情的生态小船，"游"要在"悠然见南山"、白鹿洞书院、东林寺、花径等隐士游历之地和历史遗迹，"购"要有书画、仿制的古物等隐士留下的作品遗迹，"娱"要有虎溪三笑、桃花源等历史故事发生地可参与活动。所有这些具有文化内涵的项目和活动都要具备参与性与体验性。另外，在开发庐山隐逸文化旅游资源的同时也要正确处理好保护与开发的关系，合理配置隐逸文化旅游资源，使其与庐山的自然风光相融合。以庐山的自然风光和隐逸文化为载体，不断挖掘隐逸文化，设计出隐逸文化旅游线路，加快建设，大力宣传，将这种新鲜的隐逸文化旅游方式呈现给旅游者。以这种独具特色的旅游新形式，带动隐逸文化的传播和庐山旅游的新格局。

三、庐山隐逸文化旅游开发原则

（一）特色原则

特色是旅游资源的灵魂。开发庐山隐逸文化旅游，不仅要保护好庐山隐逸文化旅游资源的特色，而且应突出庐山隐逸文化旅游资源的地域文化特色，围绕特色，使之成为反映庐山隐逸文化与旅游文化的一个窗口。所以，在开发中，应保持隐逸文化旅游资源的自然和历史形成的文化风貌，尽量做到复原复古，形成自己的特色。另外，还必须保护好庐山原生态的自然生态环境，这也是保持隐逸文化旅游特色的一个方面。

（二）多样性原则

隐逸文化旅游资源开发还应具有多样化的特点，以丰富旅游内容，满足游客多样化的需求。例如，可在庐山隐士的隐居地开辟"隐逸世外桃源""隐逸度假村""隐逸疗养院""隐逸避暑山庄"等旅游景区，以此吸引游客前来观光、度假、疗养；也可组织形形色色的旅游活动，如"隐逸生活游"（做一天隐士）、"隐逸修学游"（体验白鹿洞书院"学隐"，做几天"学隐"士），让游客亲身体验隐逸生活，悠闲地耕作、读书、钓鱼、游览；"隐士游踪游"，让游客循着陶渊明、慧远、陆修静、李白、白居易等隐士昔日的游踪探幽访胜，品山鉴水；"隐士纪念游"，让游客观瞻陶渊明纪念地，欣赏陶渊明创作的文学文艺作品。

（三）主题性原则

隐逸文化旅游资源多是旅游景区体系的组成部分，为避免与其他游览项目重复，突出隐逸文化特色，应以隐逸文化为基本思想，使各隐逸景区景点的旅游景观或活动有比较专一的隐逸文化的主题，从而"具有较强的文化性、知识性、趣味性"。如可开发凸显陶渊明隐逸文化、东林寺佛隐文化、剪刀峡儒释道的文化融合、简寂观道隐文化、白鹿洞书院学隐文化等特色鲜明的主题。

（四）形象性原则

开发隐逸文化旅游资源，还须加大宣传力度，让人们认识隐逸文化的积极性，树立隐逸文化旅游独特的形象。在宣传隐士形象时，要突出隐士的高贵品德、卓越贡献及深远影响。可重点宣传陶渊明和朱熹（儒隐）、慧远（佛隐）、陆修静（道隐）等杰出人物，通过典型效应带动庐山全局。

四、庐山隐逸文化旅游景区开发

（一）陶渊明隐逸文化旅游景区（面区）

开发陶渊明隐逸文化旅游景区（面区），应加大陶渊明文物馆、庐山桃花源、陶渊明故居等的建设。由于陶渊明隐逸文化旅游资源遍布庐山各地，因此应把各地的陶渊明隐逸文化旅游资源整合起来进行开发，统一组织，统筹规划，使庐山各地的陶渊明隐逸文化旅游互相衔接又各具特色。开发庐山的陶渊明隐逸文化旅游，总体布局为：在柴桑区的范围内，以沙河街的陶渊明纪念馆为中心点，建设陶渊明文物馆等文化区；在庐山市的范围内，建设陶渊明的园田居，同时在庐山市的康王谷建设庐山桃花源；在都昌一带重点建设与陶渊明有关的文化遗迹；在德安吴山乡建设陶渊明的祖居地等。

（二）东林寺佛隐景区

"一山藏六教，走遍天下找不到"，这句名言在当代有关史书和文学传记中，早有记载。庐山历史上六教共存，不是一般教派，而是国际公认的"世界性六大宗教，即佛教、道教、伊斯兰教、基督教、天主教、东正教"［见中国大百科全书（宗教卷）］，尤以佛教独占鳌头，慧远创建东林寺，潜心修炼 36 年之久，集结白莲社，创立净土宗，涌现 18 高贤，弟子达 3000 之众，使东林寺名传天下。所以，以东林寺为核心，开发佛隐旅游景区，具有深远的历史意义。慧远创立的净土宗又使佛教中国化，这在一定意义上表明了人们对净土宗的热崇。所以，佛教"隐逸"具有广阔的市场前景。

（三）剪刀峡隐逸文化旅游景区

从历史文化来看，庐山文化最主要的特点是"道释儒同尊"，而剪刀峡（东林大峡谷景区）则恰恰突出了这一点，集中分布了释道儒古文化景观和遗址，三教在这里汇聚、融合（虎溪三笑）。剪刀峡景区汇集了东晋慧远大师祭龙宝潭（乌龙潭双瀑）、东林祖庙（龙泉精舍遗址）、虎溪园、天湖瀑布、古僧墓塔群（天修塔院）、道教第三十六福地（周代匡真君养真洞天）、陶渊明故里（西庐隐居遗址）、白居易吟诗遗迹（卧云叠水）等古文化景观和遗址。所以，开发剪刀峡隐逸文化旅游景区，将具有深刻的历史意义和巨大的研究价值。

（四）白鹿洞书院学隐景区

在庐山文化中，书院文化占有非常重要的地位，而庐山书院文化在中国的学术思想史、教育史、书院史上更有着光辉灿烂的一页，产生过深远的影响。以理学鼻祖周敦颐创办的濂溪书院，理学集大成者朱熹重建的白鹿洞书院为代表，濂溪思想，朱子精神，千年学府，白鹿学风，古韵余绪，一脉相承。所以，可以开发建设"白鹿洞书院学隐"景区，继承与弘扬古代书院教人求知、潜心向学、德育为先、爱国至上的优良传统，为发展教育、造就人才、克服浮躁、"隐逸学习"创造一处清静之地。

（五）北香炉峰白居易草堂景区

北香炉峰白居易草堂地处东林寺、剪刀峡和石门涧三大景区中间，是时任江州司马的著名诗人白居易的庐山别居，人称"乐天草堂"。白居易《庐山草堂记》，开篇一句"匡庐奇秀甲天下山"，成为千百年来对庐山的经典评语，这篇著名散文被学术界誉为中国古典园林学的"奠基之作"。景区内有桃花溪、卧云松、古驿道、慧远讲经台、拙翁墓、林隐庵、盥观佛樟、龟镜池、壶中天、观易台、崇福寺等名胜古迹。白居易草堂印证了白居易隐居草堂的历史。

（六）卧龙岗"隐逸村"开发

"卧龙岗（卧龙涧）"为庐山山南一大峡谷，景区纵深6千米，山涧水质清澈，水源充沛，两岸风景如画，历代名人驻足流连于此。卧龙岗曾是朱熹在庐山市为官时设想退出仕途后隐居之处，曾重修卧龙庵，将汉丞相诸葛亮的画像祠于中堂，并作《卧龙庵记》。在卧龙庵旁，又修白亭，因朱子爱其景致清爽，创小亭于侧。卧龙岗风景绝佳，有潭曰"卧龙潭"，卧龙潭边留下了许多意趣横生的石刻，如"卧龙""卧龙庵""响泉""神龙见首""钓滩石"等。其中"卧龙"两字为隶书，字径二尺许，传说为朱晦翁所篆写。庐山市旅游局欲把此建设为"隐逸村"，欲把文化角度独树一帜的"隐逸文化"作为市场的超级卖点。北京地球村环境文化中心创办人兼主任中国民间环境保护者廖晓义女士来庐山时曾提议，在卧龙岗建立"隐逸村"，让世界的政府高级官员来此体验生活一段时间，完全保留最原始的状态，没有任何现代的设施设备，比如，没有电等，在原生的环境下生活。基于以上的历史文化印痕与专家提议，开发卧龙岗"隐逸村"具有重要的参考依据。

五、庐山隐逸文化旅游线路产品开发

对庐山隐逸文化旅游产品进行优化组合，从点到线到延伸成面，搞好成片开发。庐山古代隐士最为集中，隐逸文化旅游资源最为丰富，应做好隐逸文化旅游路线的设计，可将各隐逸文化景区景点串连起来，组成一日游、多日游，如将剪刀峡景区（庐山东林大峡谷）（儒释道隐）、东林寺景区（佛隐）及白居易草堂（儒隐）串连组成"庐山隐逸文化一日游"，区外可延伸出去，将白鹿洞书院（学隐）、秀峰（儒隐）、观音桥（招隐泉、简寂观（道隐）等周边景区景点串连起来，组成"庐山隐逸文化多日游"。

六、庐山隐逸文化旅游商品开发

以庐山隐逸文化为主体，开发蕴涵庐山隐逸文化旅游资源特色的旅游商品，如将隐士隐居或游历的景点制作成明信片，并且加以介绍；绘制"虎溪三笑"图、"桃花源"图等；将流传至今的故事制作成音像制品；在衣服上印制图案、诗句等；现场书画古人的作品；让旅游者书画刻制纪念品，使得旅游者不仅能买到商品，还能享受到制作的快乐；等等。

第六节　基于主体功能区的文化旅游综合体开发

主体功能区体现了本区域的核心功能，通过分工协作，共谋发展；文化旅游主体功能区划的目的在于确定文化旅游资源的主体功能，通过突出本区内的文化资源特色来吸引游客；文化旅游综合体是旅游各要素高度集聚的产物，是大旅游时代下旅游产业转型升级的结果。本节通过阐释主体功能区、文化旅游主体功能区与文化旅游综合体的内涵及互动关系，以江西省为例，分析江西比较优势的文化旅游资源，构建以文化旅游主体功能区为主导的庐山度假、鄱阳湖湿地生态、景德镇陶瓷文化创意、婺源最美乡村、龙虎山道教养生、井冈山红色旅游和赣南客家文化七大主体功能文化旅游综合体，并分析其空间结构布局与开发建设核心，提出江西省文化旅游综合体开发战略构想。

一、引言

随着"中国旅游日""国民旅游休闲纲要"及小长假和带薪休假制的贯彻实施，再加上 2020 年我国人均 GDP 将超过 5000 美元的预测，国家的宏观调控和居民的收入增长将催热"全民旅游"，居民生活加速步入休闲享受型阶段，全民旅游意识普遍增强，旅游成为老百姓的必需品，大旅游时代即将登场。同时，收入的增长促使旅游需求转变，消费结构呈现多元化，旅游消费必将转型升级。所以，旅游供给必须随之升级和创新，必须引导与创造新的需求。需求与消费方式的转变，促使中国旅游业从大众观光的"门票旅游时代"向深度休闲度假、会展商务、购物娱乐、康体养生等旅游形式的"泛旅游时代"转变，从传统快餐化的多景点、快步走、长距离的"走马观花"向新型悠闲式的点对点、慢步游、放松式的深度休闲体验转变。在此背景下，融合了集观光、休闲、度假、酒店、娱乐、运动、餐饮、会展、居住、购物等一系列功能业态于一体的旅游综合体成为人们喜爱的旅游目的地，满足了人们多样化的需求。旅游综合体在区域发展中起着"引导市场需求，实现规模经济，创新旅游发展，明晰收益模式，影响周边环境，传承地方文脉，提升区域文化"的作用，再加上鲜明的主题文化、参与性的旅游项目与政府的大力支持，促使国内文化旅游综合体呈"井喷"式发展，成为引领未来新型生活方式升级的动力引擎（如丽江古城文化、阳朔西街文化、深圳华侨城文化主题公园等）。以江西省为例，以全新的视野研究区域文化旅游的发展战略，利用比较优势，整合优势文化旅游资源，开发建设文化旅游综合体，旨在以形成文化旅游主体功能区、凸显优势文化旅游产品及实现旅游资源最优化配置为目的，为江西省制定科学的文化旅游发展战略和打造文化旅游强省提供参考依据，实现江西文化旅游产品供给的升级与创新及文化旅游空间格局的调整与优化。

二、主体功能区、旅游主体功能区与文化旅游综合体的内涵及互动关系

主体功能区是经济地理学和区域经济学上的一个重要的概念，是在国家、区域、城市、园区等整体功能定位的基础上，对资源要素相似、经济发展水平相似、人文和社会环境相似的区域进行的功能区划分，体现本区域的功能和特色，即各地区所具有的、代表该地区的核心功能，各地区因核心（主体）功能的不同，相互分工协作，共同富裕、共同发展。

旅游主体功能区是在旅游区整体功能定位的基础上，依据旅游特定区域的自然地理要素（资源、地形、交通、区位等），人文社会要素（风俗习惯、人口分布特征等），经济产业要素（经济发展水平、产业分布情况等），客源构成，并考虑到旅游资源开发利用现状和旅游业及经济社会发展的需要，考虑在区域旅游资源特征与空间布局、土地利用要求与战略选择、开发能力以及区位重要性和发展潜力、旅游环境容量及生态承载能力等的基础上，在资源优化配置和区位优势论的指导下，从区域旅游开发适宜性和旅游资源保护的角度，确定有利于旅游资源的合理开发利用，能够发挥最佳效益的区域，确定子区域的功能定位，在功能定位基础上划分主体功能区。每个主体功能区之间实现功能互补并承载一定的功能项目，是以某种旅游功能为主体的一个特定的区域，该区域区划的目的在于确定旅游资源的主要功能，突出其资源特色，尽可能避免区域内旅游资源的重复、盲目开发，同时对游客更具有吸引力。旅游功能区首要功能在于满足游客各种需要，规划区内的时空布局应当功能完整，必须有游览区、旅游物流集散地（镇、城）等功能区，满足游客游、购、娱、吃、住、行，满足游览、度假疗养、康体娱乐、避暑或避寒、民俗风情、科学考察、文化教育等需求①。

---

① 李亚青. 体育赛事旅游主体功能区研究——以闵行体育赛事旅游主体功能区为例 [D]. 上海：华东师范大学，2011：24—25；王联兵. 宁夏旅游主体功能分区研究 [D]. 西安：西北大学，2010：23—24；刘鹏姣. 重庆主城区滨江旅游主体功能区开发研究 [D]. 成都：四川师范大学，2011：21—22.

文化旅游综合体在国外被称为度假综合体（resortcomplex），其概念来源于城市综合体（HOPSCA），而城市综合体的概念又来自建筑综合体。城市综合体集商务办公、居住、酒店、商业、休闲娱乐、交通等各种城市功能于一体。而文化旅游综合体是新型的旅游发展模式，是城市发展、城市功能与旅游发展高度集聚的产物，是大旅游时代下旅游产业转型升级的结果，文化旅游综合体发展模式根据不同的分类依据，其发展形态各不相同，但也有交叉与融合，其发展模式如表 9 – 1 所示。

表 9 – 1　文化旅游综合体发展模式

分类依据	旅游综合体模式	发展模式描述	属性
核心 吸引物	生态旅游综合体	滨海、农业、山地、温泉	综合体类型
	人文旅游综合体	宗教、历史文化、文化创意	
	娱乐旅游综合体	酒店、主题公园	
核心功能 属性	文化娱乐旅游综合体	迪士尼乐园、深圳华侨城、横店影视城、宁波凤凰城、杭州宋城、上海新天地	综合体例举
	休闲度假旅游综合体	珠海海泉湾度假城、澳门威尼斯人度假村、长白山国际旅游度假区、西溪天堂国际旅游度假区	
	综合购物旅游综合体	杭州大厦、杭州南宋御街、南京万达广场、上海外滩、北京王府井	
	商务会展旅游综合体	成都国际会展中心、上海光大会展中心	
核心产品 角度	休闲娱乐旅游综合体	近郊区域	分布区域
	休闲度假旅游综合体	非城市中心区域	
	综合商业旅游综合体	城市副中心或旧城改造	
	文化创意旅游综合体	创意产业园区或集聚区	

续表

分类依据	旅游综合体模式	发展模式描述	属性
旅游动机角度	休闲娱乐旅游综合体	身体健康动机	旅游动机①②
	会展商务旅游综合体	自我价值动机	
	综合商业旅游综合体	经济业务动机	
	文化公园旅游综合体	文化需求动机	

资料来源：沈琳. 旅游综合体发展模式与发展路径研究［D］. 上海：复旦大学，2013：28－35；王文君. 旅游综合体发展模式研究［D］. 杭州：浙江工商大学，2010：23－46；金冰心. 国内旅游综合体开发模式研究［D］. 上海：上海社会科学院，2014：18－33；刘小燕. 泛旅游时代下旅游综合体发展与创新机制研究［J］. 理论月刊，2014（6）：143－146；田中喜一. 旅游事业论［M］. 日本旅游事业研究会，1950. 罗伯特·麦金托什，沙西肯特·格普特. 旅游的原理、体制和哲学［M］. 顾铮，译. 美国格利特出版公司，1980.

　　国家"十一五"规划将主体功能区划分为优化开发、重点开发、限制开发和禁止开发四类，一定的区域具有多种功能，但要突出一种主体功能，而区域旅游发展又要增强补弱，发挥最佳资源配置优势。科学的旅游主体发展战略有利于凸显旅游产品特色，塑造良好的品牌形象。通过开发建设文化旅游综合体，明晰旅游主体功能分区，将促进区域旅游业更好更快地发展。

　　主体功能区、旅游主体功能区与文化旅游综合体发展互动关系如图9－1所示。

---

① 日本著名学者田中喜一在其《旅游事业论》中将旅游动机分为四类：心情的动机（主要包括思乡心、交友心和信仰心等）、身体的动机（主要包括治疗需要、保养需要和运动需要等）、精神的动机（主要包括知识需要、见闻需要和欢乐需要等）、经济的动机（主要包括购物目的和商业目的等）。

② 美国经济学家罗伯特·麦金托什、沙西肯特·格普特在其著作《旅游的原理、体制和哲学》中通过实证研究，将旅游动机分为四类：身心健康动机（通过身心的活动来克服紧张和不安）、文化动机（表现为对求知的渴望）、交际动机（通常表现为对熟悉的东西感到厌倦，有想逃避现实和免除压力的欲望）、地位和声望的动机（通过在旅游活动中搞好人际关系，满足其自尊、被认可、被关注、展现自我、成就感、实现自我价值和为人类做贡献的需要）。

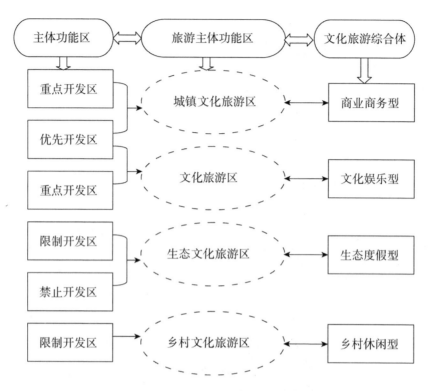

图 9 - 1　主体功能区、旅游主体功能区与文化旅游综合体发展互动关系

三、江西省顶级具有竞争力和差异化的特色比较优势文化旅游资源分析

江西文化旅游资源十分丰富，表现为品位高、组合优、质量好、级别高、种类全、数量多六大特点，境内具有顶级比较优势的文化旅游资源诸如世界遗产地庐山、龙虎山、三清山，中国最大的淡水湖——"珍禽王国"鄱阳湖，"中国最美乡村"婺源，千年瓷都景德镇、千年道教祖庭龙虎山、千年佛教净土宗古刹东林寺、千年书院白鹿洞、千年客家文化、千年名楼滕王阁、千年古村文化等构成了丰富多彩并极富多元性、原生性和传承性的人文生态环境。江西还是全国红色旅游的策源地，井冈山、南昌、瑞金的红色旅游文化独具魅力。这些文化旅游资源级别高且独具特色，差异化凸显，具有较强的竞争力与顶级竞争优势。其顶级具有竞争力差异化的特色比较优势文化旅游资源如表 9 - 2 所示。

表 9 – 2　江西顶级具有竞争力和差异化的特色比较优势文化旅游资源

优势文化 旅游资源	分属地区	顶级具有竞争力和差异化的特色比较优势表述
避暑度假 文化旅游 资源	九江（庐山） （含庐山西海）	1. 世界唯一山顶有大量居民的风景名山（牯岭：云中之城，避暑圣都，誉为夏都）。 2. 教育名山、文化名山、宗教名山、政治名山、科技名山。 3. 人文圣山：一山藏六教，释道儒三教融合（庐山图），天下书院第一（白鹿洞书院），净土宗祖庭（东林寺），南方道教中心（简寂观，陆修静在此创立南天师道），古今隐逸诗人之宗的归隐地（陶渊明），古代隐逸文化名山第一。 4. 称誉：庐山别墅群（被誉为"世界别墅建筑博物馆"，600 多幢别墅，分属 16 个国家建筑风格），中国第一个世界文化景观遗产（1996）、第一批世界地质公园（2004）、全球唯一的联合国优秀生态旅游景区和中国唯一提名的世界遗产保护管理奖单位（2005），首批"全国文明风景旅游区"称号（2006），"中国最值得外国人去的 50 个地方"金奖（2006），国家 5A 级旅游景区（2007），首批国家旅游名片和中国世界遗产景区十佳之一（2008），中国十大避暑名山和中国最美十大名山之一（2009），中国唯一世界名山大会举办地和世界名山协会永久注册地（2009）。 5. 胡适评庐山"三大趋势"："慧远的东林，代表中国'佛教化'与佛教'中国化'的大趋势；白鹿洞，代表中国近代七百年的宋学大趋势；牯岭，代表西方文化侵入中国的大趋势"
陶瓷文化 旅游资源	景德镇	中国瓷都，世界瓷都，千年瓷都，全球创意城市网络"手工艺与民间艺术之都"，国家 5A 级旅游景点，景德镇古窑民俗博览区
红色文化 旅游资源	井冈山	江西最先提出红色旅游，最先建立了红色旅游区，最先提出红色旅游口号，位居全国红色旅游前列
	南昌	
	瑞金	
乡村文化 旅游资源	上饶（婺源）	中国最美乡村，世界最大生态文化公园，全国拥有 4A 级景区最多的县，有"最后的香格里拉""婺源归来不看村"和"中国旅游第一县"之赞誉。荣获首批"全国 50 个世外桃源之一""人一生要去的 50 个地方之一""中国最美六大古镇古村之一""国家级文化与生态旅游示范县""国家乡村旅游度假实验区""中国旅游强县""全国休闲农业与乡村旅游示范县"等国家级旅游名片

续表

优势文化 旅游资源	分属地区	顶级具有竞争力和差异化的特色比较优势表述
湿地生态 资源	鄱阳湖	中国最大淡水湖和湿地公园，世界上最大鸟类保护区，白鹤世界，珍禽王国，中国五个最适宜发展生态旅游的地方之一（世界自然保护联盟）
客家文化 旅游资源	赣州	赣南是客家人的发源地、集散地和最大聚居地，赣州在2005年就举办了第一届世界客家文化节，是客家先民中原南迁的第一站，是客家民系的发祥地和客家人的主要聚居地之一，全市客家人口占95%以上，世称"客家摇篮"，有600余幢神奇的客家围屋，被称为"东方的古罗马"，建有规模宏大的客家文化城，客家古村落——白鹭村，是客家后人寻根祭祖的圣地
道教文化 旅游资源	鹰潭（龙虎山）	道教正一道天师派祖庭，道都，道士的世界王国，世界地质公园
	上饶（三清山）	历代道家修炼场所和隐士的世外桃源，有露天道教博物馆之称

资料来源：杨云峰，等. 开发和建设江西特色旅游资源研究 ［J］. 中共南昌市委党校学报，2012（12）：38－41.

四、基于旅游主体功能区的江西文化旅游综合体分析

（一）旅游主体功能区主导的文化旅游综合体空间结构布局

根据旅游主体功能区理论，提出江西省文化旅游综合体总体空间布局结构，以江西省顶级优势文化旅游资源区为核心，形成江西北半部和南半部两大文化旅游空间格局，北半部形成以观光休闲度假为主要功能、以鄱阳湖为中心的文化旅游圈层结构，南半部形成以文化体验度假为主要功能、以井冈山和赣州为中心的线形板块结构。北半部南昌、庐山、鄱阳湖、景德镇四区的文化旅游资源最为集聚，景德镇、上饶、龙虎山三地的文化旅游资源也较集聚，这六个区可以形成一个圈层结构；南半部井冈山和赣州距离较近，可

形成线形板块结构。总体上构建七大文化旅游综合体，分别形成以庐山文化为代表的庐山度假文化旅游综合体，以湿地生态文化为代表的鄱阳湖湿地生态文化旅游综合体，以陶瓷文化为代表的景德镇陶瓷文化创意旅游综合体，以最美乡土文化为代表的婺源最美乡村文化生态旅游综合体，以道教文化为代表的龙虎山道教养生文化旅游综合体，以红色文化为核心的井冈山红色文化旅游综合体，以客家文化为代表的赣南客家文化旅游综合体。如图9－2所示。

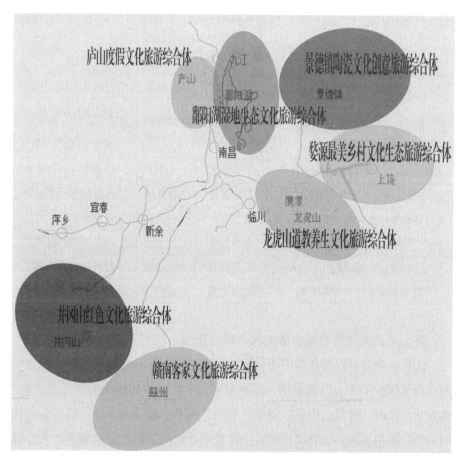

图9－2　江西省文化旅游综合体空间结构总体布局

（二）资源比较优势的文化旅游综合体开发建设核心

从规划的理性和结构艺术上看，文化旅游综合体的建设必须造出"环境"，造出吸引人的"场"，不是越大越好，而是要新、要特别、要有内涵、要有吸引力；要营造人气，要造出吸引人的"极"，吸引人、聚集人、留住人、方便人、满足人、重视人①。所以，要利用文化资源比较优势与各地核心吸引物，充分挖掘本地的主要集聚元素，建立完善旅游产业链，开发建设文化旅游综合体，打造区域旅游核心竞争力与竞争优势。凸显"江西风景独好"的良好旅游形象，创新江西文化旅游品牌。开发建设如表9-3所示。

表9-3　江西文化旅游综合体开发建设核心

文化旅游综合体名称	核心吸引物	核心功能	综合体开发核心元素
庐山度假文化旅游综合体	避暑胜地 人文景观	休闲度假 文化体验	国际度假别墅群、佛教文化、书院文化、隐逸文化产品链
景德镇陶瓷文化创意旅游综合体	千年瓷都	文化创意	陶瓷文化产品链
鄱阳湖湿地生态文化旅游综合体	湿地生态	文化休闲	湿地生态产品链
婺源最美乡村文化生态旅游综合体	最美乡村	乡村休闲	乡村生态产品链
龙虎山道教养生文化旅游综合体	道教养生	度假养生	道教养生产品链
井冈山红色文化旅游综合体	红色摇篮	文化娱乐	红色旅游产品链
赣南客家文化旅游综合体	客家文化	文化体验	客家文化产品链

五、江西文化旅游综合体开发战略分析

文化旅游综合体是在特定的旅游地域空间里，以具有比较优势的文化旅游资源与区位条件为发展基础，以旅游景区、旅游饭店等旅游企业为主体，集观光、休闲、度假、娱乐、商务、会展、美食、运动为一体，拥有多种旅游功能和旅游设施，能够满足游客多种需求，并且提供全方位服务的旅游综

---

① 冯学钢，吴文智. 旅游综合体的规划理性与结构艺术［J］. 旅游学刊，2013（9）：8—10.

合发展区域。文化旅游综合体内旅游产业及其相关产业高度集聚，涉及了旅游、文化、商业、酒店、房地产等多个产业，由旅游景区、高星级酒店、酒店式公寓、高尚居住社区、中高档购物中心、游乐场、休闲娱乐街区、市民广场、剧院和一系列交通、市政配套设施组成①。所以，文化旅游综合体是利用比较优势与地理区位环境，以高规划标准、高质量标准、高服务标准、完整的旅游产业链及全方位的配套设施，以文化视野和高品位建设的一个能满足人们文化旅游休闲需要的旅游业与相关产业高度综合的集聚区域，是一个以高质量高品位的旅游服务作为核心功能的完整服务设施和内容的总称。

（一）庐山度假文化旅游综合体

庐山要争当江西省旅游升级发展的排头兵，争取把庐山打造成为江西旅游的龙头和世界一流旅游目的地，做到开发上由分散向整体、布局上由割据向竞合、项目上由低端向高端、业态上由单一向多元转变。在此理念下，利用"人文圣山"的赞誉，精心打造以庐山文化为基础，以人文生态为精髓，以休闲度假为主体，集观光、修学、交友、美食、养生、购物、艺术、创意等多种功能于一体的休闲度假文化旅游综合体。开发建设上，建设特色主题区，包括国际度假特色别墅群，30 多个国家的建筑风格，每个国家一条特色街或者一个小片区，直通对应的国家，展示世界级元素符号等；以东林大佛文化区为基础，精心打造以净土佛教文化为主题的佛文化体验区，包括净土文化的佛教旅游商品的展示等；以白鹿洞书院景区为基础，精心打造以书院文化为主题的学习与教育教学区，包括书院文化的旅游商品展示等；精心打造以隐逸文化为主题的隐逸文化体验区，包括古今隐逸之宗陶渊明、诗仙李白、诗王白居易、道教陆修静和匡续等的文化体验元素符号等；精心打造九江特色美食街、购物街、主题客栈等；精心打造以庐山西海水域为主题的国际水上旅游度假区等。

（二）景德镇陶瓷文化创意旅游综合体

景德镇以把其打造成世界瓷都和艺术之城作为发展目标，通过陶瓷文化

---

① 卞显红. 旅游产业集群网络结构及其空间相互作用研究——以杭州国际旅游综合体为例［J］. 人文地理，2012（4）：137—142.

把旅游做大做强。基于此，可以利用景德镇"千年瓷都、中国瓷都"的称誉，精心打造以陶瓷文化为核心，以文化创意为精髓，以陶瓷创意为主体，集文化创意、陶瓷艺术、摄影艺术、观赏购物、文化科研、艺术创作等多种功能于一体的陶瓷文化创意旅游综合体。开发建设上，涵盖各类陶瓷展示、陶瓷博物馆、特色陶瓷街区、艺术创意工作室、主题客栈、瓷器购物区、瓷器研发区、餐饮、娱乐等业态。

（三）井冈山红色文化旅游综合体

全国红色旅游看江西，江西红色旅游看井冈，作为"红色旅游发源地"，天下第一山井冈山堪称"红色圣地"，有着垄断地位的红色资源，其建设红色旅游综合体有巨大的比较优势。开发建设上，深入挖掘红色文化内涵，打造以"红色文化"为核心，以"爱国、教育、民族精神"为主线，汇集观光、度假、教育、修学、美食、购物、康体、疗养、演艺、交流、会议、度假、娱乐、体育运动、红色文化体验等综合功能于一体的大型红色旅游文化生态度假综合体。

（四）婺源最美乡村文化生态旅游综合体

婺源享有"最美乡村"之美誉，建设乡村文化旅游综合体有着得天独厚的优势，其定位为"国内领头、世界著名的乡村休闲度假"的乡村文化生态旅游综合体。可以把婺源建成一个集观光休闲、生态度假、美食体验、乡土购物、特色农业、康体养生、特色民居、特色商业、乡村文化体验等功能于一体的大型乡村文化生态度假旅游综合体，突出乡土氛围，体验乡土文化。

（五）鄱阳湖湿地生态文化旅游综合体

鄱阳湖作为中国最大的湿地公园，国际知名度高，湿地资源丰富，生态环境良好，景观组合好，极具代表性。其建设生态文化旅游综合体具有天然的优势，通过挖掘湿地文化，精心打造以"自然"为主题的"世界一流的湿地生态休闲体验"文化旅游综合体，建设为集观光、休闲、度假、美食、运动、摄影、购物、科普等多种产业功能于一体的生态文化旅游综合体。

（六）赣南客家文化旅游综合体

赣南是客家人的发祥地和最大聚居地，赣州被称为"客家摇篮"，客家围屋是特色民居建筑，有"东方的古罗马"之称，其中，客家文化城和客家古村落是最重要的文化旅游资源。充分利用丰富的客家文化资源，以打造全球客家文化旅游核心目的地为目标，将赣南开发建设为集客家文化体验、客家民俗体验、寻根祭祖、购物、美食、观光、展示、休闲、娱乐、客家民宿度假等于一体的赣南客家文化旅游综合体。

（七）龙虎山道教养生文化旅游综合体

江西道教文化资源丰富，且极具垄断性，世界自然遗产三清山是历代道家修炼的场所和隐士的世外桃源，有"露天道教博物馆"之称；世界自然遗产、世界地质公园龙虎山是道教正一道天师派祖庭，被称为"道都"，这里是道士的世界王国。以"人与自然的和谐"为核心理念，以"道教文化"为灵魂，深入挖掘道教养生文化，开发建设集观光、休闲、度假、学习、太极养生、康体疗养、道教文化体验、朝圣、购物、美食、娱乐等功能于一体的龙虎山道教养生文化旅游综合体。

第十章

世界遗产与文化旅游

第一节　世界文化景观遗产

一、世界文化景观遗产发展文化旅游的必然性和优势

千古名山和人文圣山的庐山就坐落在美丽的九江，庐山是中国第一个世界文化景观遗产，人文旅游资源异常丰富，人文景观和自然景观相得益彰，共同构成这个世界罕见的文化景观，成为闻名中外的旅游目的地，庐山发展文化旅游具有其必然性和优势条件。

（一）庐山发展文化旅游的必然性

1. 庐山旅游发展必须突出其深厚的文化

庐山是世界文化景观，国家 5A 级景区，具有悠久的历史和独特的文化积淀，但是，作为世界级的文化名山，它却没有十分突出的并具有广泛社会影响力的文化旅游产品，这和其地位是不相称的。庐山三大奇迹白鹿洞书院、东林寺、庐山别墅群等都可作为庐山文化的重要组成部分，可大力开发显性文化旅游产品，以此来弥补文化不突出的欠缺。

2. 庐山文化旅游有着广阔的发展空间

文化旅游日渐升温的社会大背景，为庐山文化旅游的发展提供了极为有利的条件。和其他文化旅游目的地一样，庐山文化旅游近年来也得到了一定

的发展，但从总体来说，庐山文化旅游开发的水平和效益与它的资源及区域区位条件等优势还是极不相称，从生命周期上说还处在"犹抱琵琶半遮面""藏在深山人未识"的初创阶段，真的是让游客"不识庐山真面目"。因此，未来的庐山文化旅游仍然有着巨大的发展潜力和广阔的发展空间，深入挖掘深厚的庐山文化，开发显性文化旅游产品任重道远。

3. 旅游教育是庐山文化旅游发展的动力

学习与教育是当今旅游的重大功能，旅游是获得与体验异域文化的重要载体，庐山文化旅游可以通过大力发挥学习与教育的功能，以文化为媒、旅游为船、经济唱戏的三合一发展模式为推动力，取得多赢局面。例如，白鹿洞书院在中国教育史、书院史上有着极其重要的位置，它倡导了学以致用的文风，倡导了学术争鸣的学风，倡导了德育为先的思想，它还代表了中国书院的传统讲学精神。白鹿洞书院的这种地位，令一些教育研究者、实践者试图把白鹿洞书院的精神同现代大学教育结合起来。

（二）庐山发展文化旅游具有优势条件

庐山世界文化景观遗产，拥有高品位和价值极高的文化旅游资源和浩瀚精深的文化内涵。有以诗仙李白的"望庐山瀑布"的秀峰景区瀑布和庐山最壮观的三叠泉瀑布等为代表的山水文化旅游资源；以东林寺和仙人洞为代表的宗教文化旅游资源；以白鹿洞书院为代表的书院文化旅游资源；以庐山别墅群为代表的建筑文化旅游资源；以陶渊明"采菊东篱下，悠然见南山"为代表的田园文化；以朱元璋庐山称帝和庐山会议为代表的政治文化旅游资源；以第四季冰川和高山植物园为代表的科普文化旅游资源。此外，庐山还有异常丰富的休闲文化旅游资源、名人文化旅游资源和民俗文化旅游资源。

庐山曾获得国家 5A 级旅游景区、国家重点风景名胜区、世界文化景观遗产、首批世界地质公园、唯一联合国优秀生态旅游景区、国家公园、首批"全国文明风景旅游区"、"中国十大避暑名山"之一、"中国最美十大名山"之一等荣誉。

二、中国的世界文化景观遗产

（一）中国的世界文化景观类别

从世界遗产的类型来看，文化遗产、自然遗产、文化与自然双遗产、文化景观遗产和非物质文化遗产是世界遗产的五大类型。其中文化景观遗产类型被评的非常少，文化景观遗产按照文化和自然的标准进行评判，很多人误解为从属于文化遗产，之所以单列，是因为文化景观遗产拥有价值高、罕见并且无法替代等特点。值得一提的是，庐山是以自然和文化双遗产申报的，但庐山的文化景观价值更加突出，所以，被列入"世界文化景观"遗产类型。庐山是中国第一个世界文化景观遗产，也是 1996 年 12 月第一批唯一一个入选的文化景观遗产。在当时，世界上也只有英国的湖区、菲律宾的梯田等寥寥几家世界文化景观遗产。可见庐山获得世界文化景观遗产这一殊荣，价值多么高。此外，中国的世界文化景观还有其他四个：山西五台山（2009年 6 月）、杭州西湖（2011 年 6 月）、云南红河哈尼梯田（2013 年 6 月）、广西花山岩画（2016 年 7 月）。

（二）庐山旅游文化

1. 庐山文化景观

中国只有一座山属于"世界文化景观遗产"，其他山要么是自然遗产，要么是文化遗产，或者自然和文化双遗产，庐山是唯一在名山里被授予"世界文化景观遗产"的，足见庐山文化景观的丰富，可以说遍地都是。保存完好的宋代古建书院白鹿洞书院是联合国教科文组织首先考察的文化景观，"一山藏六教，走遍天下找不到"说的是庐山的六大宗教汇集和融合，佛教、道教、伊斯兰教、基督教、天主教、东正教在庐山相得益彰、和睦相处。庐山有佛教东西林寺和黄龙寺等、道教简寂观、伊斯兰清真寺、基督天主教堂等文化景观。美庐别墅和庐山别墅群是中国和世界独一无二的。庐山会议旧址代表着庐山政治名山的景观名片。庐山还有历代文人写过的诗词歌赋从而留下的遗迹和碑刻等，庐山摩崖石刻非常多。这些构成了庐山文化景观遗产。

2. 四大避暑胜地之首——庐山牯岭

国内的避暑胜地，一般来说有四个，江西九江市的庐山、浙江湖州市的莫干山、河南信阳市的鸡公山、河北秦皇岛市的北戴河（最早有说河北承德避暑山庄）。庐山位于四大避暑胜地之首，真的当之无愧。既然能避暑，就必然能居住，一个美丽的故事造就了牯岭这个云中山城，天上的街市。1886年夏，一位年仅31岁中文名叫李德立的英国传教士准备在庐山建立避暑别墅，相中了距离九江市12千米的山腰马尾水，当时内有九峰寺，但由于乡绅的告发，没有得手。1886年冬，李德立冒着凛冽的寒风从庐山九十九盘山路登到庐山上，这条由朱元璋建的上山路使得李德立轻松登上了庐山，也使他得以发现庐山海拔1200米之处有这片大面积的土地，只有一些破败的房子，一片荒凉，又非常清凉，李德立把这块地取名为清凉，英文为cooling，当时被称为牯牛岭，后改称呼为牯岭，牯岭开发由此开始。李德立租地999年，把租来的这块地，分成大小不等的无数块小地，在香港和上海及海外大肆宣传出卖清凉，招来了20多个国家的人来建设别墅，数量达到300多栋，规定必须达到绿化要求并因地制宜建设别墅，建筑风格不限。别墅建设得越来越多，以至于现在牯岭这个云中小镇有别墅1000多栋，可容纳两万多人。庐山牯岭，民国时期非常热闹，办公、商业、学校、教堂、酒吧等配套齐全，吸引了世界各国的人来这里避暑度假，一时间繁华初上、灯火辉煌，以至于造就了今天的庐山牯岭。可以说没有李德立这个"国际房地产商"就没有庐山牯岭，气候的燥热和夏季疾病瘟疫等也是李德立开发牯岭的原因。

3. 建筑文化——庐山万国别墅建筑艺术博物馆

庐山，是世界上唯一一处山顶有大量建筑物和居住人群的山体，也许这不符合生态保护的原则，但即便如此，庐山人与自然的和谐仍堪称模范，被联合国授予优秀生态景区称号。在世界名山中，庐山的别墅更是以其建筑文化艺术而傲世，别墅的数量之多、风格之多令世人惊叹。庐山的别墅群堪称万国别墅博物馆，有30多个国家的别墅风格，多达300多栋各国别墅，甚至曾达到600多栋，加上民用别墅，庐山牯岭的别墅多达1000多栋。由此，这些别墅构成了一道人文风景线，每年来此避暑度假的人络绎不绝，山上可以容纳两万人居住，已形成一个山顶小镇，四面八方的人在这里汇聚，居住在这海拔 1200 米的云中别墅，享受着难得的清凉。庐山每年 200 多天云雾缭绕，因此牯岭小镇又称云中山城，天上的街市。

4. 书院文化

（1）白鹿洞书院

白鹿洞书院作为宋代四大书院之首，与当时的应天书院（商丘）、嵩阳书院（郑州）、岳麓书院（长沙）并称为四大书院。在宋代，江西书院文化极其繁荣昌盛，江西是书院的主要聚集地。白鹿洞书院是书院的翘楚，是当时最高学府，相当于现在的北大清华，其历史地位和名气可想而知。

白鹿洞书院始于唐代，当时，李渤在此洞隐居读书，养了只白鹿整天带在身边，读书带着，玩耍带着，赶集也带着，所以世称白鹿先生，白鹿洞书院以此得名。书院始于唐代李渤，但兴盛于宋代朱熹，朱熹（朱文公）在民间被称为最博学的人，他把白鹿洞书院带向繁荣与顶峰，令白鹿洞书院名噪一时，并被称为海内书院第一，古代书院之首。

学界称江西有两个可以走向世界的方向，一个是景德镇瓷器，另一个就是白鹿洞书院。可见白鹿洞书院的地位与价值。

在庐山申报世界文化景观遗产时白鹿洞书院是其中重要的组成部分，联合国教科文组织考察后称其具有极高的文化价值。

（2）周敦颐与濂溪书堂

《爱莲说》是家喻户晓的佳作，"出淤泥而不染，濯清涟而不妖"更是为现在廉政文化提供了文化基调，其作者周敦颐，称濂溪先生。周敦颐的作品《太极图说》《通书》也是经典著作，他晚年归隐庐山莲花峰下建立濂溪书堂，后为濂溪书院。庐山区是九江市一直以来的一个区，后庐山市建立后，庐山区改名濂溪区，自此，濂溪文化大放异彩。周敦颐是宋理学的开山鼻祖，为理学宗师，虽然朱文公把理学推向顶峰，但真正的理学创始人则是周敦颐，程颐、程颢是周敦颐的弟子，也是理学的奠基人，程门立雪说的就是杨时拜师的故事。

5. 宗教文化

（1）庐山宗教名山之证

"天下名山僧占多"，庐山自古以来名道、高僧纷至沓来，造就了其深厚的宗教文化积淀。在中国宗教史上，庐山居于独特的地位。"一山藏六教，天下找不到"的庐山，汇集了六大宗教（佛教、道教、基督教、天主教、东正教、伊斯兰教）。这六大宗教在庐山相互交融，和谐共处。中世纪的庐山，佛寺道观最多达 361 处。

庐山的道教，起于三国时的董奉，南朝的陆修静，一度被人称作"中国道藏"之始。庐山是南天师道的发祥地，也是道教理论与实践结合得较为完美的地方。

东晋时期，庐山就成了中国佛教的中心。其代表人物慧远在庐山兴建东林寺，创建净土宗；马祖传法禅宗，使庐山成为禅宗的重要道场，自此打开了南方佛教的新局面。随后，东晋的帝室、朝贵、名僧等都纷纷到庐山建筑佛寺，进行潜心修炼。于是就有了庐山历史上著名的"三大名寺"（西林寺、东林寺、大林寺）和"五大丛林"（归宗寺、栖贤寺、秀峰寺、万杉寺、海会寺），一时间，庐山佛教大盛。

尤其是慧远，通过佛经教义的翻译，克服了发源于印度的佛教与中国文化差异的障碍，探索出将佛教译文与中国文化相融会的新路，为佛教中国化奠定了坚定的基础，使中国佛教化转变为佛教中国化。

庐山的基督教起于清末英国传教士李德立、美国传教士海格思、法国传教士樊体爱、俄国牧师尼娑。

西方宗教不仅在庐山获得了特殊地位，并与本土宗教形成了抗衡和交汇之势。由此可见，庐山在中国宗教史上的重要地位和深远影响是不可磨灭的。"宗教名山"对它而言，也就恰如其分了。

（2）东林寺与净土宗

庐山处在长江中游，是仅有的临江高山，从地理上看真的很神奇。长江中游只有这么一座高山耸立，长江、鄱阳湖、庐山形成独特的地形地貌特征，低与高的对比，更突显庐山之高，所以在九十九盘有"庐山高"的石刻。

　　东林寺的来历与一位高僧有关,这位高僧就是东晋时代的慧远大师。慧远大师建立了东林寺,创立了净土宗,由此开启了佛教中国化的历史,所以佛教中国化是从慧远大师创立净土宗开始的。东林寺院由慧远亲自设计,造型相当讲究,背靠香炉峰,旁边是飞流直下的瀑布,苍松翠柏错落有致,泉水绕阶而流,白云飘然而至。步入其中,令人神清气爽。慧远大师建立的东林寺渐渐声名远扬,东林寺被称为"净土宗的祖庭",慧远被尊称为"净土宗的始祖"。

　　(3)东林大佛,净土苑

　　东林大佛是佛教东林净土宗发源地的标志,是全球第一高的阿弥陀佛像。东林寺是集朝圣、修行、弘法、教育、慈善、安养于一体的"净土"。总投资约 10 亿元,镀金 48 千克,佛像高 48 米,代表阿弥陀佛发的四十八大愿;总高 81 米,代表九九八十一难,意为修行成佛艰辛不易。

　　东林净土文化苑开发了四个功能区,分别为大佛朝礼、弘法修学、慈善安养和隐逸文化四个主题功能区,对净土宗及未来中国佛教的发展都具有深远的意义,坚持彰显佛教清净理念,不收朝礼门票,不做商业佛事。

　　6. 政治文化

　　庐山作为政治名山,在国内属于唯一,它从远古开始就是与皇权相关的名山,明皇帝朱元璋在庐山称帝,庐山被称为皇家山,而在庐山这片土地上,更多的地方被贯以皇家的称号,比如九江唯一的高等学府九江学院被称为皇家学院。除以之外,三次庐山会议更是让庐山成为政治名山而声名远扬。

　　历数下来,从远古至清朝就有 30 多位皇帝参与了庐山的文化创造和发展,更有众多政治名相与庐山结缘,并且各个时期都有历史名人情结庐山,大禹、岳飞、康有为、严重、段祺瑞、俞大维、宋子文、茅盾、徐志摩都与庐山有着千丝万缕的情结。

　　民国时期,南京的夏季炎热无比,蒋介石便携夫人宋美龄来庐山避暑,就住在美庐别墅。

毛泽东、周恩来、刘少奇等多位领导人都登临过庐山，并被庐山的绮丽美景所折服，流连忘返。

7. 教育文化

庐山之所以有教育名山之称，主要是因为白鹿洞书院，书院教育在宋代的繁荣与昌盛，就如现代的大学教育一样，在宋代书院等同于现代的大学，白鹿洞书院位同于现在的北大清华，而江西书院在宋代赫赫有名、繁花涌现，各地书院兴起，可以说宋代书院要数江西居首，而江西书院乃至全国书院就看白鹿洞。当然，白鹿洞书院是由于当时的理学集大成者朱熹做洞长，也称院长，朱熹把理学推向巅峰，白鹿洞书院把书院推向巅峰，而书院教育为国家培养了大量的人才，教育是其主要职能。正是白鹿洞书院让庐山成为当之无愧的教育名山。

8. 名人文化

（1）望庐山瀑布：李白与庐山及文化印迹

"日照香炉生紫烟，遥看瀑布挂前川；飞流直下三千尺，疑是银河落九天。"唐代伟大的浪漫主义诗人李白的这首诗，可谓家喻户晓，是中国的教科书中必学必背的经典诗词，也曾被写进日本的小学教科书中。这个瀑布说的是庐山秀峰景区的秀峰瀑布，当时秀峰瀑布可谓壮观，李白游历到此时，被瀑布的壮观景象所震撼，即兴吟出此诗。由于地理环境和气候的变化，昔日的秀峰瀑布已不复当年之势。庐山的瀑布数不胜数，如今最壮观的当数庐山三叠泉瀑布，在水旺时堪比黄果树瀑布。

李白与庐山的缘分，缘于李白的游历，李白游历到庐山时，见庐山的壮美，随即隐居庐山，半年留下20首诗词，最著名的当属《望庐山瀑布》和《庐山谣》，以及《登五老峰》①（五老峰是庐山最著名的景点之一，当属庐山众峰之首，五老峰下的山谷至今名为青莲谷，此外还有青莲溪）。

（2）四月桃花：江州司马白居易

人间四月芳菲尽，山寺桃花始盛开。二月杏花，三月桃花，八月桂花

---

① 庐山东南五老峰，青山削出金芙蓉；九江秀色可揽结，吾将此地巢云松。

香，九月菊花黄。这人世间真是有如此奇特之山，本来世上的桃花三月开，但庐山的桃花四月才开，所以，白居易在庐山草堂隐居有如此之佳作，真是千古一现。

（3）琵琶行：忧国忧民的白居易

白居易的一首《琵琶行》堪称传世名篇，通篇都是经典佳句，其内涵更是意味深长，回味无穷。尤其那句"同是天涯沦落人，相逢何必曾相识"，更是千古绝唱，给人们以精神慰藉。《琵琶行》原作《琵琶引》，歌、行、引都是古代歌曲的三种形式，源于汉魏乐府，是乐府曲名之一，后来成为古代诗歌中的一种体裁。古代的浔阳江，繁华昌盛，是万里长江流经江西省九江市北的一段，因九江古称浔阳，所以又名浔阳江。古代浔阳江的历史故事，不胜其数，而送友人本就恋恋不舍，离愁，有时凄凄惨惨戚戚，离别的情感往往是深挚的，充满整个心底。白居易被贬为江州司马，江州司马青衫湿，真是凄惨的场景。失意，孤独，而生诗意，事、景、情等掺杂在一起，构成一幅绝美的江水画！

（4）不识庐山真面目：大文豪苏轼身在庐山但不识庐山

"横看成岭侧成峰，远近高低各不同；不识庐山真面目，只缘身在此山中。"说的就是庐山。耸立和连绵起伏的山峰，变化万千，又云雾缭绕，仙气袅袅，使得人们难以捕捉到它的本来面目。大文豪苏轼的这首《题西林壁》诗作地点其实在西林寺，现西林寺就存有壁刻，是佛教文化寺院里独特和少有的非佛教文化元素，也是一大奇观，无数文人墨客纷至沓来，一探究竟。

（5）诺贝尔文学奖得主赛珍珠与庐山

赛珍珠凭借在庐山牯岭别墅里写的《大地》获得诺贝尔文学奖。就是在庐山牯岭的这座别墅里，赛珍珠立志要做一名作家，从此开始了文学创作。赛珍珠从小跟随父亲赛兆祥生活在镇江，她把镇江作为"中国故乡"，以中文作为第一语言。赛兆祥是一名有神学博士学位的传教士，传教走遍了大半个中国。他的三个儿子都死于当时的"热病"，所以在1897年，赛兆祥在庐山牯岭购地建造别墅，作为躲避热病的庇护所，每年夏天，当镇江炎热的时候，便举家来庐山避暑。1930 年赛珍珠出版了第一部小说《东风，西风》，此后又写了"大地三部曲"之《大地》《儿子们》《分家》，文学作品《龙种》《庭院里的女人》等，1933 年她出版了《水浒传》的第一个英文全译本。她在短篇小说《一个中国女子的话》里影射了她与徐志摩的恋情故事。

9. 隐逸文化

（1）神秘的隐逸文化

令人魂牵梦绕、神秘的庐山隐逸文化，也许是庐山真面目难以揭开的最深厚的文化元素，无论是建立净土宗祖庭东林寺的慧远大师，还是繁荣白鹿洞书院的朱熹大儒，抑或是创立南方道教中心简寂观的陆修静宗师，都堪称史上之最，田园诗人陶渊明更是被尊称为隐逸之宗。此外，还有庐山儒释道隐逸文化实在是博大精深，思源流长，史脉明朗，匡俗、周敦颐、李白、白居易等数不尽的隐逸名人。庐山当属儒释道三家完美融合的典范。

（2）东林大峡谷（儒释道隐逸文化的聚集地）

东林大峡谷（剪刀峡）被称为庐山最美峡谷，其美可能在于三个方面。第一，它位于东林寺门前的河流上游，之所以命名东林大峡谷，是因为其与东林为唇齿之位，又是东林慧远大师的讲学之地，有讲经台、慧远澡池等活动场所及碑刻；第二，它是儒释道隐逸文化的融合和丰富之地，有虎溪桥、虎溪三笑（儒家陶渊明、释家慧远、道家陆修静），陶渊明西庐遗址，道教第三十六福地，尤其是匡俗炼丹之地由此称匡庐、匡山，又演化成现在的庐山；第三，它是原生态的文化旅游大峡谷，自然保存良好，峡谷幽深，安静自然。

（3）虎溪三笑

《庐山图》是儒释道三家完美融合的重要见证，虎溪三笑的历史故事绘声绘色。在东林寺和东林大峡谷之间的溪流边，佛家慧远大师、儒家陶渊明、道家陆修静三位宗师谈笑风生，不知不觉走过了虎溪桥，慧远大师养的虎吼声连连，三位宗师同时大笑起来，这就是著名的虎溪三笑。慧远大师欣赏陶渊明的才情和为人，屡次邀请陶渊明入佛门，而陶渊明以不能饮酒为借口加以拒绝，虽然慧远大师对陶渊明独开一面不限陶酒，但陶还是没有入佛，一心田园，一心归隐。而陆修静创立的简寂观一度成为当时南方道教的中心。

10. 其他文化

（1）演艺文化：庐山恋

1980 年，一部影片红遍全国，就是这部影片也让庐山家喻户晓，可谓一夜成名，一时间风靡全国，庐山的风光美景在这部影片中得以呈现给世人，这部影片就是"文革"后拍摄的第一部吻戏《庐山恋》，成为一代人永不磨灭的经典记忆，女主角张瑜换了 43 套时装更成为一时佳话。张瑜凭着《庐山恋》在 1981 年拿齐了金鸡奖、百花奖、文汇奖、政府奖四大奖，成为 20世纪 80 年代初最炙手可热的电影明星。记得 80 年代，几乎所有的软皮本、明星明信片和挂图都是张瑜的不同造型，甚至到 90 年代还意犹未尽。《庐山恋》成就了张瑜，更成就了庐山，一时间庐山旅游炙手可热。至今庐山影院还只播放这部《庐山恋》影片，创播放次数最多的吉尼斯世界纪录。

（2）康体文化：好汉坡

好汉坡是庐山最好的登山游步道，是由牯岭开发商李德立所建，李德立得益于朱元璋修建的九十九盘登山道而发现牯牛岭这个清凉之地，后为开发建设牯牛岭，从而修建了这条直通牯牛岭的山道，牯岭的建设得益于这条山道，由此登山道运输材料和物资等，从而完成牯岭的建设。而后这条登山道成为通往牯岭最繁华的游步道，市民每年从这里上山最方便。由于中上有一段被称为好汉坡，久而久之，人们把这整条游步道称为好汉坡，真应了毛主席"不到长城非好汉"那句话，不登好汉坡非好汉，所以，登好汉坡成为市民和游客等登山爱好者的挑战。整条山道登上去需要一个半小时到三小时不等，下来需要一到两小时不等。好汉坡已经成为市民最主要的康体运动路线。

第二节　世界遗产文化旅游开发新思维

一、世界遗产文化旅游产品开发

（一）顶层设计

由政府有关部门牵头，组建世界遗产文化旅游开发小组，调研梳理庐山世界遗产的世界级文化旅游资源，高起点规划、高规格建设、高水准策划世界级文化旅游产品，面向全世界推出庐山文化旅游精品，策划以"世界遗产，庐山文化"为主题的体验性文化旅游精品，让世界的游客都能深刻体验和参与庐山文化，近距离接触庐山世界文化景观遗产。

（二）整合高品位文化旅游资源，开发世界级文化旅游产品

整合庐山世界遗产下的世界级文化旅游资源，重点包括白鹿洞书院文化旅游资源、东林寺净土佛教文化旅游资源、庐山别墅建筑文化旅游资源和世界地质文化旅游资源四大世界级文化旅游资源，分别开发世界级文化旅游产品并以此开拓世界市场。例如，庐山目前有三十多个国家的别墅，可以开发出三十多个国家的别墅文化旅游产品，对三十多个国家进行精准营销。

（三）打造高品位的世界级文化旅游产品组合，设计庐山世界级文化旅游产品线路

打造世界级书院教育文化旅游产品、世界级佛教文化旅游产品、世界级建筑文化旅游产品、世界级地质科普文化旅游产品的两两组合或三个组合，甚至四个组合，设计庐山世界级文化旅游产品线路。如设计"世界的庐山：海内书院—天下净土—世界别墅—世界地质公园"精品线路，面向海内外宣传促销，吸引世界各地的游客一览庐山真面目。

（四）开发体验性的精品文化旅游线路产品

★一日游：庐山山顶（牯岭镇—庐山一线游—别墅群—植物园—含鄱口—五老峰）。一日游只能是走马观花的观光休闲。

★二日游：第一天游览牯岭镇—庐山一线—别墅群；第二天游览植物园—含鄱口—五老峰—三叠泉。

★三日游：第一天游览山下东林寺—东林大佛—白鹿洞书院—秀峰文化旅游景区（或观音桥文化生态旅游景区或碧龙潭生态文化旅游景区）；第二天游览牯岭镇—庐山一线—别墅群；第三天游览植物园—含鄱口—五老峰—三叠泉。

★多日游或度假游：主要指三日游的慢游和体验游。延长每个景区景点的游览时间，深刻体验每个景区景点的文化。

（五）建设完善庐山文化旅游解说系统

解说系统包括向导式解说系统和自导式解说系统。向导式解说系统指的是导游解说服务，是一种主动的信息传导；自导式解说系统一般指景点的信息传导，是一种被动的信息传导，包括指示牌、标识牌、图片和文字信息①。我国绝大部分旅游景区普遍重视向导式解说系统，一般由导游带领，还是传统的导游服务。大部分景区的自导式解说系统的建设比较欠缺和落后，给游客带来了不便，文化的信息也不够详细，这大大削弱了文化旅游质量。庐山目前缺乏专业的文化旅游解说系统，文化旅游规划人才比较匮乏，文化旅游解说系统也相对滞后。自导式的导游讲解服务大多对庐山的历史文化内涵挖掘不够，对文化的讲解比较浅；而向导式解说系统建设又相对滞后，未能提供丰富详尽的信息，且大多为枯燥乏味的文字，也不够生动。因此，应该聘请专家设计庐山自导式文化旅游解说系统，深刻挖掘庐山丰厚的文化底蕴和编写中英文等多语言的高质量的文化旅游导游词，把庐山文化更好地传播给海内外游客，以提高景区的文化旅游品质。

二、世界遗产文化旅游市场开发

（一）开发海外世界旅游市场

庐山直通世界的市场有庐山别墅群、东林寺、白鹿洞书院和世界地质公园。

利用庐山三十多个国家的别墅群连接世界多国，以及净土佛教的海外传播，白鹿洞书院的海外交流和世界地质公园，开发世界旅游市场。针对别墅群连接世界的国家主要开发欧美国家英国、法国、德国、俄国、瑞典、芬兰、丹麦、比利时、美国、加拿大等国际旅游市场；针对净土佛教的海外传播开发日本和东南亚等国际旅游市场；针对白鹿洞书院的海外交流开发韩国和日本，以及新加坡、马来西亚、泰国、印度尼西亚等东南亚国家旅游市场；针对世界地质公园开发海外世界地质公园国家的国际市场。

---

① 秦楠. 国家森林公园教育旅游产品开发研究 [D]. 重庆：西南大学，2010：36.

（二）开发港澳台旅游市场

随着香港和澳门的回归，港澳同胞与祖国的关系进一步发展，香港和澳门与内地的经贸关系得到加强，交通运输工具多元化，入境手续方便。这一切为港澳同胞赴内地旅游提供了有利条件。大陆和台湾一衣带水，海峡两岸的经济持续增长，台商在大陆的投资不断增加，赴大陆探亲、寻根求祖的台湾同胞人数不断增加。作为一个著名的旅游目的地，来庐山休闲度假的港澳台同胞也会越来越多，这个市场很具有发展潜力。

白鹿洞书院作为中国古代四大书院之首，知名度较大，其影响波及海内外。白鹿洞书院不仅是中国人民大学国学研究基地，还是港澳台地区学者向往的圣地，利用港澳台地区的学者与白鹿洞书院的文化交流契机，开发宣传港澳台旅游市场。

具体可利用中国庐山牯岭和中国台湾牯岭两个地名的同名之缘，连接庐山和台湾的旅游市场，开发台湾旅游市场；利用世界文化遗产澳门历史城区的古建筑与庐山别墅群进行交流，对接两地的客源市场，开发澳门旅游市场。

（三）开发内地（大陆）旅游市场

除了常规的内地（大陆）旅游市场外，可拓展旅游市场新思维。

可以利用中国世界文化景观遗产友谊联盟，分别开发世界文化景观地五台山、杭州西湖、红河哈尼梯田连接的山西、浙江、云南这三个省的旅游市场，利用文化景观地的联盟，对这三个省进行精准营销。

利用中国古代四大书院甚至六大、八大书院之说，国家邮政局在1998年和2009年分别发行两套共八枚"八大书院"邮票，中国这八大书院连接的各省市旅游市场，江西（九江白鹿洞书院、铅山鹅湖书院，两院又有"鹅湖之辩"）、河南（商丘应天书院、郑州嵩阳书院）、湖南（长沙岳麓书院、衡阳石鼓书院）、江苏（泰州安定书院）、海南（儋州东坡书院），可书院联盟进行一年一度书院文化交流，利用这八大书院开发四省的文化旅游市场，对这四省市进行精准营销。

利用庐山东林寺的净土宗祖庭的历史地位，连接其他各省市的净土宗道场，北方的黑龙江大庆（果成寺），吉林长春（百国兴隆寺），辽宁沈阳

（净宗念佛讲堂），辽宁海城（大悲古寺），河北省石家庄（石柱山弥陀寺），河北邢台（净土寺），山西五台山（白云寺），山西大同（极乐寺），甘肃金昌（金山寺），山东德州（金山寺、定慧寺），山东淄博（金陵寺），河南南阳（来佛寺、弥陀村），安徽合肥（实际禅寺、庐江佛教居士林），安徽宣城（弘愿寺），浙江临安（天目山昭明寺），浙江丽水（青云寺），江苏苏州（灵岩山寺），福建漳州（圣能寺），福建莆田（望山寺、崇福寺），广东化州（南山寺），广东深圳（信德念佛堂），四川资阳（报国寺），云南大理（鸡足山佛塔寺），可通过净土宗的佛教文化传播交流，开发黑龙江、吉林、辽宁、河北、山西、甘肃、山东、安徽、河南、浙江、江苏、福建、广东、四川、云南等省市的旅游市场，对这十五个省市进行精准促销，并分时段推出针对性的营销策略。

参考文献

一、外文文献

[1] SMITH V L. Introduction [M] // V L Smith. Hosts and Guests: the Anthropogy of Tourism. Pennsylvania: The University of Pennsylvania Press, 1997: 1 – 14.

[2] OAKES J S. Cultural Geography and Chinese Ethnic Tourism [J] . Journal of Cultural Geography, 1992, 12 (2): 3 – 17.

[3] JAMIESON W, The Challenge of Cultural Tourism [J] . Canadian Tourism Bulletin, 1994, 3 (3): 3 – 4.

[4] REISINGER Y. Tourist-Host contact As Part of Culture Tourism [J] . World Leisure And Recreation, 1994, 3 (summer): 24 – 28.

[5] SILBERBERG T. Cultural tourism and business opportunities for museums and heritagesites [J] . Tourism Management, 1995, 16 (5): 361 – 365.

[6] HERBERT D T. Artistic and literary places in France as tourist attractions [J] . Tourism Management, 1996, 17 (2): 77 – 85.

[7] DANIEL Y P. Tourism Dance Performances: Authenticity and Creativity [J] . Annals of tourism Research, 1996, 23 (4): 780 – 797.

[8] DALLEN J T, Geoffre Wall. Selling to tourists Indonesian stree vendors [J] . Annals of Tourism Research, 1997, 24 (2): 322 – 340.

[9] TUFTS S, MILNE S. Museums. A supply-side perspective [J] . Annals of Tourism Research, 1999, 26 (3): 613 – 631.

[10] SIMONS M S. Aboriginal heritage art and moral rights [J] . Annals Of

Tourism Research, 2000, 27 (2): 412 – 431.

［11］ ONDIMU K I. Cultural tourism in Kenya ［J］. Annals of tourism Re-search, 2002, 29 (4): 1036 – 1047.

［12］ DENG J Y, KING, BAUER T. Evaluating natural attractions for tourism ［J］. Annals of Tourism Research, 2002 (29): 422 – 430.

［13］ RICHARDS G. Tourism attraction systems: exploring cultural behavior ［J］. Annals of Tourism Research, 2002, 29 (4): 1048 – 1064.

［14］ BESEULIDES A, MARTHA E L MCCORMIEK P J. Residents' percep-tions of. The cultural benefits of tourism ［J］. Annals of Tourism Research, 2002 (29): 303 – 319.

［15］ HOWKINS J. The creative economy: how people make money from ide-as ［M］. Penguin Global, 2002.

［16］ CHHABRA D. Staged Authenticity and Heritage Tourism ［J］. Annals of Tourism Research, 2003 (30): 702 – 719.

［17］ CAVE J, RYAN C, PANAKERA C. Residents' perceptions, migrant groups and cultures as an attraction-the case of a proposed Pacific Island cultural center in New Zealand ［J］. Tourism Management, 2003 (24): 371 – 385.

［18］ MACDONAL R, JOLLIFFE L. Cultural Rural Tourism: Evidence from Canada ［J］. Annals of tourism Research, 2003, 30 (2): 307 – 322.

［19］ MASON K. Sound and meaning in aboriginal tourism ［J］. Annals of Tourism Research, 2004 (31): 837 – 854.

［20］ MEKEREHER B, PAMELA S Y H, et al. Attributes of popular cultural at-tractions in Hong Kong ［J］. Annals of Tourism Research, 2004 (31): 393 – 407.

［21］ VU T H H. Canal-Side highway in Ho Chi Minh City (HCMC), Viet-nam-Issue of urban cultural conservation and tourism development ［J］. Geo Jour-nal, 2006 (66): 165 – 186.

［22］ FRANC L, et al. Culture Tourism and Sustainable Development ［J］. Journal for Economic Forecasing, 2007, 4 (1): 89 – 96.

[23] CAVE J, RYAN C, PANAKERA C. Cultural tourism product: Pacific Island migrant perspectives in New Zealand [J]. Journal of Travel Research, 2007, 45 (4): 435 –443.

[24] HYOUNGGON K, JOSEPH T, et al. o'Leary. Understanding Participation Patterns and trends in tourism cultural attractions [J]. Tourism Management, 2007, 28 (5): 1366 –1371.

[25] KANG D S, MASTIN T. How cultural difference affects international tourism public relations websites: a comparative analysis using Hofstede's cultural dimensions [J]. Public Relations Review, 2008, 34 (1): 54 –56.

[26] BUNTEN A C. Sharing culture or selling out: developing the commodified persona in the heritage industry [J]. American Ethnologist, 2008, 35 (3): 380 –395.

[27] TRIBE J. The art of tourism [J]. Annals of Tourism Research, 2008 (35): 924 –940.

[28] KONSTANTINOS A. Sacred site experience: a phenomenological study [J]. Annals of tourism Research, 2009, 30 (1): 64 –84.

[29] VAN L E, NIJKAMP P. A micro-simulation model for e-services in cultural heritage tourism [J]. Tourism Economics, 2010, 16 (2): 361 –384.

[30] BOURDIEU P. D, SCRAPER D. The Love of Art: Europe and Art Museums and Their Public [M]. Cambridge: Polity Press, 2010: 35 –45.

[31] YANG L. Ethnic tourism and cultural representation [J]. Annals of Tourism Research, 2011, 38 (2): 561 –585.

[32] SU H J, HUANG Y-A, BRODOWSKY G, et al. The impact of product placement on TV-induced tourism: Korean TV dramas and Taiwanese viewers [J]. Tourism Management, 2011, 32 (4): 805 –814.

[33] CUCCIA T, RIZZO I. Tourism seasonality in cultural destinations: empirical evidence from Sicily [J]. Tourism Management, 2011, 32 (3): 589 –595.

[34] HUNTER W C. Rukai indigenous tourism: representations, cultural identity and Q method [J]. Tourism Management, 2011, 32 (2): 335 – 348.

[35] SALAZAR N B. Community-based cultural tourism: issues, threats and opportunities [J]. Journal of Sustainable Tourism, 2012, 20 (1): 9 – 22.

[36] FRIAS D M, RODRIGUEZ M A, CCSTANEDA J A, et al. 2012. The formation of a tourist destination's image via information sources: the moderating effect of culture [J]. International Journal of Tourism Research, 2012, 14 (5): 437 – 450.

[37] SANCHEZ-RIVERO M, PULIDO-FERNANDEZ J I. 2012. Testing heterogeneous image in cultural/non-cultural tourism markets: a latent model approach [J]. International Journal of Tourism Research, 2012, 14 (3): 250 – 268.

[38] ALBERTI F G, GIUSTI J D. Cultural heritage, tourism and regional competitiveness: the Motor Valley cluster [J]. City, Culture and Society, 2012, 3 (4): 261 – 273.

[39] MACCANNELL D. Empty Meeting Grounds [M]. London: Routledge, 2012: 24 – 28.

[40] ZADEL Z, BOGDAN S. Economic Impact of Culture Tourism [J]. UTMS Journal of Economics, University of Tourism and Management, 2017, 4 (3): 355 – 366.

[41] DOUGLAS S. Noonan, I Rizzo. Economic of Culture tourism: issues and perspective [J]. Journal of Cultural Economics, 2017, 41 (2): 1 – 13.

二、中文文献

(一) 学术论著

[1] 罗伯特·麦金托什, 夏希肯特·格波特. 旅游学——要素·实践·基本原理 [M]. 蒲红, 等译. 上海: 上海文化出版社, 1985.

[2] 约瑟夫·熊彼特. 经济发展理论 [M]. 何畏, 等译. 北京: 商务

印书馆，2000.

　　［3］马克斯·霍克海默，西奥多·阿道尔诺. 启蒙辩证法［M］. 梁敬东，曹卫东，译. 上海：上海人民出版社，2003.

　　［4］Bob McKercher, Hilary du Cros. 文化旅游与文化遗产管理［M］. 朱路平，译. 天津：南开大学出版社，2006.

　　［5］徐辑熙. 旅游美学［M］. 上海：上海人民出版社，1997.

　　［6］沈祖祥. 旅游文化概论［M］. 福州：福建人民出版社，1999.

　　［7］保继刚. 旅游开发研究——原理·方法·实践［M］. 北京：科学出版社，2000.

　　［8］王兴斌. 旅游产业规划指南［M］. 北京：中国旅游出版社，2000.

　　［9］陶汉军，林南枝. 旅游经济学［M］. 上海：上海人民出版社，2000.

　　［10］吴必虎. 区域旅游规划原理［M］. 北京：中国旅游出版社，2001.

　　［11］马波. 现代旅游文化学［M］. 青岛：青岛出版社，2001.

　　［12］陈才. 旅游学理论前沿［M］. 长春：吉林人民出版社，2002.

　　［13］曹诗图. 三峡旅游文化概论［M］. 武汉：武汉出版社，2003.

　　［14］谢彦君. 基础旅游学［M］. 北京：中国旅游出版社，2004.

　　［15］邹统钎. 旅游景区开发与管理［M］. 北京：清华大学出版社，2004.

　　［16］赵玉林. 产业经济学［M］. 武汉：武汉理工大学出版社，2004.

　　［17］谢彦君. 旅游体验研究：一种现象学的视角［M］. 天津：南开大学出版社，2005.

　　［18］厉无畏. 创意产业导论［M］. 上海：学林出版社，2006.

　　［19］潘嘉玮. 加入世界贸易组织后中国文化产业政策与立法研究［M］. 北京：人民出版社，2006.

　　［20］高峻. 旅游资源规划与开发［M］. 北京：清华大学出版社，2007.

　　［21］吴必虎. 旅游规划原理［M］. 北京：中国旅游出版社，2010.

［22］陈世才．玩家创意：旅游产品的设计与创新［M］．北京：北京理工大学出版社，2010.

［23］李江敏，李志飞．文化旅游开发［M］．北京：科学出版社，2000.

［24］李松志，沈中印，冯长明．庐山旅游文化［M］．南昌：江西科学技术出版社，2014.

［25］罗伯特·麦金托什，沙西肯特·格普特．旅游的原理、体制和哲学［M］．顾铮，译．美国格利特出版公司，1980.

［26］田中喜一．旅游事业论［M］．日本旅游事业研究会，1950.

（二）学位论文

［1］郭颖．民族文化旅游资源保护性开发的理论与实践［D］．成都：四川大学，2002.

［2］年松．重庆文化旅游市场定位策略研究［D］．重庆：西南师范大学，2003.

［3］公学国．体验旅游产品的开发与经营研究［D］．济南：山东大学，2006.

［4］傅晓．文化创意旅游产品研究——以广州中心城区为例［D］．广州：华南师范大学，2007.

［5］李氲．文化旅游资源开发的初步研究［D］．杭州：浙江大学，2008.

［6］陈玛莉．大遗址文化旅游开发研究［D］．成都：西南财经大学，2008.

［7］崔杰．西安文化旅游产品开发研究［D］．西安：西北大学，2008.

［8］肖飞．武胜县秀观湖旅游区体验旅游产品开发研究［D］．成都：成都理工大学，2008.

［9］王会．福州三坊七巷历史街区文化创意旅游产品开发模式研究［D］．福州：福建师范大学，2009.

［10］孟涛．吉林省文化创意产业政策研究［D］．长春：吉林大学，2010.

［11］李萌．基于文化创意视角的上海文化旅游研究［D］．上海：复旦大学，2011．

［12］戴志伟．访沪游客选择文化旅游产品的影响因素研究［D］．上海：上海交通大学，2013．

［13］刘仲培．XDF酒店市场营销策略研究［D］．青岛：中国海洋大学，2014．

［14］王军．山东莱芜雪野酒店市场营销策略研究［D］．青岛：中国海洋大学，2014．

［15］杨世祥．旅游景区度假型酒店营销策略研究［D］．广州：广东财经大学，2014．

［16］邓欣悦．基于旅游生命周期的民族村寨旅游地民族文化变迁的差异分析［D］．贵阳：贵州师范大学，2015．

［17］姚瑶．吉林省文化旅游产业发展研究［D］．长春：东北师范大学，2015．

［18］李亚青．体育赛事旅游主体功能区研究——以闵行体育赛事旅游主体功能区为例［D］．上海：华东师范大学，2011．

［19］王联兵．宁夏旅游主体功能分区研究［D］．西安：西北大学，2010．

［20］刘鹏姣．重庆主城区滨江旅游主体功能区开发研究［D］．成都：四川师范大学，2011．

［21］沈琳．旅游综合体发展模式与发展路径研究［D］．上海：复旦大学，2013．

［22］王文君．旅游综合体发展模式研究［D］．杭州：浙江工商大学，2010．

［23］金冰心．国内旅游综合体开发模式研究［D］．上海：上海社会科学院，2014．

［24］秦楠．国家森林公园教育旅游产品开发研究［D］．重庆：西南大学，2010．

[25] 窦清. 论旅游体验 [D]. 南宁: 广西大学, 2003.

（三）期刊论文

[1] 徐崇云, 顾铮. 旅游对社会文化影响初探 [J]. 杭州大学学报（哲学社会科学版）, 1984 (3): 53–58.

[2] 徐慧. 试论旅游文化对旅游业的影响 [J]. 学术论坛. 1987 (3): 55–57.

[3] 朱砚秋. 国际文化旅游的兴起与中国博物馆 [J]. 中国博物馆, 1991 (2): 22–27.

[4] 卢文伟. 建设深圳湾文化旅游区的市场策略探析 [J]. 特区经济, 1992 (8): 38.

[5] 王衍用. "三孔" 游览路线的设计和环境氛围的营造 [J]. 旅游学刊, 1995 (2): 35–37.

[6] 张跃西. 论发展竹文化旅游业 [J]. 旅游学刊, 1996 (4): 39–42.

[7] 吴忠军. 民俗旅游学论纲 [J]. 旅游学刊, 1998 (3): 75–78.

[8] 张玉江. 文化经济是少数民族地区经济发展的一大支点 [J]. 青海师范大学学报（社会科学版）, 1998 (3): 12–15.

[9] 郭丽华. 略论 "文化旅游" [J]. 北京第二外国语学院学报, 1999 (4): 42–45.

[10] 许怀林. 江西历史文化特征概说 [J]. 江西广播电视大学学报, 1999 (2): 37–41.

[11] 谢凝高. 索道对世界遗产的威胁 [J]. 旅游学刊, 2000 (6): 57–60.

[12] 于凤. 文化旅游概念不宜泛化 [J]. 北京第二外国语学院学报, 2000 (3): 55–59.

[13] 刘玉, 杨达源. 知识经济时代下的文化旅游 [J]. 云南地理环境研究, 2000 (1): 65–71.

[14] 王良健. 旅游可持续发展评价指标体系及评价方法研究 [J]. 旅游学刊, 2001 (1): 67–70.

[15] 郭颖. 试论少数民族地区文化旅游资源的保护与开发——以泸沽湖地区为例 [J]. 旅游学刊, 2001 (3): 68 – 71.

[16] 方百寿. 论宗教旅游的生态化趋向 [J]. 社会科学家, 2001 (1): 68 – 71.

[17] 蒙吉军, 崔凤军. 北京市文化旅游开发研究 [J]. 北京联合大学学报 (自然科学版), 2001 (1): 139 – 143.

[18] 朱传耿, 刘荣增. 论可持续发展的区际关系内涵与我国西部大开发 [J]. 中国·人口·资源与环境, 2001 (2): 86 – 89.

[19] 王亚力. 南方长城与"长城文化之旅"的开发 [J]. 旅游学刊, 2003 (3): 68 – 71.

[20] 章怡芳. 文化旅游资源开发中的资源整合策略 [J]. 思想战线, 2003 (6): 58 – 61.

[21] 罗永常. 民族村寨旅游发展问题与对策研究 [J]. 贵州民族研究, 2003 (2): 102 – 107.

[22] 王好. 绍兴旅游建设中的文化资源开发 [J]. 华东经济管理, 2003 (6): 24 – 27.

[23] 曹诗图, 崔进, 郑宇飞. 论"大三峡旅游经济圈"构建中的鄂西与渝东区域整合 [J]. 地理与地理信息科学, 2003 (3): 94 – 97.

[24] 曹绘嶷. 剖析我国的"宗教旅游热" [J]. 海南大学学报 (人文社会科学版), 2003 (2): 219 – 223.

[25] 郑胜华. 旅游产业整合的概念、原理和方法 [J]. 企业经济, 2003 (7): 62 – 63.

[26] 金准, 庄志民. 区域旅游可持续力分析的修正方案——以安徽龙岗古镇为例 [J]. 旅游学刊, 2004 (5): 77 – 81.

[27] 杨丽霞. 中国文化遗产保护利用研究综述 [J]. 旅游学刊, 2004 (4): 85 – 91.

[28] 刘滨谊, 刘琴. 中国影视旅游发展的现状及趋势 [J]. 旅游学刊, 2004 (6): 77 – 81.

[29] 罗永常. 黔东南民族文化旅游资源开发现状分析与对策研究 [J]. 贵州民族研究, 2004 (3): 118 – 121.

[30] 李云锋. "认知"与"体验": 世界及人生的两种把握方式 [J]. 云南师范大学学报, 2004 (5): 105 – 109.

[31] 李肇荣. 桂林旅游景点文化建设的新思考 [J]. 桂林旅游高等专科学校学报, 2004 (8): 72 – 75.

[32] 秦学. 宁波发展文化旅游对策研究 [J]. 宁波大学学报, 2004 (1): 29 – 32.

[33] 黄平芳. 隐逸文化旅游资源及其开发 [J]. 南阳师范学院学报, 2004 (6): 54.

[34] 张河清. 旅游开发的跨省际协作问题实证研究 [J]. 经济地理, 2005 (3): 414 – 419.

[35] 徐菊凤. 旅游文化与文化旅游: 理论与实践的若干问题 [J]. 旅游学刊, 2005 (4): 67 – 72.

[36] 刘宏燕. 文化旅游及其相关问题研究 [J]. 社会科学家, 2005 (S1): 430 – 433.

[37] 徐菊凤. 北京文化旅游产品发展的战略思考 [J]. 中国社会科学院研究生院学报, 2005 (5): 31 – 35.

[38] 东人达. 重庆少数民族非物质文化遗产保护与开发 [J]. 渝西学院学报, 2005 (5): 1 – 5.

[39] 罗永常. 民族村寨社区参与旅游开发的利益保障机制 [J]. 旅游学刊, 2006 (10): 45 – 48.

[40] 张春丽, 刘鸽, 刘继斌. 东北地区文化旅游资源系统开发研究 [J]. 人文地理, 2006 (1): 116 – 119.

[41] 沈虹, 冯学钢. 都市文化型河流旅游开发研究——以上海苏州河为例 [J]. 桂林旅游高等专科学校学报, 2006 (10): 542 – 545.

[42] 刘海春. 论休闲的价值功用 [J]. 广东社会科学, 2006 (4): 81 – 85.

[43] 陈燕，喻学才. 关于南京非物质文化遗产的保护与经营刍议 [J]. 东南大学学报（哲学社会科学版），2006（S2）：107 - 109.

[44] 赵振斌，马丽霞，马耀峰. 三国文化旅游跨区域联合开发与产品设计研究 [J]. 开发研究，2006（3）：87 - 89.

[45] 韩双斌. 试论江西开展民俗旅游的可行性 [J]. 江西科技师范学院学报，2006（2）：18 - 19.

[46] 杨艳，黄震方. 南京民俗文化旅游资源开发模式研究 [J]. 商场现代化，2006（5）：198.

[47] 吴光玲. 关于文化旅游与旅游文化若干问题研究 [J]. 经济与社会发展，2006（11）：161 - 163.

[48] 林学钦. 厦门海洋旅游经济的发展 [J]. 厦门科技，2006（2）：9 - 11.

[49] 迟丽华. 文化旅游开发中的组织模型与整合 [J]. 大连理工大学学报（社会科学版），2007（12）：42 - 46.

[50] 孙淑英. 体验旅游的特征及开发策略 [J]. 商业研究，2007（10）：171 - 173.

[51] 宋咏梅. 关于体验旅游的特点与设计原则 [J]. 特区经济，2007（1）：177 - 179.

[52] 郭一丹. 古镇旅游开发对当地居民的影响——洛带个案调查研究 [J]. 长江师范学院学报，2007（6）：132 - 134.

[53] 陈福义. 论城市文化建设与城市旅游开发——兼论长沙旅游开发 [J]. 湖南商学院学报，2007（5）：45 - 47.

[54] 庞英姿. 云南民族文化旅游开发与保护研究 [J]. 大理学院学报，2007（5）：7 - 10

[55] 吕学武，范周. 文化创意产业前沿：现场文化的质感 [C]. 北京：中国传媒大学出版社，2007：134 - 135.

[56] 郑慧子. 生态文明与社会发展 [J]. 南京林业大学学报（人文社会科学版），2008（3）：20 - 25.

［57］吴国富．九江陶渊明文化旅游略论［J］．九江学院学报，2008（4）：18－21．

［58］宋喜林．基于长期关系视角的体验旅游设计［J］，商业经济，2008（8）：115－117．

［59］魏敏．民俗文化与民俗旅游开发研究——以泰安为例［J］．民族论坛，2008（2）：48－49．

［60］罗明义．论文化与旅游产业的互动发展［J］．经济问题探索，2009（9）：1－5．

［61］任冠文．文化旅游相关概念辨析［J］．旅游论坛，2009（2）：159－162．

［62］陈非．修学旅游初论［J］．大连海事大学学报（社会科学版），2009（8）：88－91．

［63］张春霞．边疆文化旅游开发与文化安全［J］．广西民族研究，2010（2）：185－191．

［64］光映炯，张晓萍．基于旅游人类学视角的民族节日传承与发展——以西双版纳傣族"泼水节"为例［J］．中南民族大学学报（人文社会科学版），2010（1）：45－49．

［65］曾光，林姗姗．创意产业发展的空间布局研究——以江西省为例［J］．井冈山大学学报（社会科学版），2010（2）：71－75．

［66］贺丹．江西省九江县陶渊明文化品牌打造浅沦［J］．九江学院学报（哲学社会科学版），2010（3）：28－30．

［67］黄震方，俞肇元，黄振林．主题型文化旅游区的阶段性演进及其驱动机制——以无锡灵山景区为例［J］．地理学报，2011（6）：831－841．

［68］沈苏彦，郭剑英．游客对世界文化遗产地的旅游意向的实证研究［J］．人文地理，2011（2）：144－149．

［69］谢洁．江西文化创意产业发展对策探究［J］．中国市场，2011（6）：95－96．

［70］梁家琴，杨效忠，冯立新．供需双方对景区文化偏好的差异性研

究——以天柱山风景区为例 [J]．旅游学刊，2012（7）：41－48.

[71] 苏勤，钱树伟．世界遗产地旅游者地方感影响关系及机理分析——以苏州古典园林为例 [J]．地理学报，2012（8）：1137－1148.

[72] 李湘豫，梁留科．基于 GIS 分析的河南佛教塔寺文化旅游地域分异研究 [J]．经济地理，2012（12）：176－181.

[73] 王富德，廖珂．基于旅游产品视角的文化旅游探析 [J]．北京第二外国语学院学报，2012（9）：9－13.

[74] 史涛．杭嘉湖地区饮食文化旅游资源与浙北文化旅游开发探析 [J]．云南农业大学学报（社会科学版），2012（6）：35－39.

[75] 马勇，陈慧英．旅游文化产业竞争力综合评价指标体系构建研究 [J]．中南林业科技大学学报，2012（1）：4－7.

[76] 胡浩，王娇娥，金凤君．基于可达性的中小文化旅游城市旅游潜力分析 [J]．地理科学进展，2012（6）：808－816.

[77] 李山石，刘家明，黄武强．北京市音乐旅游资源分布规律研究 [J]．资源科学，2012（2）：381－392.

[78] 廖乐焕．民族经济与民族文化关系探析 [J]．边疆经济与文化，2012（2）：71－71.

[79] 贾鸿雁．澳大利亚文化旅游发展及其启示 [J]．商业研究，2013（1）：195－199.

[80] 杨伟，梁修存．文化旅游产品开发的路径与模式研究 [J]．南京社会科学，2015（3）：147－151.

[81] 王世龙，吴晓山．民族传统社区文化旅游开发和谐度评价体系构建 [J]．商业经济研究，2015（4）：131－132.

[82] 张正兵，韩云．产业融合视角下文化旅游产业的概念解读 [J]．苏州科技学院学报（社会科学版），2015（6）：59－64.

[83] 陈云萍．文化与科技融合视角下文化旅游产业发展研究——以科技城绵阳为例 [J]．当代经济，2015（25）：32－33.

[84] 李华．我国文化旅游产业竞争力存在的问题及对策研究 [J]．现

代营销（下旬刊），2015（8）：16-16.

　　[85] 杨春宇，邢洋，左文超，等．文化旅游产业创新系统集聚研究——基于全国 31 省市的 PEF 实证分析 [J]．旅游学刊，2016（4）：81-96.

　　[86] 赵世钊，杜成材．区域文化旅游产业供应链机制构建——以贵州省安顺为例 [J]．经济与管理，2016（8）：78-80.

　　[87] 鲍晓宁，乔玉．产业融合背景下文化旅游产业发展问题探讨[J]．商业经济研究，2016（22）：196-197.

　　[88] 陈兴旺．文化旅游产业发展的现状、问题及对策 [J]．长江大学学报，2016（5）：60-63.

　　[89] 李忠斌，肖博华．"一带一路"省区文化旅游产业效率研究——基于 PCA—DEA 组合模型 [J]．广西师范学院学报（哲学社会科学版），2016（2）：42-47.

　　[90] 周教源．区域文化旅游开发探讨——以绍兴为例 [J]．湖州师范学院学报，2016（2）：73-76.

　　[91] 马先标，张畅．何谓文化旅游团 [J]．现代经济探讨，2016（12）：25-29.

　　[92] 马遥．"一带一路"背景下西安回民街文化旅游发展困境及对策 [J]．南宁职业技术学院学报，2016（3）：85-87.

　　[93] 许春晓，胡婷．文化旅游资源分类赋权价值评估模型与实测[J]．旅游科学，2017（1）：44-56.

　　[94] 何莽，陈惠怡，李靖雯．民族旅游扶贫中的旅游吸引物建设——基于四川兴文县苗族旅游扶贫案例的分析 [J]．广西民族大学学报（哲学社会科学版），2017（6）：69-75.

　　[95] 徐娟秀，郑蓓媛．"一带一路"战略背景下甘肃文化旅游业创新发展的几点意见 [J]．赤峰学院学报（自然科学版），2017（1）：61-62.

　　[96] 管玉梅，等．我国民族文化旅游资源开发潜力的多层次灰色评价研究——以海南黎家文化旅游资源开发潜力评价为例 [J]．科技通报，2017（10）：256-260.

［97］胡钰，王一凡．文化旅游产业中 PPP 模式研究［J］．中国软科学，2018（9）：160－172．

［98］刘小燕．泛旅游时代下旅游综合体发展与创新机制研究［J］．理论月刊，2014（6）：143－146．

［99］杨云峰，等．开发和建设江西特色旅游资源研究［J］．中共南昌市委党校学报，2012（12）：38－41．

［100］冯学钢，吴文智．旅游综合体的规划理性与结构艺术［J］．旅游学刊，2013（9）：8－10．

［101］卞显红．旅游产业集群网络结构及其空间相互作用研究——以杭州国际旅游综合体为例［J］．人文地理，2012（4）：137－142．

（四）其他文献

［1］古迹遗址国际理事会（ICOMOS），国际文化旅游委员会．国际文化旅游宪章［R］．墨西哥：国际古迹遗址理事会，1999．

［2］曹诗图，刘晗，阚如良．试论科学的旅游发展观［N］．中国旅游报，2004－06－08．

［3］江西省十大战略性新兴产业（文化及创意）发展规划（2009—2015）．

［4］国务院．文化产业振兴规划［Z］．2009－07－22．

［5］国务院．关于加快发展旅游业的意见［Z］．2009－12－01．

［6］国家统计局．文化及相关产业分类（2012）［Z］．2012－07－31．

［7］国务院．推进文化创意和设计服务与相关产业融合发展的若干意见［Z］．2014－02－26．

［8］中共中央．"十三五"规划［Z］．2015－11－03．

［9］文化部，国家旅游局．关于促进文化与旅游结合发展的指导意见［Z］．2009－08－31．

［10］国家旅游局．2017 年全年旅游市场及综合贡献数据报告［R］．2018－02－06．

致　谢

在撰写本书期间，许多专业人士提供了支持，他们或给出建议，或提供资料，或参与校对。作者在此特别感谢学校和学院提供的制度支持，特别感谢领导的照顾和帮助，以及同事、学生们和朋友的支持。

还要感谢家人在我写作期间给我的鼓励和支持，可以说，没有家人的支持，就没有本书的顺利完成。

还要向九江学院、九江学院旅游与地理学院在作者撰写本书期间提供的制度支持表示感谢。向九江文化与旅游局提供的资料表示感谢。

后 记

完成本书的撰写，紧张的神经，突然一下子放松了。思绪万千，很多个夜晚，思考、写作、迷惑、迟疑、豁然开朗、柳暗花明，这些是我写作过程的真实写照。

思绪把我拽回到十几年前，我大学学的是国土资源管理专业，大学四年给了我很多的快乐。研究生本考的是数学专业，却机缘巧合选了旅游方向，师从人文地理学界的专家曹诗图教授，他教会我做人做学问，记得曹老师第一节课就告诉我，"先做人再做学问，无疑处有疑"，这些都已经深入我的内心，永生不忘，恩师的教诲让我终身受益，从此开启了我对旅游开发与管理方面的研究。值得一提的是，旅游开发与管理当时放在管理科学与工程大类的下面招生，指定考试理工数学一，最难考的，也是内容最多的。我这个大学里连概率论都没有学过的，竟然硬生生地把概率论与数理统计啃下来了，还有大学里选修的线性代数课程，后来都派上了用场。所以，回想起来，大学里学的知识真的太有用了。

我从事大学的教学与研究工作近十五载，在美丽的九江和庐山这块肥沃的土壤里深耕细作，庐山、长江、鄱阳湖为我的研究提供了优越的资源。九江学院处在长江之滨、鄱湖之畔、庐山之麓，地理位置极其优越，这里文化旅游资源的确富足，为我的研究选择文化旅游这个题目写作，是基于"文化是旅游的灵魂"这个一直融入我血液的理论观点。所以，实践上，在我做的所有旅游规划与设计、旅游策划等项目中，文化始终是我首先思考的内容，文化先入，文化注入灵魂，文化让旅游活灵活现，这些理念贯穿整个策划过程。

对文化旅游的研究，不仅仅停留在理论层面，实践上更为需要。尤其是实战的操作层面，策划项目的落地与实施是根本。目前的现实状况是，重资源、重规划，唯独缺乏落地项目，所以，项目跟踪与服务会成为未来文化旅游实践的重点，我将会为之而努力，为地方旅游贡献自己。我还会在文化旅游领域继续深入研究，为旅游学界和业界以及地域文化贡献自己的青春。

沈中印

2019 年秋于匡庐苑